SSC | रेलवे | पुलिस | NDA | CDS | CAPF
शिक्षक भर्ती | राज्य PCS | अन्य सभी

AF539249

मैरिट बूस्टर नोट्स
स्कोर करें 100/100 आसानी से

Toppers & Educators द्वारा तैयार
अब पढ़ें वही जो **Exam** में आयेगा

Time Saving एवं Revision के लिए आसान
अब **Exam** हॉल में कुछ नहीं भूलोगे

Multiple Material की अब जरूरत नहीं
एक ही **Book** में मिलेंगे एग्जाम फैक्टस

अरिहन्त पब्लिकेशन्स (इण्डिया) लिमिटेड

© प्रकाशक

वाणिज्यिक कार्यालय
'रामछाया' 4577/15, दरिया गंज, नई दिल्ली– 110002
फोन: 011-47630600, 43518550

मुख्य कार्यालय
कालिन्दी, टी०पी० नगर, मेरठ (यूपी)–250002
फोन: 0121-2401479, 2512970, 4004199

शाखा कार्यालय
आगरा, अहमदाबाद, बरेली, बंगलुरु, चेन्नई, दिल्ली, गुवाहाटी, हैदराबाद, जयपुर, जालन्धर, झाँसी, कोलकाता, लखनऊ, नागपुर, मेरठ तथा पुणे

मूल्य : ₹ 145.00

PO No. : TXT-59-T067787-11-25

'अरिहन्त' की पुस्तकों के बारे में अधिक जानकारी के लिए हमारी वेबसाइट www.arihantbooks.com पर लॉग इन करें या info@arihantbooks.com पर सम्पर्क करें।

विज्ञान

Capsule *Handwritten Notes*

चित्र एवं इन्फोग्राफिक्स

⇒ बल (Force)

- अर्थ ⇒ वस्तु के आकार, दिशा तथा गति की अवस्था में परिवर्तन के लिए आवश्यक बाह्य कारक
- मात्रक ⇒ MKS ईकाई = न्यूटन, CGS ईकाई = डाइन

1 न्यूटन = 10^5 डाइन

- प्रभाव ⇒ वस्तु में परिवर्तन या परिवर्तन करने का प्रयास

⇒

धक्का (Push) खींचना (Pull) मारना (Hit)

सटीक फैक्ट्स

⇒ महत्वपूर्ण प्रायोगात्मक मात्रक

- 1 प्रकाश वर्ष ⇒ 9.46×10^{15} m (एक वर्ष में प्रकाश द्वारा तय दूरी)
- 1 पारसेक ⇒ 3.26 प्रकाश वर्ष ⇒ 3.08×10^{16} m
- 1amu ⇒ 1.66×10^{-27} kg
- 1 स्लग ⇒ 14.59 kg
- 1 बैरल = 158.98 लीटर
- 1 एंग्स्ट्रम (Å) ⇒ 10^{-10} मीटर
- 1 खगोलीय मात्रक ⇒ 1.496×10^{11} m ≈ 1.5×10^{11} m
- 1 चंद्रशेखर सीमा ⇒ 1.4 × सूर्य का द्रव्यमान = 2.8×10^{30} kg
- 1 स्वेडबर्ग यूनिट = 10^{-13} सेकण्ड

एग्जाम हॉल Demand

सरल आवर्त गति से संबंधित महत्वपूर्ण पद एवं सूत्र

- **विस्थापन** → मूल बिन्दु के सापेक्ष कण की स्थिति में परिवर्तन
- **आयाम** → अधिकतम विस्थापन की स्थिति, मात्रक ⇒ मीटर (m)
- **कला** → गति की दिशा को व्यक्त करने वाला पद
- **आवर्तकाल** → एक कम्पन पूरा करने में लिया गया समय, $T = \frac{2\pi}{\omega}$, ω ⇒ कोणीय आवृत्ति
- **आवृत्ति** → एक सेकण्ड में कम्पनों की संख्या, $n = 1/T$, मात्रक ⇒ हर्ट्ज
- **तरंगदैर्ध्य** → दो लगातार शीर्ष अथवा दो लगातार गर्त के बीच की दूरी, $\lambda = \frac{v}{n}$, मात्रक ⇒ एंगस्ट्रम

मैमोरी बूस्टर्स

चुम्बकीय बल ज्ञात करने का नियम

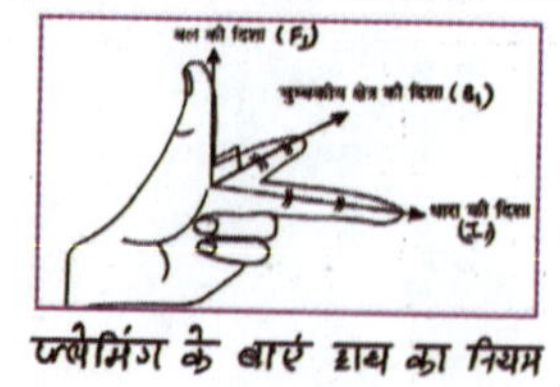

फ्लेमिंग के बाएं हाथ का नियम

प्रेरित धारा की दिशा ज्ञात करने के नियम

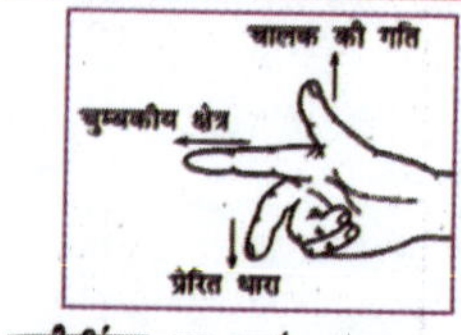

फ्लेमिंग का दाएं हाथ का नियम

चैप्टर List

भौतिक विज्ञान

रसायन विज्ञान

जीव विज्ञान

01 भौतिक राशियाँ तथा मात्रक

⇒ भौतिक राशियाँ (Physical Quantity)

- प्रत्यक्ष और अप्रत्यक्ष रूप से मापी जाने वाली राशियाँ
- एक नियत संख्या द्वारा व्यक्त किया जा सकता है।

Ex- द्रव्यमान, लम्बाई, बल इत्यादि

⇒ दिशा तथा परिमाण के आधार पर राशियाँ

Ⓐ अदिश राशि (Scalar Quantity)

- केवल परिमाण (Magnitude) आवश्यक

Ex – दूरी, चाल, द्रव्यमान, कार्य, समय, ऊर्जा, ताप, विद्युत धारा, दाब इत्यादि

Ⓑ सदिश राशि (Vector Quantity)

- परिमाण तथा दिशा दोनों आवश्यक

Ex- विस्थापन, वेग, त्वरण, बल, संवेग इत्यादि

⇒ गुणों के आधार पर भौतिक राशियाँ

मूल राशियाँ	व्युत्पन्न राशियाँ	पूरक राशियाँ
• अन्य राशियों पर निर्भर नहीं होती	• मूल राशियों पर निर्भर	• मूल तथा व्युत्पन्न राशियों के अतिरिक्त राशियाँ
• बिल्कुल स्वतंत्र होती है।	• मूल राशियों की सहायता से व्युत्पन्न	• अन्य राशियों पर निर्भर नहीं

⇒ मात्रक (Unit)

- भौतिक राशि का सर्वमान्य संदर्भ मानक या निश्चित परिमाण

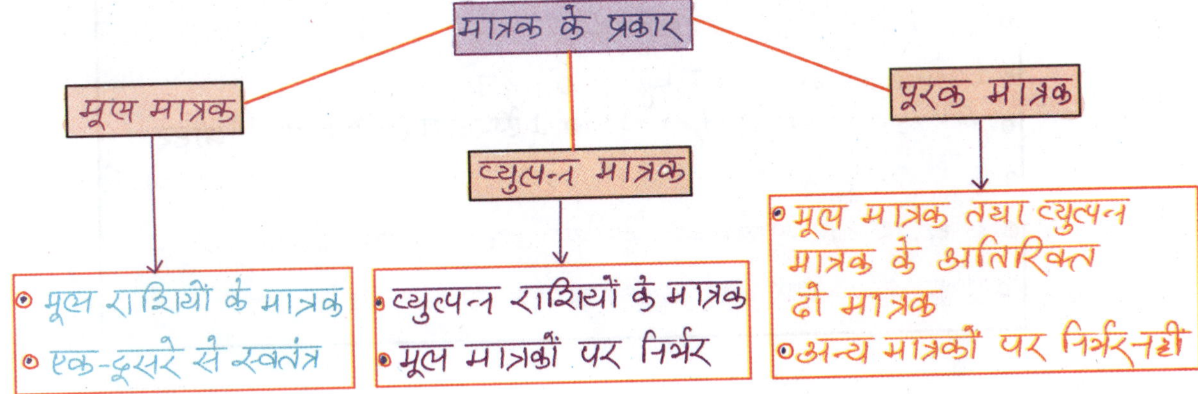

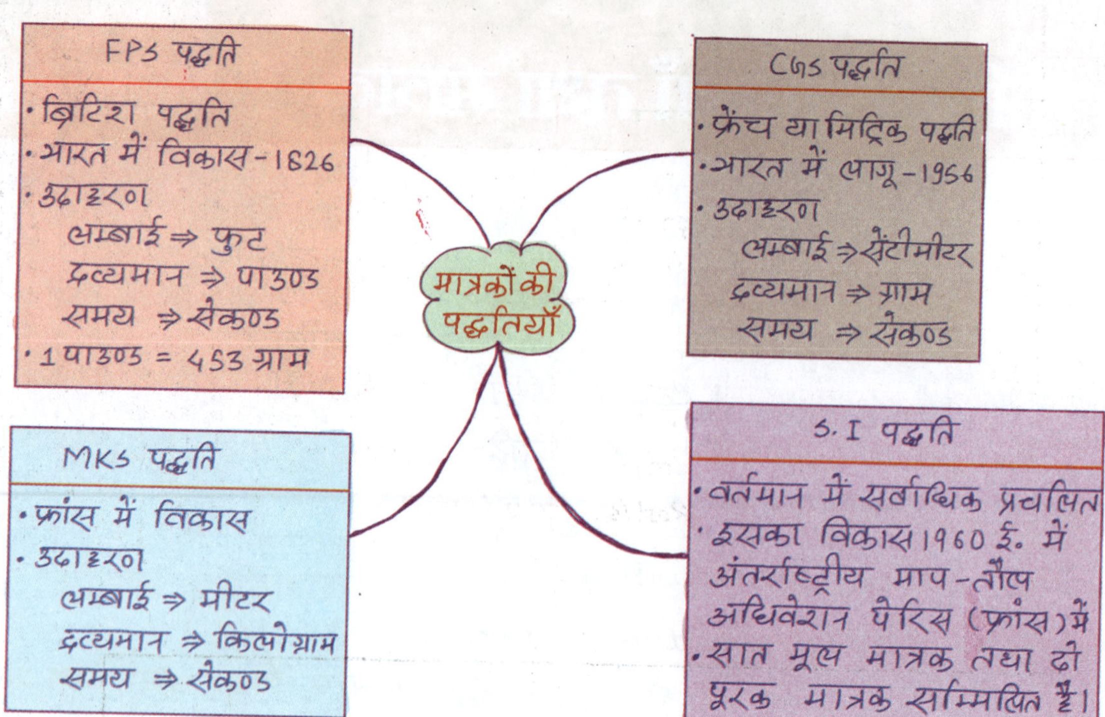

• मूल राशि तथा मूल मात्रक

राशि	मात्रक	संकेत
लम्बाई	मीटर	m
द्रव्यमान	किलोग्राम	kg
समय	सेकण्ड	s
ताप	केल्विन	K
विद्युत धारा	ऐम्पियर	A
ज्योति तीव्रता	कैण्डला	cd
पदार्थ का परिमाण	मोल	mol

• पूरक राशि तथा पूरक मात्रक

राशि	मात्रक	संकेत
समतल कोण	रेडियन	rad
घन कोण	स्टेरेडियन	sr

⇒ महत्वपूर्ण प्रायोगात्मक मात्रक
⇓

- 1 प्रकाश वर्ष ⇒ 9.46×10^{15} m (एक वर्ष में प्रकाश द्वारा तय दूरी)
- 1 पारसेक ⇒ 3.26 प्रकाश वर्ष ⇒ 3.08×10^{16} m
- 1amu ⇒ 1.66×10^{-27} kg
- 1 स्लग ⇒ 14.59 kg
- 1 बैरल = 158.98 लीटर
- 1 ऐंग्स्ट्रॉम (A°) ⇒ 10^{-10} मीटर
- 1 खगोलीय मात्रक ⇒ 1.496×10^{11} m ≈ 1.5×10^{11} m
- 1 चंद्रशेखर सीमा ⇒ 1.4 × सूर्य का द्रव्यमान = 2.765×10^{30} kg
- 1 स्वेडबर्ग यूनिट = 10^{-13} सेकण्ड

• व्युत्पन्न राशि तथा व्युत्पन्न मात्रक

राशि	मात्रक	संकेत	राशि	मात्रक	संकेत
कार्य या ऊर्जा	जूल	J	संवेग	किग्रा मी/से.	kg m/s
त्वरण	मीटर/सेकंड^2	m/s^2	आवेग	न्यूटन सेकण्ड	N s
दाब	पास्कल	Pa	पृष्ठ तनाव	न्यूटन/मीटर	N/m
बल	न्यूटन	N	विद्युत आवेश	कूलॉम	C
शक्ति	वाट	W	विभवांतर	वोल्ट	V
क्षेत्रफल	वर्ग मीटर	m^2	विद्युत प्रतिरोध	ओम	Ω
आयतन	घनमीटर	m^3	विद्युत धारिता	फैरड	F
चाल	मी/सेकण्ड	m/s	चुम्बकीय फ्लक्स	वेबर	Wb
कोणीय वेग	रेडियन/सेकण्ड	Rad/s	ज्योति फ्लक्स	ल्यूमेन	Lm
आवृत्ति	हर्ट्ज	Hz	प्रदीप्ति घनत्व	लक्स	Lx

⇒ 10 के विविध घातों के प्रतीक

10 के घात	पूर्व प्रत्यय	प्रतीक	10 के घात	पूर्व प्रत्यय	प्रतीक
10^{18}	एक्सा	E	10^{-18}	एटो	a
10^{15}	पेटा	P	10^{-15}	फेम्टो	f
10^{12}	टेरा	T	10^{-12}	पीको	p
10^{9}	गीगा	G	10^{-9}	नैनो	n
10^{6}	मेगा	M	10^{-6}	माइक्रो	μ
10^{3}	किलो	K	10^{-3}	मिली	m
10^{2}	हैक्टा	h	10^{-2}	सेन्टी	c
10^{1}	डेका	da	10^{-1}	डेसी	d

⇒ विमा तथा विमीय सूत्र (Dimension and Dimensional Formula)

• मूल राशियों के संकेत या मात्रक पर लगाये गए घात

• [M, L, T] द्वारा व्यक्त समीकरण = विमीय सूत्र

राशि	विमीय सूत्र	राशि	विमीय सूत्र
• घनत्व	$[ML^{-3}T^{0}]$	वेग तथा चाल	$[M^{0}LT^{-1}]$
• संवेग	$[MLT^{-1}]$	त्वरण	$[M^{0}LT^{-2}]$
• बल	$[MLT^{-2}]$	आवेग	$[MLT^{-1}]$
• दाब	$[ML^{-1}T^{-2}]$	कार्य तथा ऊर्जा	$[ML^{2}T^{-2}]$
• शक्ति	$[ML^{2}T^{-3}]$	पृष्ठ तनाव	$[ML^{0}T^{-2}]$
• आवृत्ति	$[M^{0}L^{0}T^{-1}]$	प्रतिबल	$[ML^{-1}T^{-2}]$
• श्यानता गुणांक	$[ML^{-1}T^{-1}]$	प्रत्यास्थता गुणांक	$[ML^{-1}T^{-2}]$
• विशिष्ट ऊष्मा	$[M^{0}L^{2}T^{-2}K^{-1}]$	प्रतिरोध	$[ML^{2}T^{-3}A^{-2}]$
• विद्युत धारिता	$[M^{-1}L^{-2}T^{4}A^{2}]$	विद्युत क्षेत्र	$[MLT^{-3}A^{-1}]$

• डॉब्सन इकाई
⇓
ओजोन परत की मोटाई

• ब्रिटिश थर्मल यूनिट
⇓
ऊष्मा (Heat)

• 1 पारसेक > 1 ly > 1 AU

• क्यूसेक (Cusec)
⇓
जल का बहाव

02 गति

⇒ परिचय

- सामान्य अर्थ ⇒ स्थिति में परिवर्तन
- किसी वस्तु का समय के साथ अपनी स्थिति में परिवर्तन करना गति कहलाता है।

  Ex– आकाश में उड़ता पक्षी, बहता हुआ जल, सड़क पर चलती बस आदि

⇒ गति के प्रकार (Type of Motion)

(A) पथ की प्रकृति के आधार पर गति

प्रकार	अर्थ	उदाहरण
सरल रेखीय गति Straight line motion	सरल रेखा में गति करता का	• दौड़ते हुए बालक की गति • कार की सीधी सड़क पर गति
घूर्णन गति Rotational Motion	वृत्ताकार पथ में अपनी अक्ष पर घूर्णन करता पिण्ड	• पंखे की गति • साइकिल के पहिए की गति
दोलन गति Oscillatory Motion	किसी निश्चित बिन्दु के सापेक्ष आगे-पीछे गति	• घड़ी के लोलक की गति • सिलाई मशीन की सुई की गति

(B) विमा के आधार पर गति

प्रकार	अर्थ	उदाहरण	आरेख
एक विमीय गति	एक निर्देशांक का समय के साथ परिवर्तन	• सीधी सड़क पर कार की गति	−x ←—•—→ +x
द्विविमीय गति	दो निर्देशांकों का समय के साथ परिवर्तन	• प्रक्षेप्य तथा वृत्तीय गति • सूर्य के चक्कर लगाते हुए ग्रह की गति	y, 0, x
त्रिविमीय गति	तीनों निर्देशांकों का समय के साथ परिवर्तन	• मच्छर, पक्षी तथा जल के अणुओं की गति	y, z, 0, x

⇒ गति के महत्वपूर्ण पद

① **दूरी (Distance)**
- → केवल परिमाण, दिशा नहीं
- → अर्थ ⇒ वस्तु द्वारा तय किये गए मार्ग की लम्बाई
- प्रतीक ⇒ d, मात्रक ⇒ मीटर (m), राशि = अदिश
- मान (Value) ⇒ धनात्मक (+)
- सूत्र (Formula) ⇒ d = पथ की लम्बाई

A ——50m——→ B

d = 50m

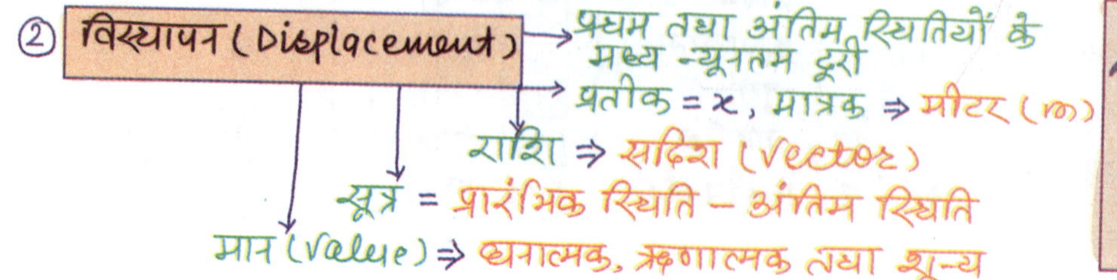

② **विस्थापन (Displacement)**
- → प्रथम तथा अंतिम स्थितियों के मध्य न्यूनतम दूरी
- → प्रतीक = x, मात्रक ⇒ मीटर (m)
- राशि ⇒ सदिश (Vector)
- सूत्र = प्रारंभिक स्थिति – अंतिम स्थिति
- मान (Value) ⇒ धनात्मक, ऋणात्मक तथा शून्य

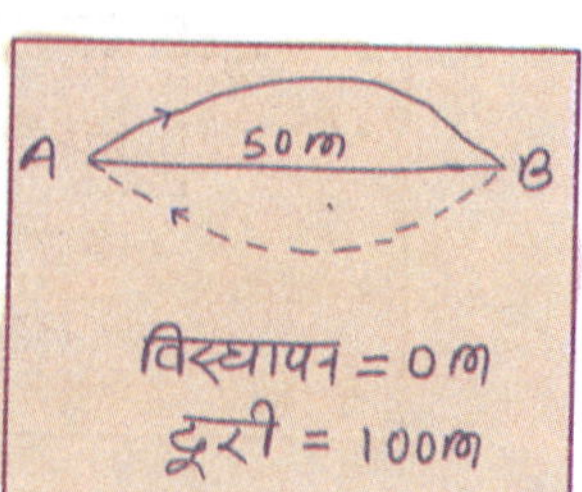

⇒ एकसमान गति तथा असमान गति

- एकसमान गति ⇒ समान समय अंतराल में समान दूरी
- असमान गति ⇒ समान समय अंतराल में असमान दूरी

समय	दूरी
0 सेकण्ड में	0 मीटर
1 सेकण्ड में	10 मीटर
2 सेकण्ड में	20 मीटर
3 सेकण्ड में	30 मीटर
4 सेकण्ड में	40 मीटर
5 सेकण्ड में	50 मीटर

③ चाल (Speed) → स्थिति परिवर्तन की दर

→ अर्थ ⇒ एकांक समय में तय की गई दूरी

मात्रक ⇒ मीटर / सेकण्ड (m/s)

सूत्र ⇒ चाल = दूरी / समय , औसत चाल = $\frac{\text{कुल दूरी}}{\text{कुल समय}}$

मान (value) ⇒ धनात्मक, राशि ⇒ अदिश, प्रतीक = v

④ वेग (velocity) → चाल + दिशा

→ एकांक समयांतराल में वस्तु द्वारा तय किया गया विस्थापन

मात्रक ⇒ मीटर / सेकण्ड, राशि ⇒ सदिश, प्रतीक ⇒ v

सूत्र ⇒ वेग = $\frac{\text{विस्थापन}}{\text{समय}}$, औसत वेग = $\frac{\text{कुल विस्थापन}}{\text{कुल समय}}$

→ मान (value) ⇒ धनात्मक, ऋणात्मक तथा शून्य

⑤ त्वरण (Acceleration) → अर्थ ⇒ वेग परिवर्तन की दर

→ मात्रक ⇒ मीटर / सेकण्ड^2 (m/s^2)

→ प्रतीक ⇒ a , राशि ⇒ सदिश

- सूत्र ⇒ त्वरण (a) = $\frac{\text{वेग परिवर्तन}}{\text{समयांतराल}} = \frac{\Delta v}{\Delta t} \Rightarrow \frac{v-u}{\Delta t}$

- औसत त्वरण (a) = कुल वेग परिवर्तन / कुल समयांतराल ⇒ $\frac{v_2-v_1}{t_2-t_1}$

मान (value) ⇒ धनात्मक, ऋणात्मक तथा शून्य

- ऋणात्मक त्वरण को मंदन (Deceleration) कहते हैं।

उदाहरण ⇒ एक कार प्रारंभ में विरामावस्था में है, 20 सेकण्ड बाद कार की गति 60 km/h हो जाती है। तब कार का त्वरण क्या होगा?

हल $u = 0$, $v = 60\ km/h$ तथा $t = 20$ सेकण्ड

$$v = 60 \times \frac{5}{18} = \frac{50}{3}\ m/s$$

$$\text{त्वरण}(a) = \frac{v-u}{t} = \frac{50}{60} = 5/6\ m/s^2$$

⇒ गति के समीकरण

(A) सरल रेखा में

- वेग - समय संबंध ⇒ $v = u + at$
- स्थिति - समय संबंध ⇒ $s = ut + \frac{1}{2}at^2$
- स्थिति - वेग संबंध ⇒ $v^2 = u^2 + 2as$

(B) ऊर्ध्वाधर रेखा में (ऊपर से नीचे की ओर गति)

- $v = u + gt$
- $h = ut + \frac{1}{2}gt^2$
- $v^2 = u^2 + 2gh$

प्रश्न ⇒ एक गोली 350 m/s के वेग से गति करती हुई कंक्रीट की दीवार में घुसकर विरामावस्था में आने से पूर्व 5 cm तक चलती है। मंदन ज्ञात कीजिए?

हल

$$\Rightarrow v^2 = u^2 + 2as$$

$$\Rightarrow 0 = u^2 - 2as \quad (a \text{ का मान} = -ve)$$

$$\therefore a = \frac{-u^2}{2s} = \frac{-350 \times 350}{2 \times 0.05}$$

$$\therefore a = 12.25 \times 10^5\ m/s^2$$

$u = 350\ m/s$

$v = 0\ m/s$

5 cm

गोली

⇒ गति का ग्राफीय निरूपण

- दूरी - समय ग्राफ का ढाल = **चाल**
- विस्थापन - समय ग्राफ का ढाल = **वेग**
- वेग - समय ग्राफ का ढाल = **त्वरण**

स्थिति - समय ग्राफ

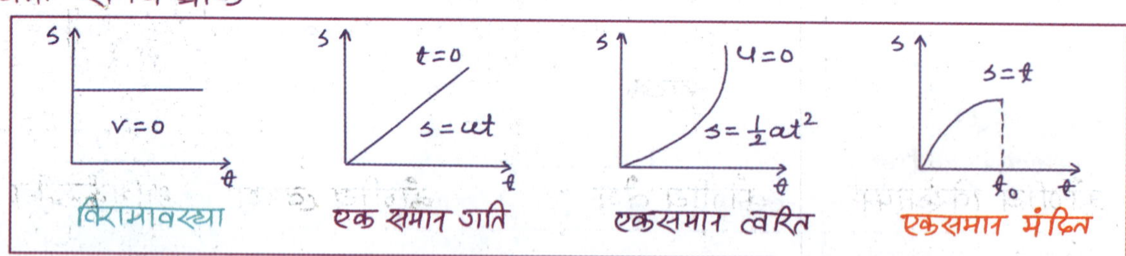

वेग - समय ग्राफ

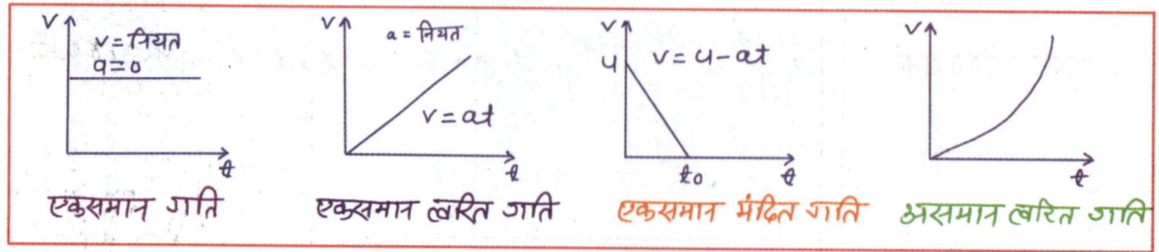

⇒ प्रक्षेप्य गति (Projectile Motion)

- ऊर्ध्वाधर दिशा में फेंके गए पिण्ड की वक्र पथ में गति, परवलयाकार
- द्विविमीय गति
- प्रक्षेप्य गति में पथ बहुकेन्द्रीय होता है।
  - उड्डयन काल $T = \frac{2u\sin\theta}{g}$
  - अधिकतम ऊंचाई (h) $= \frac{u^2\sin^2\theta}{2g}$
  - परास (R) $= \frac{u^2\sin 2\theta}{g}$

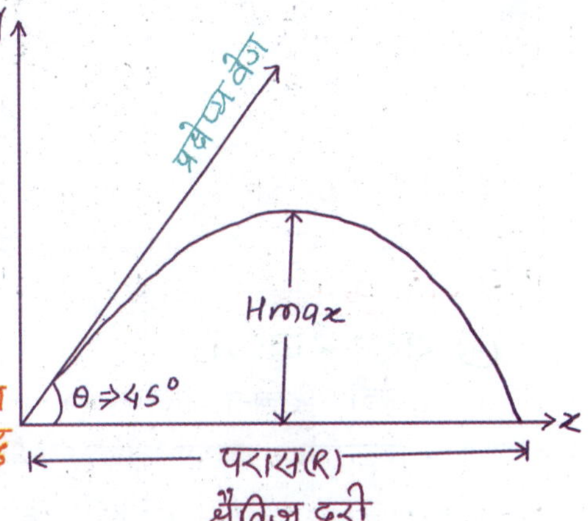

Ex—
- हवाई जहाज से गिराए गए बम की गति
- बल्ले से मारने पर गेंद की गति
- तोप से छूटे गोले की गति
- ईंधन समाप्त होने पर रॉकेट की गति

Note
- 90° कोण पर अधिकतम ऊँचाई
- 45° कोण पर अधिकतम दूरी
- $R_{max} = 2 \times H_{max}$

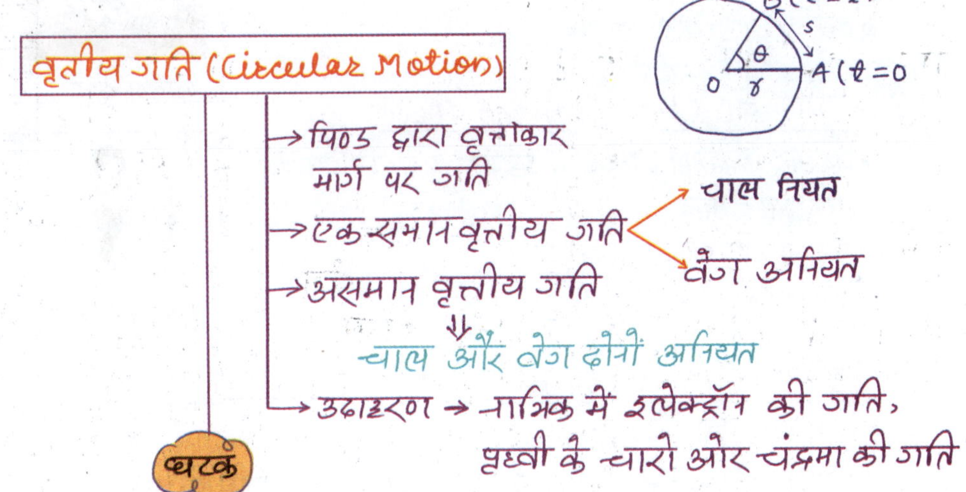

कोणीय विस्थापन	कोणीय वेग	कोणीय त्वरण	अभिकेन्द्रीय त्वरण
$\theta = \frac{\text{चाप}(\Delta s)}{\text{त्रिज्या}(r)}$ • मात्रक – रेडियन	$(\omega) = \frac{\Delta\theta}{\Delta t}$ • मात्रक ⇒ रेडियन/सेकण्ड • रेखीय वेग तथा कोणीय वेग में संबंध $v = \omega r$ या $2\pi n r$	$\alpha = \frac{\omega}{t}$ • मात्रक rad/s²	$a = \frac{v^2}{r}$ $a = r\omega^2$ • सदैव केन्द्र की ओर

03 बल तथा गति के नियम

⇒ बल (force)

- अर्थ ⇒ वस्तु के आकार, दिशा तथा गति की अवस्था में परिवर्तन के लिए आवश्यक बाह्य कारक
- मात्रक ⇒ SI मात्रक = न्यूटन, CGS मात्रक = डाइन

1 न्यूटन = 10^5 डाइन

धक्का (Push) खींचना (Pull) मारना (Hit)

- प्रभाव ⇒ वस्तु में परिवर्तन या परिवर्तन करने का प्रयास

⇒ बल के प्रकार

① सम्पर्क बल (Contact force)

- परस्पर समान तथा विपरीत बल आरोपित
- एक-दूसरे से सम्पर्कित
- लम्बवत क्रिया बल

घर्षण बल पेशीय बल

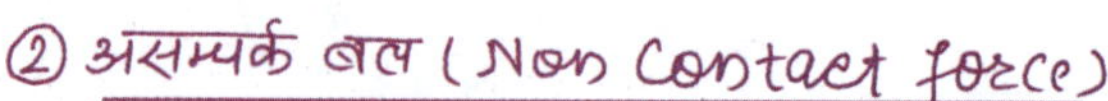
② असम्पर्क बल (Non Contact force)

- परस्पर असमान, परंतु आकर्षण एवं प्रतिकर्षण बल आरोपित
- एक-दूसरे से असम्पर्कित
- क्षेत्र बल

गुरुत्वीय बल चुम्बकीय बल

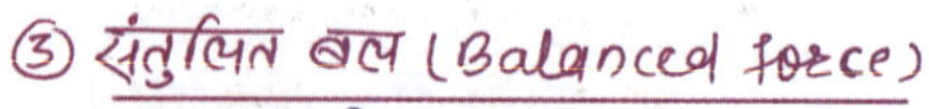
③ संतुलित बल (Balanced force)

- परिणामी बल शून्य
- स्थिति अपरिवर्तित
-  $a = 0$

$f_{net} = f_1 - f_2$

$= (200 - 200)N$

$f_{net} = 0N$

④ असंतुलित बल (Un-Balanced force)

- परिणामी बल अशून्य
- स्थिति परिवर्तित
- $a > 0$

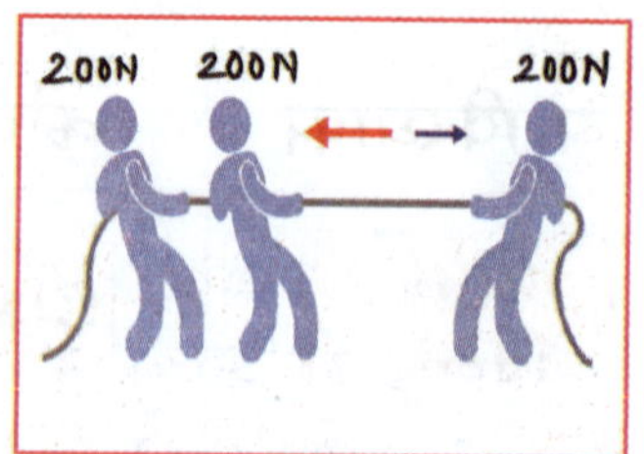

$f_{net} = f_1 - f_2$

$= (400 - 200)N$

$f_{net} = 200\ N$

⇒ न्यूटन के गति के नियम

- प्रथम नियम ⇒ जड़त्व का नियम या गैलीलियो का नियम

⊙ वस्तु विरामावस्था में है तो विरामावस्था में रहेगी तथा वस्तु गति की अवस्था में है तो गति की अवस्था में ही रहेगी, जब तक उस पर कोई बाह्य बल कार्य न करें।

उदाहरण → शैल्फ पर रखी किताबें, बर्फ पर एक स्लैबज, पेड़ से गिरते पत्ते, नत तल पर लुढ़कती हुई गेन्द आदि।

⊙ प्रथम नियम से बल तथा जड़त्व की परिभाषा प्राप्त होती है।

⊙ संबंधित पद

→ जड़त्व (Inertia) ⇒ द्रव्यमान के समानुपाती

- ⊙ प्रकार ⇒ विराम, गति तथा दिशा
- ⊙ अर्थ ⇒ परिवर्तन का विरोध, स्थिरता
- ⊙ गोली मारने से काँच में छेद होना

→ संवेग (Momentum) ⇒ द्रव्यमान तथा वेग के गुणनफल के समानुपाती

- ⊙ मात्रक ⇒ kgm/s $p = mv$

⇒ द्वितीय नियम (second law)

⇓

संवेग परिवर्तन की दर आरोपित बाह्य बल के अनुक्रमानुपाती होता है।

अर्थात $f \propto \frac{dp}{dt}$

$$f = \frac{mvd}{dt}$$

$$f = m\frac{dv}{dt} \quad \left[\because a = \frac{dv}{dt}\right]$$

$$\therefore f = ma$$

⇓

वस्तु पर आरोपित बल, द्रव्यमान तथा त्वरण के गुणनफल के बराबर होता है।

द्वितीयक नियम से बल का व्यंजक प्राप्त होता है।

→ आवेग (Impulse) ⇒ औसत बल तथा समयांतराल के गुणनफल के बराबर

$$I = f \times \Delta t = \Delta P$$

Ex- 10gm की वस्तु पर कार्यरत बल के कारण वस्तु का वेग शून्य से बढ़कर 10m/s हो जाता है, बल का आवेग ज्ञात कीजिए ?

हल ⇒ $I = m(v-u)$

$= 10 \times 10^{-3}(10-0)$

$= 10 \times 10^{-2}$

$= 10 \times \frac{1}{10^2} = \frac{1}{10}$

$\therefore I = 0.1\ Ns$

2Ex-

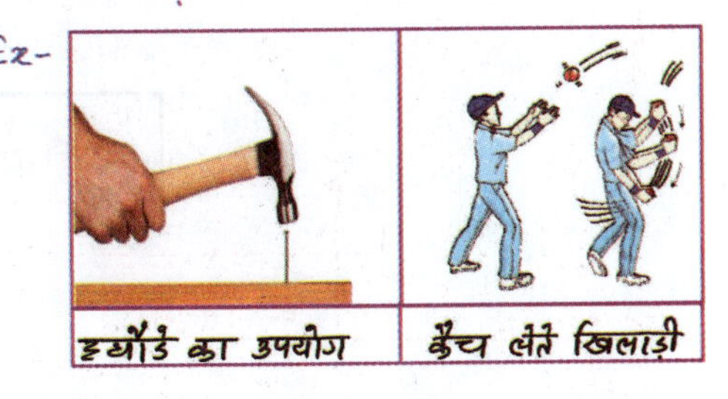

⇒ तृतीय नियम (क्रिया - प्रतिक्रिया नियम)

⇓

"किसी वस्तु द्वारा दूसरी वस्तु पर बल लगाने पर दूसरी वस्तु द्वारा भी विपरीत दिशा में बराबर बल लगाना।"

$F_1 = -F_2$ ⇒ प्रत्येक क्रिया के साथ बराबर और विपरीत प्रतिक्रिया

Ex → रॉकेट प्रक्षेपण, नाव चलाना, गेंद को उछालना, तैरना, बंदूक से गोली छोड़ना आदि

⇒ रेखीय संवेग संरक्षण का सिद्धांत

⇓

"बाह्य बल शून्य हो तो सम्पूर्ण रेखीय संवेग नियत रहता है।"

$$F = \frac{dP}{dt} = 0$$ [P = नियतांक]

उदाहरण ⇒ रॉकेट प्रणोदन, नाव से किनारे पर कूदने पर नाव का पीछे हटना बन्दुक से गोली चलाने पर पीछे की ओर झटका लगना आदि

m_1 u_1, m_2 u_2 — टक्कर से पूर्व; टक्कर; m_1 v_1, m_2 v_2 — टक्कर के बाद

$m_1u_1 + m_2u_2 = m_1v_1 + m_2v_2$ ⇒ यही संवेग संरक्षण का सिद्धांत है।

उदाहरण ⇒ 10 kg का एक पिण्ड दाईं ओर 20 m/s की चाल से आ रहा है जो समान चाल से आते हुए एक अन्य 4 kg के पिण्ड से टकराता है। टक्कर के पश्चात संयुक्त पिण्ड का वेग तथा दिशा ज्ञात कीजिए?

हल ⇒

यहाँ

$m_1 = 10\,kg$ $\quad m_2 = 4\,kg$

$u_1 = 20\,m/s$ $\quad u_2 = -20\,m/s$

संयुक्त पिण्ड का द्रव्यमान = $m_1 + m_2 = 14\,kg$

संवेग संरक्षण के नियम से संयुक्त पिण्ड के लिए

$\Rightarrow m_1u_1 + m_2u_2 = (m_1 + m_2)v$

$\Rightarrow 10 \times 20 + 4 \times (-20) = 14v$

$\Rightarrow 200 - 80 = 14v$

$\therefore v = \frac{120}{14} = 8.57\,m/s$ दाईं ओर

घर्षण बल (Friction force)

- सामान्य अर्थ ⇒ दो वस्तुओं के सम्पर्क तलों के मध्य स्पर्श रेखीय दिशा में कार्यरत बल
- सापेक्ष गति का विरोधी बल, प्रकृति ऋणात्मक
- सम्पर्क तलों के समानान्तर

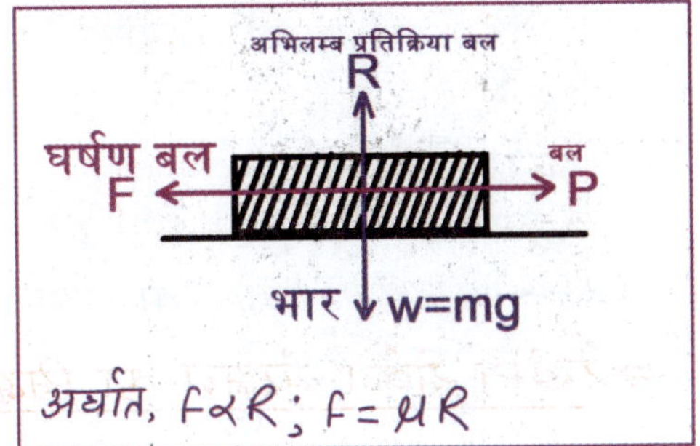

अर्थात, $f \propto R$; $f = \mu R$

- उदाहरण ⇒

स्कीइंग

चलना

⇒ **घर्षण के कारण**

① सतह की अनियमितता

- दो वस्तुओं के मध्य गति के कारण जब एक सतह दूसरी सतह के सम्पर्क में आती है तो अनियमितताओं के कारण ये एक-दूसरे से अंतः बन्धित हो जाती हैं।

② आण्विक सिद्धांत

"सतह पर गति कराने तथा आण्विक बंधनों को तोड़ने के लिए आवश्यक आकर्षण बल घर्षण बल होता है।"

⇒ **घर्षण बल के प्रकार**

प्रकार	व्याख्या
स्थैतिक घर्षण	• सतह तथा वस्तु के मध्य गति से पूर्व घर्षण
सीमांत घर्षण	• स्थैतिक घर्षण का अधिकतम मान जब वस्तु गति प्रारंभ करने वाली होती है - $f_s = \mu_s R$
गतिज घर्षण	• गतिशील वस्तुओं के सम्पर्क तलों के मध्य उत्पन्न घर्षण $f_k = \mu_k R$
लोटनिक घर्षण	• वस्तु के नत तल पर लुढ़कने के कारण उत्पन्न दुर्बल घर्षण, बॉल बेयरिंग की मदद से गतिज घर्षण लोटनीय घर्षण में बदलना
सर्पी घर्षण	• वस्तु के फिसलने के कारण उत्पन्न घर्षण

सीमांत घर्षण > स्थैतिक घर्षण > सर्पी घर्षण > लोटनिक घर्षण

⇒ **घर्षण के लाभ तथा हानियाँ**

लाभ	हानि
• धरातल पर चलने हेतु	• सापेक्ष गति के विरोध के कारण ऊर्जा व्यय
• वाहनों की तीव्र गति के विरोध हेतु ब्रेक का उपयोग	• मशीनों की दक्षता कम
• ब्लैक बोर्ड पर लिखने हेतु	• मशीनों के पुर्जे घर्षण के कारण घिस जाना

⇒ घर्षण को बढ़ाने तथा कम करने की विधियाँ

घर्षण बढ़ाना	घर्षण घटाना
• पहियों में खांचे बनाना • बर्फ से ढके रास्तों पर रेत का छिड़काव • जूतों के तले खुरदरे एवं कड़े रबड़ तथा चमड़े के बनाना	• पॉलिश द्वारा खुरदरी सतह को चिकना बनाना • स्नेहक डालकर दो परतों के मध्य घर्षण कम करना • कम घर्षण गुणांक वाले पदार्थों का उपयोग करके • मशीनों में बॉल बियरिंग का उपयोग करके • तरल पदार्थों में धारा रेखीय गति द्वारा

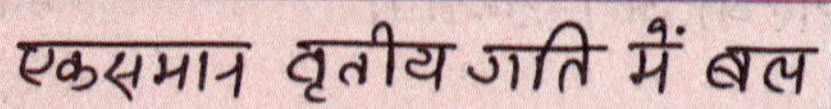

अभिकेंद्रीय बल (Centripetal force)

⇓

वृत्त के केन्द्र की ओर आरोपित बल

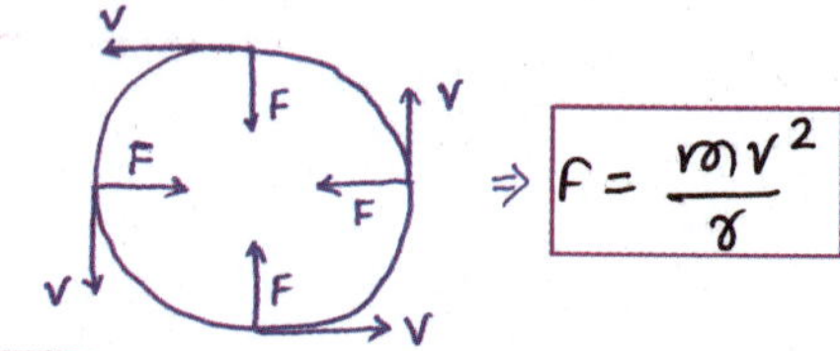

उदाहरण ⇒

- वृताकार मोड़ पर कार का मुड़ना
- नाभिक के चारों ओर इलेक्ट्रॉन का चक्कर लगाना
- समतल सड़क पर वृतीय गति करती कार

$$v_{अधिकतम} = \sqrt{\mu_s rg}$$

- कार की गति के लिए सड़क का ढलाव $\tan\theta = \frac{v^2}{rg}$

अपकेंद्रीय बल (Centrifugal force)

⇓

वृत्त के बाहर की ओर लगने वाला अभासी बल

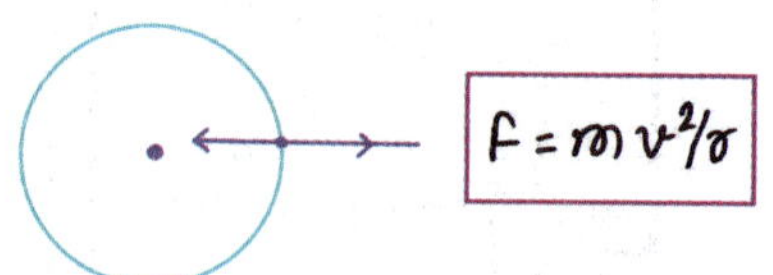

⇒ उदाहरण

- दूध से क्रीम निकालने की मशीन में
- वाशिंग मशीन का ड्रायर

घूर्णन गति (Rotational Motion)

⇒ **परिचय**

"जब कोई वस्तु इस प्रकार वृत्तीय गति करे की उसके सभी कण समान वृत्तीय पथ पर चलें और निश्चित समयांतराल में कणों का कोणीय विस्थापन समान हो।"

⇒ **बल आघूर्ण (Torque)**

⇓

बल की वह प्रवृति, जिसके कारण वस्तु को एक निश्चित अक्ष के परित: घुमाने का प्रयास किया जाता है। यह एक सदिश राशि है।

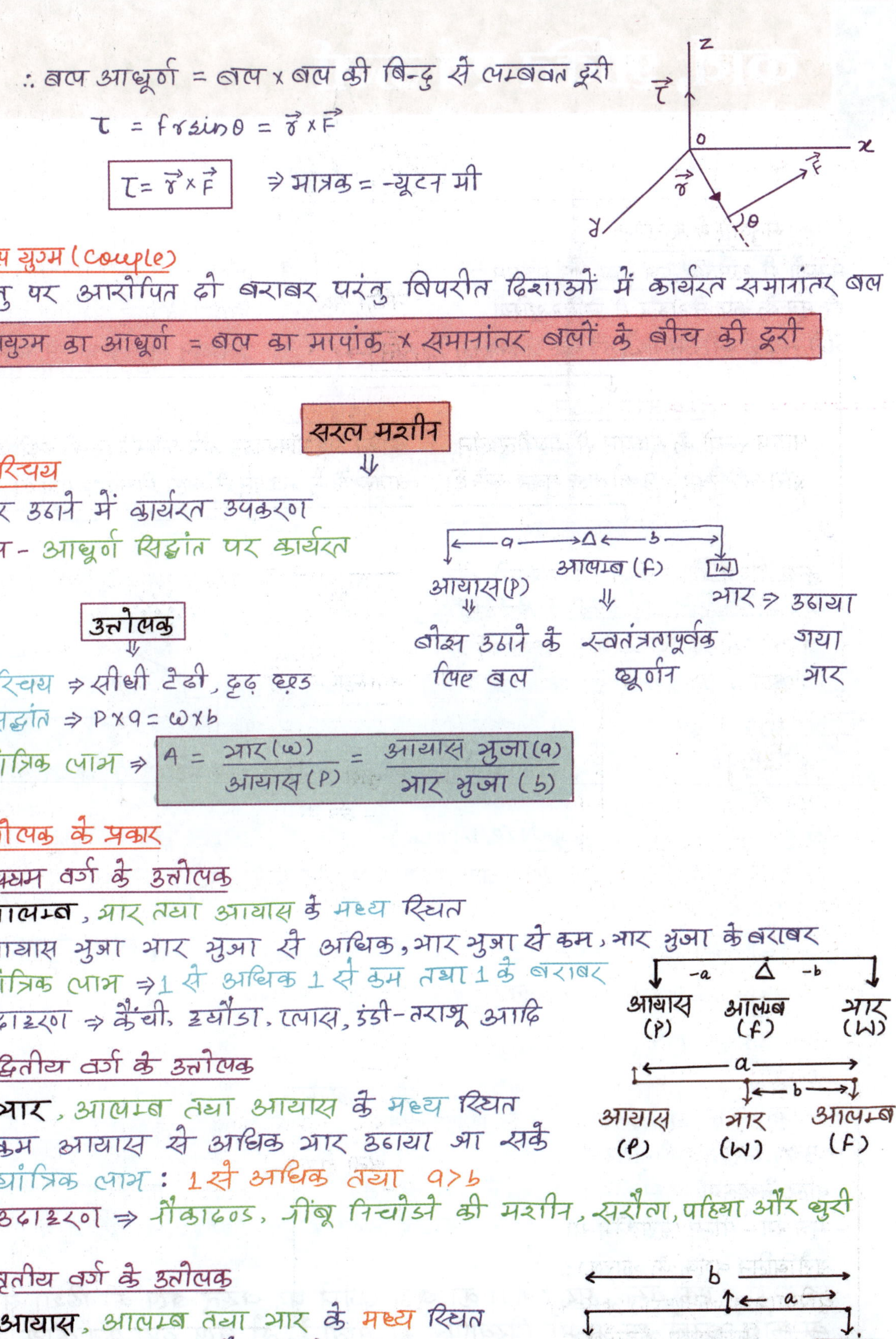

∴ बल आघूर्ण = बल × बल की बिन्दु से लम्बवत दूरी

$\tau = Fr\sin\theta = \vec{r} \times \vec{F}$

$\boxed{\vec{\tau} = \vec{r} \times \vec{F}}$ ⇒ मात्रक = न्यूटन मी

⇒ **बल युग्म (couple)**

- वस्तु पर आरोपित दो बराबर परंतु विपरीत दिशाओं में कार्यरत समानांतर बल

बलयुग्म का आघूर्ण = बल का मापांक × समानांतर बलों के बीच की दूरी

सरल मशीन

⇒ **परिचय**

- भार उठाने में कार्यरत उपकरण
- बल - आघूर्ण सिद्धांत पर कार्यरत

उत्तोलक

⇒ परिचय ⇒ सीधी टेढ़ी, दृढ़ छड़

⇒ सिद्धांत ⇒ $P \times a = W \times b$

⇒ यांत्रिक लाभ ⇒ $A = \dfrac{\text{भार}(W)}{\text{आयास}(P)} = \dfrac{\text{आयास भुजा}(a)}{\text{भार भुजा}(b)}$

⇒ **उत्तोलक के प्रकार**

① **प्रथम वर्ग के उत्तोलक**

- आलम्ब, भार तथा आयास के मध्य स्थित
- आयास भुजा भार भुजा से अधिक, भार भुजा से कम, भार भुजा के बराबर
- यांत्रिक लाभ ⇒ 1 से अधिक 1 से कम तथा 1 के बराबर
- उदाहरण ⇒ कैंची, हथौड़ा, प्लास, डंडी-तराजू आदि

② **द्वितीय वर्ग के उत्तोलक**

- भार, आलम्ब तथा आयास के मध्य स्थित
- कम आयास से अधिक भार उठाया जा सके
- यांत्रिक लाभ : 1 से अधिक तथा $a > b$
- उदाहरण ⇒ नौकादण्ड, नींबू निचोड़ने की मशीन, सरौता, पहिया और धुरी

③ **तृतीय वर्ग के उत्तोलक**

- आयास, आलम्ब तथा भार के मध्य स्थित
- यांत्रिक लाभ ⇒ सदैव 1 से कम तथा $a < b$
- उदाहरण ⇒ चिमटा, सीढ़ी, हल, वंशी इत्यादि

04 कार्य, शक्ति एवं ऊर्जा

कार्य (Work)

- सामान्य अर्थ ⇒ 'वस्तु पर बल लगाकर उसके स्थिति में परिवर्तन करना'
- सूत्र ⇒ $W = \vec{F}\cdot\vec{S} = FS\cos\theta$
- मात्रक ⇒ जूल (MKS/SI) तथा न्यूटन-मीटर (Nm), अर्ग (CGS)

तथा

1 जूल = 10^7 अर्ग
1 अर्ग = 1 डाइन × 1 सेमी
1 ग्राम भार सेमी = 981 अर्ग

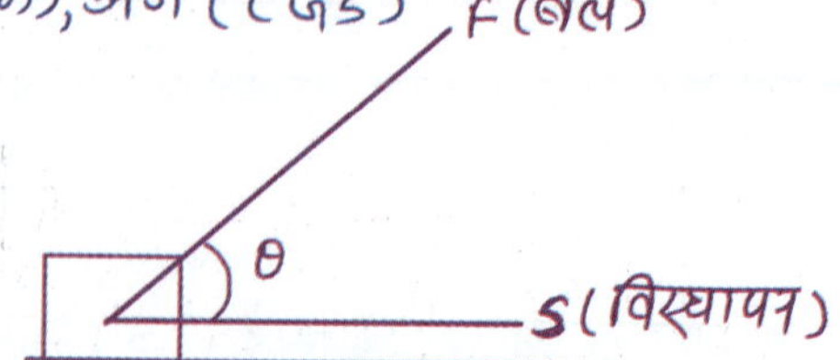

कार्य के प्रकार

① धनात्मक कार्य (Positive Work)

- बल तथा विस्थापन एक दिशा में कार्यरत
- $0 \le \theta < 90^\circ$
- $W = F.S$
- उदाहरण ⇒ मुक्त रूप से गिरते पिण्ड पर गुरुत्वाकर्षण द्वारा किया गया कार्य

② ऋणात्मक कार्य (Negative Work)

- बल तथा विस्थापन विपरीत दिशा में कार्यरत
- $90^\circ < \theta < 270^\circ$
- $W = -F.S$
- उदाहरण ⇒ पिण्ड को सतह से उठाने पर गुरुत्वाकर्षण द्वारा किया गया कार्य

③ शून्य कार्य (Zero Work)

- बल तथा विस्थापन लम्बवत दिशा में कार्यरत
- $\theta = 90^\circ$ या 270°
- $W = 0$
- उदाहरण ⇒ बोझ उठाकर स्थिति परिवर्तन
  वृत्ताकार पथ में गति करने वाले पिण्ड द्वारा किया गया कार्य

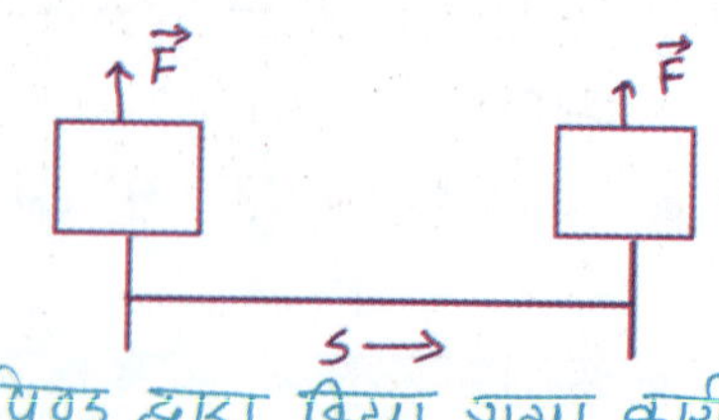

उदाहरण ⇒ एक वस्तु पर 40 N का बल लगाने पर वस्तु बल की दिशा से 30° का कोण बनाते हुए 10 मी विस्थापित हो जाती है, तो बल द्वारा कुल कार्य ज्ञात करें?

हल ⇒ कार्य (F) = $F.S\cos\theta$

$$W = 40 \times 10 \times \cos 30^\circ = 400 \times \frac{\sqrt{3}}{2} = 346.41 \text{ जूल}$$

संरक्षी तथा असंरक्षी बल में अंतर

संरक्षी बल (Conservative force)	असंरक्षी बल (Non Conservative force)
• किया गया कार्य प्रारंभिक तथा अंतिम स्थितियों पर निर्भर करता है। • पथ पर निर्भर नहीं करता है। • बंद पथ के अनुदिश किया गया कार्य = 0 • गुरुत्वाकर्षण, स्थिर वैद्युत, बल, चुम्बकीय बल	• किया गया कार्य प्रारंभिक तथा अंतिम स्थितियों के साथ-साथ पथ पर भी निर्भर करता है। • बन्द पथ के अनुदिश किया गया कार्य शून्य नहीं होता है। • घर्षण बल, श्यान बल

शक्ति (Power)

• सामान्य अर्थ ⇒ "किसी मशीन या कर्ता के द्वारा कार्य करने की समय दर को शक्ति कहते हैं।"

• भौतिक राशि ⇒ अदिश

$$P = \frac{W}{t} = \frac{\text{कार्य}}{\text{समय}}$$

• मात्रक ⇒ वाट या जूल/सेकण्ड

• व्यवसायिक मात्रक ⇒ अश्वशक्ति, किलोवाट तथा मेगावाट

• मात्रकों में संबंध ⇒

1 अश्वशक्ति = 746 वाट
1 किलोवाट = 10^3 वाट
1 मेगावाट = 10^6 वाट

उदाहरण ⇒ एक व्यक्ति 40 kg के भार के साथ 2 m ऊंची सीढ़ी पर 4 सेकण्ड में चढ़ जाता है तो उस व्यक्ति की शक्ति की गणना कीजिए?

Ans ⇒ दिया गया है, $m = 40 kg$

$h = 2 m$

$t = 4$ सेकण्ड

$W = mgh = 40 \times 9.8 \times 2 = 784$ जूल

शक्ति $(P) = \frac{W}{t} = \frac{784}{4} = 196$ वाट

ऊर्जा (Energy)

• सामान्य अर्थ ⇒ कार्य करने की क्षमता को उस वस्तु की ऊर्जा कहते हैं। यह एक अदिश राशि है।

• मात्रक ⇒ जूल, अर्ग (1 किलोजूल = 10^3 जूल)

• व्यवसायिक मात्रक ⇒ किलोवाट-घंटा (KWH)

मात्रक	समतुल्यता
अर्ग (Erg)	10^{-7} जूल
कैलोरी (Cal)	4.2 जूल
किलोवाट-घण्टा (kWh)	3.6×10^{6} जूल
इलेक्ट्रॉन वाट (eV)	1.6×10^{-19} जूल

ऊर्जा के विभिन्न स्वरूप

⇒ ऊष्मीय ऊर्जा	⇒ ताप के कारण प्राप्त ऊर्जा
⇒ विद्युत ऊर्जा	⇒ धारा प्रवाह के कारण प्राप्त ऊर्जा
⇒ रासायनिक ऊर्जा	⇒ रासायनिक अभिक्रियाओं द्वारा प्राप्त ऊर्जा
⇒ प्रकाश ऊर्जा	⇒ स्पष्ट दृश्य के लिए सूर्य तथा प्रकाशिक स्त्रोतों से प्राप्त प्राप्त ऊर्जा
⇒ ध्वनि ऊर्जा	⇒ वाद्य यंत्र अथवा ध्वनि स्त्रोत से उत्पन्न ध्वनि से प्राप्त ऊर्जा
⇒ नाभिकीय ऊर्जा	⇒ नाभिकी के विखण्डन अथवा संलयन से प्राप्त ऊर्जा
⇒ यांत्रिक ऊर्जा	⇒ वस्तु द्वारा किये गए यांत्रिक कार्यों से प्राप्त ऊर्जा

⇒ यांत्रिक ऊर्जा के प्रकार

यांत्रिक ऊर्जा के दो प्रकार

① गतिज ऊर्जा (Kinetic Energy)

- वस्तु की गति के कारण उत्पन्न ऊर्जा
- गतिशील वस्तु के द्रव्यमान तथा वेग के वर्ग के अनुक्रमानुपाती

पवन चक्कियों के संचालन में

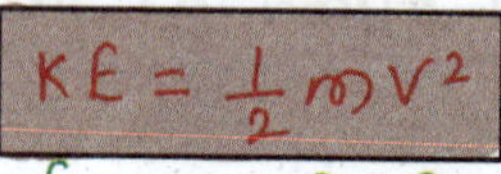

$$KE = \frac{1}{2}mv^2$$

- गतिज ऊर्जा तथा रेखीय संवेग में संबंध

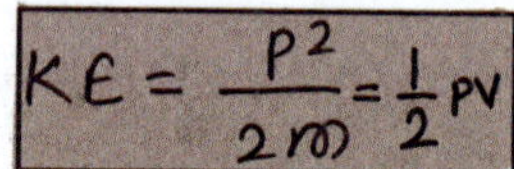

$$KE = \frac{P^2}{2m} = \frac{1}{2}PV$$

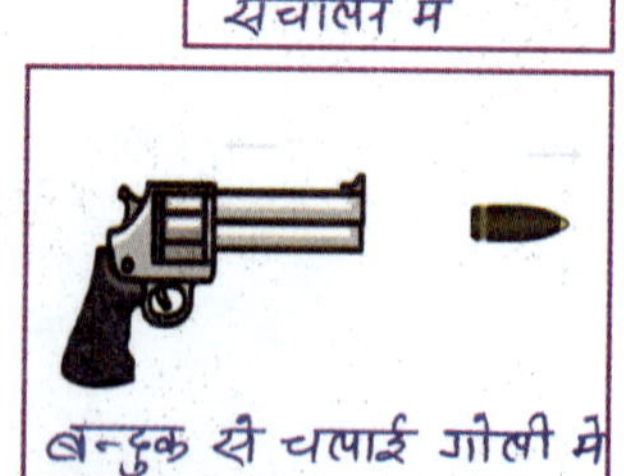

बन्दुक से चलाई गोली मे

- यदि दो अलग-अलग द्रव्यमान के वस्तुओं के संवेग समान हो तो हल्की वस्तु की गतिज ऊर्जा अधिक होगी।

उदाहरण ⇒ 1500 kg द्रव्यमान की एक कार 72 km/h की चाल से गतिमान है। इसकी गतिज ऊर्जा की गणना कीजिए?

Ans ⇒ $m = 1500\,kg$, $v = 72\,km/h$

$$= 72 \times \frac{5}{18} = 20\,m/s$$

गतिज ऊर्जा $(K) = \frac{1}{2}mv^2 = \frac{1}{2} \times 1500 \times 20 \times 20 = 3 \times 10^5$ जूल

② स्थितिज ऊर्जा (Potential Energy)

⇓

स्थिति एवं विन्यास के कारण प्राप्त ऊर्जा

P.E. = mgh

यहाँ m = द्रव्यमान
h = ऊँचाई
g = गुरुत्वजनित त्वरण

धनुष की डोरी को खींचने से प्राप्त ऊर्जा

बांध में संचित जल से प्राप्त ऊर्जा

स्थितिज ऊर्जा के प्रकार

⇒ **गुरुत्वीय स्थितिज ऊर्जा (Gravitation Potential Energy)**

- भार को पृथ्वी धरातल से ऊपर उठाने की क्षमता

$$U = mgh$$

उदाहरण ⇒ 40 kg द्रव्यमान की वस्तु को पृथ्वी से 5 m की ऊंचाई तक उठाया जाता है। इसकी स्थितिज ऊर्जा ज्ञात कीजिए

m = 40 kg, h = 5 m

$U = mgh$

$\Rightarrow U = 40 \times 10 \times 5$

$\Rightarrow U = 2000$ जूल

⇒ **प्रत्यास्थ स्थितिज ऊर्जा (Elastic Potential Energy)**

⇓

- वस्तु के प्रत्यास्थता गुण के कारण उपस्थित ऊर्जा
- $U = \frac{1}{2}kx^2$ (जहां k = स्प्रिंग बल नियतांक)

⇒ **ऊर्जा संरक्षण का नियम (Law of Conservation of Energy)**

⇓

"ऊर्जा को न तो उत्पन्न किया जा सकता है, न ही नष्ट किया जा सकता है, परंतु एक रूप से दूसरे रूप में रूपांतरण संभव है।"

ऊर्जा का रूपान्तरण

उपकरण	ऊर्जा का रूपान्तरण
सौर सेल	सौर ऊर्जा को विद्युत ऊर्जा में
डायनेमो	यान्त्रिक ऊर्जा को विद्युत ऊर्जा में
विद्युत मोटर	विद्युत ऊर्जा को यान्त्रिक ऊर्जा में
माइक्रोफोन	ध्वनि ऊर्जा को विद्युत ऊर्जा में
लाउडस्पीकर	विद्युत ऊर्जा को ध्वनि ऊर्जा में
सितार	यान्त्रिक ऊर्जा को ध्वनि ऊर्जा में
बल्ब/ट्यूब-लाइट/ हीटर का जलना	विद्युत ऊर्जा को प्रकाश एवं ऊष्मीय ऊर्जा में
मोमबत्ती का जलना	रासायनिक ऊर्जा को प्रकाश एवं ऊष्मीय ऊर्जा में
कोयले का जलना	रासायनिक ऊर्जा को ऊष्मा ऊर्जा में
विद्युत सेल	रासायनिक ऊर्जा को विद्युत ऊर्जा में
इंजन	ऊष्मा ऊर्जा को यान्त्रिक ऊर्जा में
प्रकाश विद्युत सेल	प्रकाश ऊर्जा को विद्युत ऊर्जा में

05 गुरुत्वाकर्षण

गुरुत्वाकर्षण

⇓

"पिण्डों के मध्य लगने वाला आकर्षण बल"

⇓

प्रतिपादक ⇒ न्यूटन (Newton)

• न्यूटन का गुरुत्वाकर्षण का नियम ⇒ सार्वत्रिक गुरुत्वाकर्षण नियम

$F \propto \frac{m_1 m_2}{r^2}$ तथा $F = \frac{G m_1 m_2}{r^2}$

जहाँ,
G = गुरुत्वाकर्षण नियतांक
G का मान = $6.67 \times 10^{-11} Nm^2/Kg^2$
⇓
(कैवेन्डिश द्वारा 1798 में ज्ञात)

गुरुत्वीय त्वरण

→ गुरुत्वीय बल के कारण उत्पन्न त्वरण, प्रतीक = g

→ मान = $9.8 m/s^2$ ($10 m/s^2$) ⇒ G तथा g में संबंध ⇒ $g = \frac{GM_e}{R_e^2}$

→ वस्तु के द्रव्यमान पर निर्भर नहीं; पृथ्वी के द्रव्यमान तथा केन्द्र से वस्तु की दूरी पर निर्भर।

⇒ g के मान में परिवर्तन

- ऊपर या नीचे जाने पर g का मान घटता है।
- ध्रुवों पर = g अधिकतम (g_{max})
- विषुवत (Equator) रेखा पर = g न्यूनतम (g_{min})
- चन्द्रमा पर g का मान = 1/6
- पृथ्वी के केन्द्र पर g का मान = शून्य

⇒ केप्लर के ग्रह गति के नियम

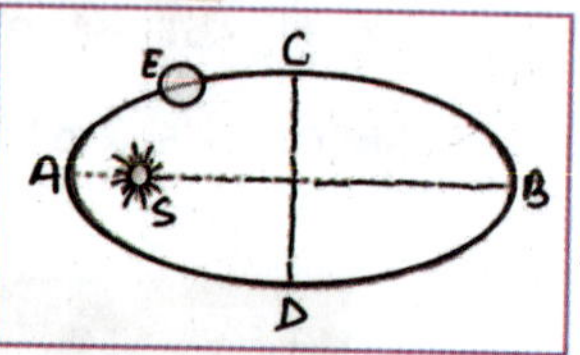

① प्रथम नियम या कक्षाओं का नियम

⇓

"प्रत्येक ग्रह सूर्य के परितः दीर्घ वृत्ताकार पथ पर गति करता है।"

② द्वितीय नियम ⇒ क्षेत्रीय चाल का नियम

⇓

ग्रह को सूर्य से मिलाने वाली काल्पनिक रेखा समान समयांतरालों में समान क्षेत्रफल तय करती है।

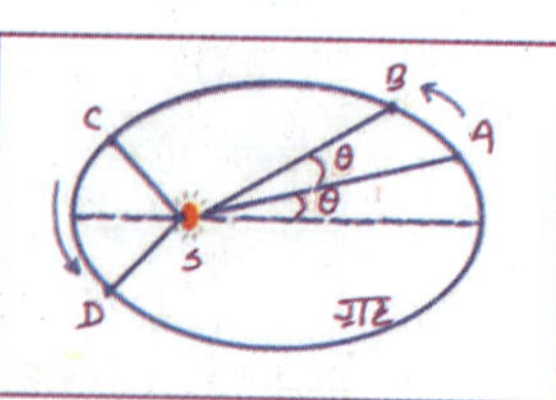

③ तृतीय नियम ⇒ परिक्रमण काल का नियम

ग्रह के परिक्रमण काल (T) का वर्ग, अर्द्ध दीर्घ अक्ष (a) की तृतीय घात के अनुक्रमानुपाती ⇒ $T^2 \propto a^3$

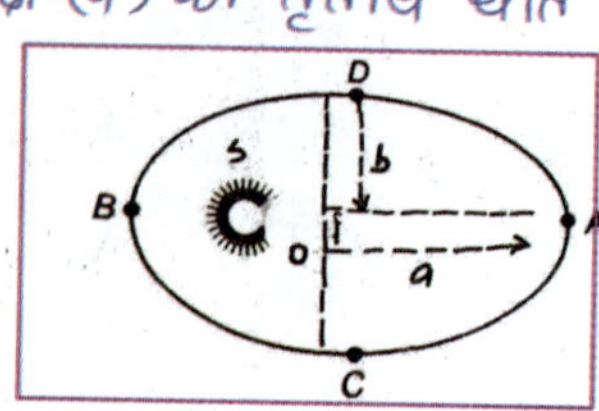

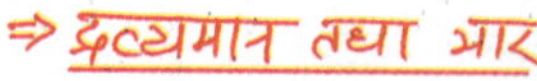

⇒ द्रव्यमान तथा भार

- द्रव्यमान ⇒ जड़त्व
- भार ⇒ वस्तु को केन्द्र की ओर आकर्षित करने वाला बल

$W = mg$

उपग्रह (Satellite)

"किसी ग्रह के चारों ओर परिक्रमा करने वाले पिण्ड"

- पृथ्वी तल के अधिक निकट उपग्रह का कक्षीय वेग $(V_0) = \sqrt{gR}$
- पृथ्वी तल के निकट उपग्रह का कक्षीय वेग 8 km/s होती है।

⇒ भू स्थायी उपग्रह

- परिक्रमण काल = 24 घण्टे
- पृथ्वी तल से ऊंचाई = 36000 किमी

पलायन वेग (Escape velocity)

"वह न्यूनतम वेग जिससे किसी पिण्ड को पृथ्वी की सतह से ऊपर की ओर फेंके जाने पर वह गुरुत्वीय क्षेत्र से पार कर जाता है।"

$$V_e = \sqrt{2gR}$$

- पृथ्वी पर वस्तु का पलायन वेग का मान = 11.2 किमी/से.
- चन्द्रमा पर पलायन वेग का मान = 2.38 किमी/से.
- पलायन वेग कक्षीय वेग का $\sqrt{2}$ गुना होता है।

$$V_e = \sqrt{2} \times V_0$$

- यदि किसी कृत्रिम उपग्रह के वेग को $\sqrt{2}$ गुना (41%) बढ़ा दिया जाए तो वह उपग्रह पलायन कर जाएगा।

पदार्थ के यांत्रिक गुण

पदार्थ के यांत्रिक गुण

⇒ पदार्थ (Matter)

पदार्थ → अणुओं तथा परमाणु से मिलकर निर्मित

अवस्थाएँ

- ठोस → प्रत्यास्था
- द्रव → दाब, प्लवन, पृष्ठीय तनाव, केशिकत्व, श्यानता
- गैस → वायुमंडलीय दाब
- प्लाज्मा → चतुर्थ अवस्था
- बोस-आइंस्टीन कंडेनसेट → पंचम अवस्था

प्रतिबल (Stress) — पृष्ठ के एकांक क्षेत्रफल पर कार्यरत प्रत्यानयन बल (Restoring force)

- प्रतिबल $= \frac{F}{A}$
- मात्रक $= N/m^2$

प्रकार

- अनुदैर्ध्य प्रतिबल
  - सम्पीडक प्रतिबल → वस्तु की लम्बाई में कमी के कारण उत्पन्न प्रतिबल
  - तनन प्रतिबल → वस्तु की लम्बाई में वृद्धि के कारण उत्पन्न प्रतिबल
- अभिलंब प्रतिबल → वस्तु के पृष्ठ के लम्बवत लगे बल के कारण उत्पन्न प्रतिबल
- अपरूपक प्रतिबल → वस्तु के पृष्ठ पर स्पर्श रेखीय दिशा में लगने वाले बल के कारण उत्पन्न प्रतिबल

विकृति (Strain) = $\frac{\text{विमा में परिवर्तन}}{\text{प्रारंभिक विमा}}$

विमा ⇒
- लम्बाई
- क्षेत्रफल
- आयतन

विकृति के प्रकार

(i) अनुदैर्ध्य (रेखीय) विकृति $= \frac{\Delta L}{L}$

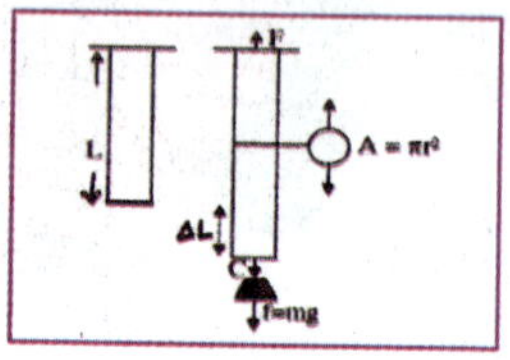

(ii) आयतन विकृति $= \frac{\Delta V}{V}$

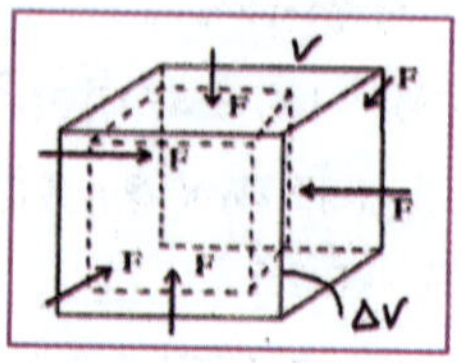

(iii) अपरूपण विकृति $= \frac{\Delta x}{L}$

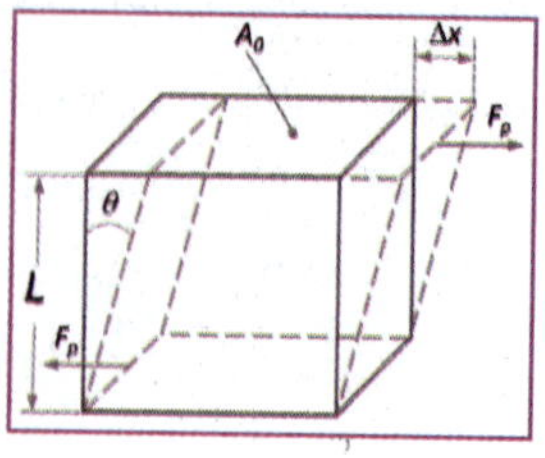

Ex ⇒ एक घनाकार वस्तु के लिए अपरूपण कोण 30° है और इसके विपरीत तलों का विचलन 250 cm है, तो घनाकार वस्तु का आयतन क्या होगा?

Ans $\theta = 30^\circ$

$\Delta x = 250\,cm = 2.5\,m$

∴ अपरूपण विकृति $\tan\theta = \frac{\Delta x}{l}$

$\Rightarrow \tan 30^\circ = \frac{2.5}{L}, \Rightarrow L = \frac{2.5}{\tan 30^\circ} = \frac{2.5}{1/\sqrt{3}} = 2.5\sqrt{3} = 4.33\ m$

∴ आयतन, $V = l^3 = 81\ m^3$

⇒ हुक का नियम (Hook's law)

प्रतिबल ∝ विकृति

$E = \frac{\text{प्रतिबल}}{\text{विकृति}}$ | जहाँ E = प्रत्यास्थता गुणांक $\left[E = \frac{F \times L}{A \times l}\right]$

मात्रक = N/m^2, विमा = $[ML^{-1}T^{-2}]$

⇒ प्रत्यास्थता गुणांक के प्रकार (Type of Modulus Elasticity)

(i) यंग प्रत्यास्थता गुणांक (Y) (Young Modulus of Elasticity) ⇒ $\frac{\text{अनुदैर्ध्य प्रतिबल}}{\text{अनुदैर्ध्य विकृति}} = \frac{MgL}{\pi r^2 \Delta L}$

(ii) आयतन प्रत्यास्थता गुणांक (B) (Bulk Modulus Elasticity) ⇒ $\frac{\text{अभिलम्ब प्रतिबल}}{\text{आयतन विकृति}} = \frac{-PV}{\Delta V}$

(iii) दृढता या अपरूपण गुणांक (η) (Modulus of Rigidity) ⇒ $\frac{\text{अपरूपक प्रतिबल}}{\text{अपरूपण विकृति}} = \frac{F}{A\theta} = \frac{FL}{A\Delta x}$

⇒ प्रणोद तथा दाब (Thrust and Pressure)

- प्रणोद ⇒ लम्बवत दिशा में कार्यरत बल, मात्रक ⇒ न्यूटन
- दाब ⇒ प्रति इकाई क्षेत्रफल पर लगने वाला बल $P = \frac{F}{A}$

मात्रक ⇒ N/m^2 या पास्कल

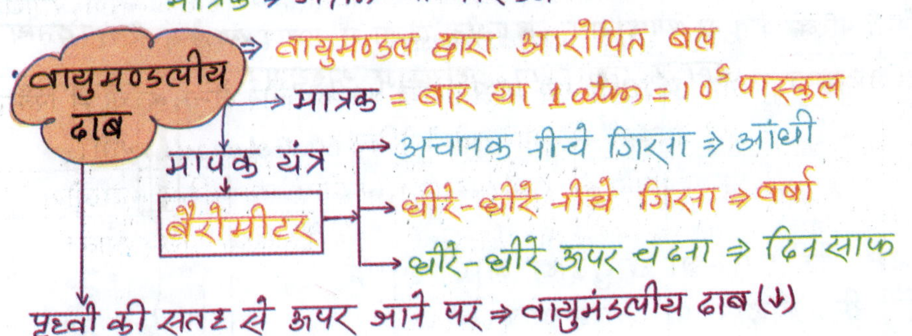

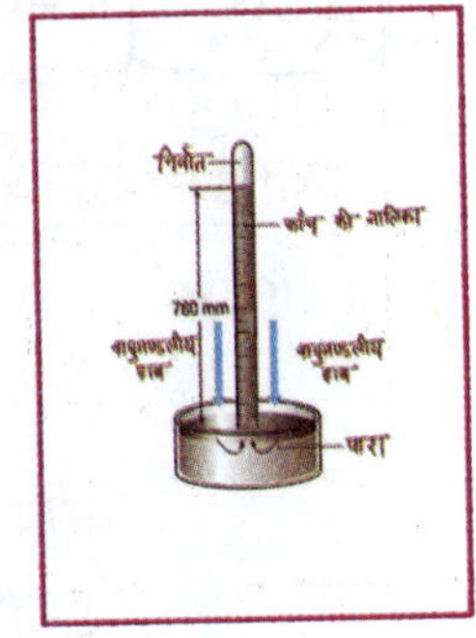

उदाहरण

① पहाड़ों पर खाना बनाना कठिन ⇒ वायुमंडलीय दाब (↓) तथा क्वथनांक (↓)

② वायुयान में फांउटेन पेन से स्याही रिसना

③ अधिक ऊँचाई पर नाक से खून निकलना

⇒ घनत्व तथा आपेक्षिक घनत्व (Density and Relative Density)

• घनत्व (Density)

⇓

एकांक आयतन में उपस्थित द्रव्यमान

$$\rho = \frac{M}{V}$$

मात्रक ⇒ kg/m^3

आपेक्षिक घनत्व (Relative Density)

⇓

$$\frac{\text{पदार्थ का घनत्व}}{4°C \text{ ताप पर पानी का घनत्व}}$$

• मात्रक ⇒ नहीं

• इसे हाइड्रोमीटर द्वारा मापा जाता है।

• जल का शुद्ध घनत्व ⇒ $10^3 \, kg/m^3$

• बर्फ का घनत्व ⇒ $0.9 \, g/cm^3$

⇒ तरल पदार्थों के यांत्रिक गुण

① तरल में दाब

• द्रव स्तम्भ पर लगने वाला दाब

$P = h\rho g$ ⇒ द्रव स्थैतिक दाब

द्रव का कुल दाब = वायुमण्डलीय दाब + $h\rho g$

उदाहरण एक झील की सतह के 10 मी नीचे एक तैराक पर लगने वाला दाब ज्ञात कीजिए? झील के जल का घनत्व $10^3 \, kg/m^3$ है।

हल ⇒ 10 मीटर गहरे जल का दाब

$P = P_a + h\rho g$

$= 1.01 \times 10^5 + 10 \times 10^3 \times 10$

$= 2.01 \times 10^5 \, N/m^2 = 2$ वायुमंडलीय दाब

पास्कल का नियम

g = नगण्य

→ प्रत्येक बिन्दु पर दाब समान (प्रथम नियम)

→ किसी परिबद्ध द्रव पर लगाया गया दाब प्रत्येक दिशा में समान रूप से संचरित (द्वितीय नियम)

अनुप्रयोग
• हाइड्रोलिक लिफ्ट
• हाइड्रोलिक ब्रेक

आर्कमिडीज का सिद्धांत ⇒ जल के उत्क्षेप का सर्वप्रथम अध्ययन

⇓

"उत्प्लावन बल (ऊपर की ओर कार्यरत बल) वस्तु द्वारा हटाए द्रव के भार के बराबर होगा"

⇓

जीवन रक्षा पेटी पनडुब्बी, वायुदाब मापी आदि आर्कमिडीज सिद्धांत पर आधारित है।

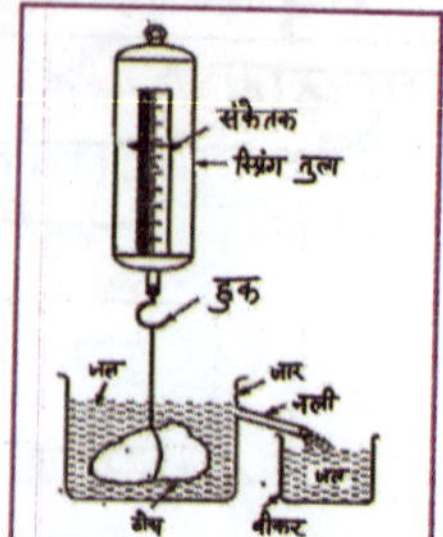

⇒ प्लवन के नियम

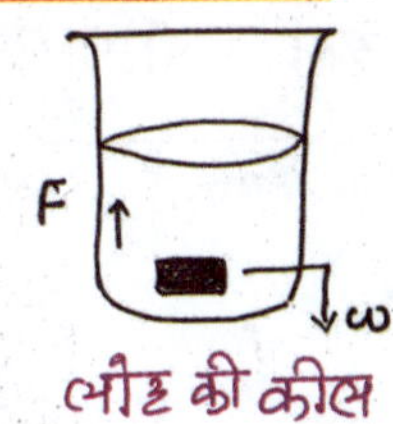

लौह की कील

W > F

डूबना

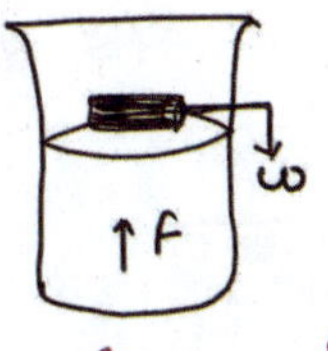

कार्क, पनडुब्बी

W = F

तैरना

गुटका, जहाज का तैरना

W < F

आंशिक

> **Note**
> - दुग्धमापी (लैक्टोमीटर) और हाइड्रोमीटर प्लवन के सिद्धांत पर कार्य करता है।
> - तैरते हुए बर्फ
>   - → 1/10 भाग ऊपर
>   - → 9/10 भाग नीचे
>   - → बर्फ के पूरी तरह पिघल जाने पर पानी का तल अपरिवर्तित

⇒ पृष्ठ तनाव (Surface Tension)

- एकांक लम्बाई पर लंबवत् कार्यरत बल $T = \frac{F}{l}$
- मात्रक ⇒ न्यूटन/मीटर या जूल/मी^{2}
- मापन

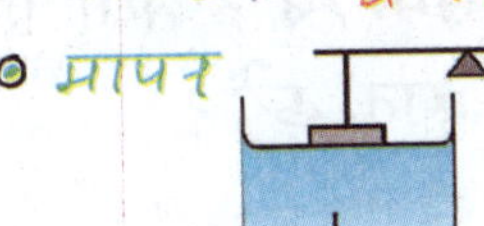

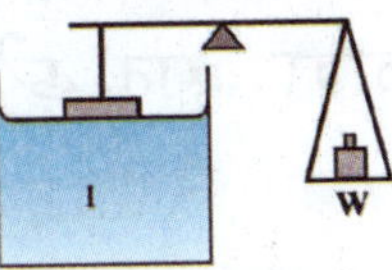

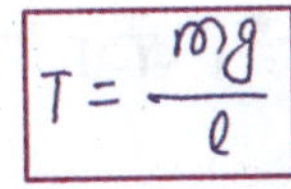

$T = \frac{mg}{l}$

उदाहरण

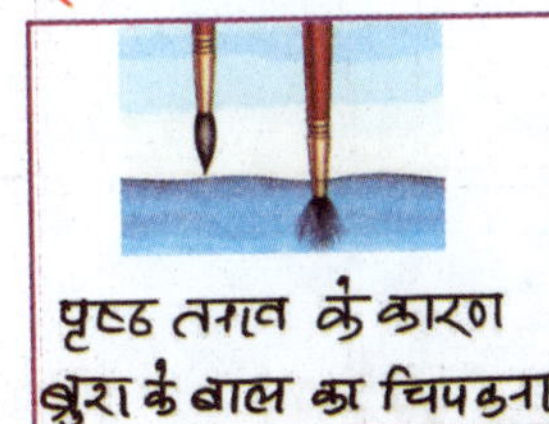

पृष्ठ तनाव के कारण ब्रुश के बाल का चिपकना

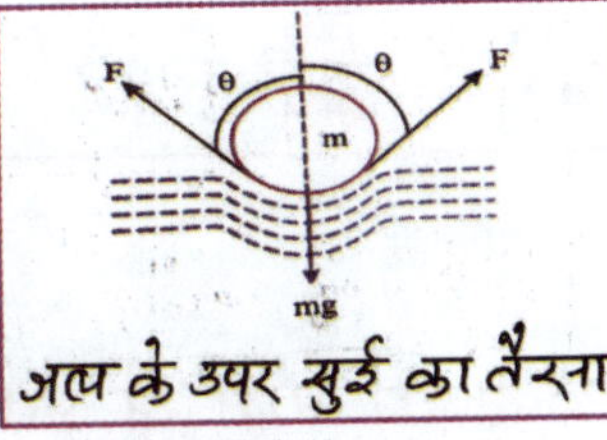

जल के ऊपर सुई का तैरना

> **द्रव का पृष्ठ तनाव**
> - ताप बढ़ने से → कमी (↓)
>   ⇓ गर्म सूप का स्वादिष्ट लगना
> - क्रांतिक ताप ⇒ शून्य
> - अशुद्धि मिलाने ⇒ कमी (↓)
>   ⇓ किरोसीन तेल को पानी पर छिड़कने से मच्छर के लार्वा का मरना

⇒ पृष्ठ ऊर्जा (Surface Energy)

$$\text{पृष्ठ ऊर्जा} = \frac{\text{पृष्ठीय क्षेत्र बढ़ाने हेतु कृतकार्य } (W)}{\text{पृष्ठीय क्षेत्रफल में वृद्धि } (\Delta A)}$$

केशिकत्व (Capillarity)

अर्थ ⇒ केशनली में द्रव के ऊपर उठने व नीचे गिरने की प्रक्रिया

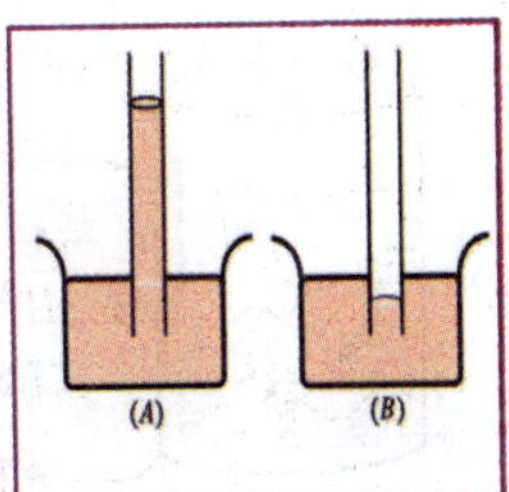

उदाहरण ⇒
- पौधों में पानी का ऊपर चढ़ना
- शरीर में रक्त वाहिनियाँ
- ठोस सतह पर पानी का फैलना
- लालटेन में तेल का ऊपर चढ़ना

श्यानता (Viscosity)

- अर्थ ⇒ तरल की विभिन्न परतों के मध्य आपेक्षित गति का विरोध करने वाला तरल का गुण
- सूत्र ⇒ $F = -\eta A \frac{\Delta v}{\Delta x}$, यहाँ η = श्यानता गुणांक $= \frac{F \Delta x}{A \Delta v}$

$\frac{\Delta v}{\Delta x}$ = वेग प्रवणता

• श्यानता गुणांक का SI मात्रक किलो/मीटर-सेकण्ड है। इसे प्वॉइजली (Pl) भी कहते हैं।

• श्यानता केवल द्रवों एवं गैसों का गुण है।

• ताप बढ़ने पर द्रवों की श्यानता घट जाती है, परंतु गैसों की बढ़ जाती है।

श्यानता का क्रम ⇒ शहद > पानी > केरोसीन > पेट्रोल > गैस

उदाहरण ⇒ जल की दो समांतर परतों के बीच सापेक्ष वेग 7.0 सेमी/से है तथा परतों के बीच लम्बवत दूरी 0.2 सेमी है। वेग प्रवणता ज्ञात करें?

हल, दिया गया है, $\Delta V = 7.0\ cm/s$

$\Delta x = 0.2\ cm$

वेग प्रवणता $= \frac{\Delta V}{\Delta x} = \frac{7.0}{0.2} = 35/s$

⇒ **द्रवों में प्रवाह** ⇒ धारा रेखीय प्रवाह

⇓

द्रव के कण एकसमान मार्ग से प्रवाहित होते हैं।

क्रांतिक वेग = धारा रेखीय प्रवाह का अधिकतम वेग

बरनौली प्रमेय

⇓

• जब कोई आदर्श द्रव एक स्थान से दूसरे स्थान तक धारा रेखीय प्रवाह में बहता है, तो उसके मार्ग के प्रत्येक बिन्दु पर उसके प्रति एकांक आयतन के कुल ऊर्जा गतिज ऊर्जा तथा स्थितिज ऊर्जा का योग एक नियतांक होता है।

$$P = \rho g h + \frac{1}{2}\rho v^2 = \text{नियतांक}$$

जहाँ $P + \rho g h$ = स्थैतिक दाब

$\frac{1}{2}\rho v^2$ = गतिक दाब

• ऊर्जा संरक्षण पर आधारित है।

• अनुप्रयोग ⇒ वेन्टुरीमीटर, वायुयान के पंखों की आकृति, मैग्नस प्रभाव

• उदाहरण ⇒ • तेज आंधी आने पर टीन की छत का उड़ना

• प्लेटफार्म पर तीव्र गति से ट्रेन आने पर आस-पास के कूड़ा-करकट एवं व्यक्ति गाड़ी की ओर तेजी से खींचे चले आते हैं।

07 ताप, ऊष्मा एवं ऊष्मागतिकी

ताप, ऊष्मा एवं ऊष्मागतिकी

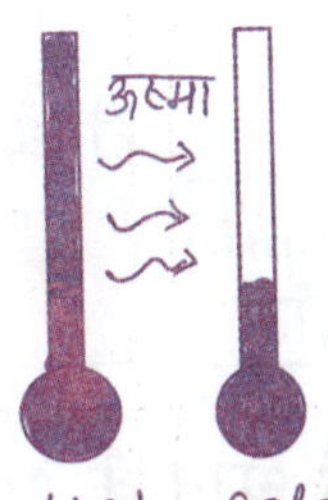

⇒ ताप (Temperature)

- पदार्थ के गर्म तथा ठण्डे होने की माप
- मापक यंत्र ⇒ तापमापी (Thermometer)
- मात्रक ⇒ केल्विन (SI)
- ऊर्जा स्थानांतरण का कारण

• तापक्रम का पैमाना

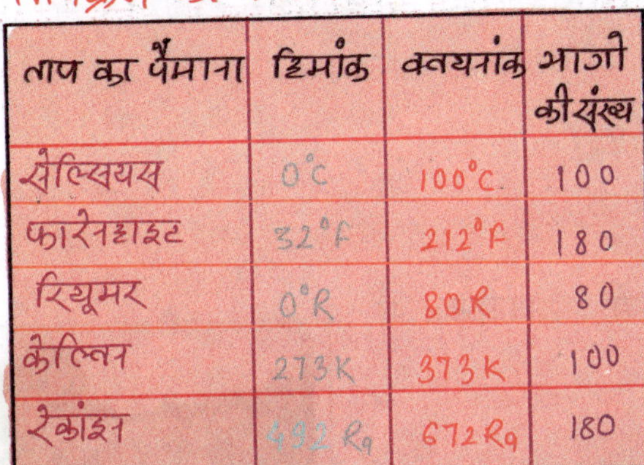

ताप का पैमाना	हिमांक	क्वथनांक	भागों की संख्या
सेल्सियस	0°C	100°C	100
फारेनहाइट	32°F	212°F	180
रियूमर	0°R	80R	80
केल्विन	273K	373K	100
रेंकाइन	492 Ra	672 Ra	180

तापक्रम पैमानों में संबंध

$$\frac{C-0}{100} = \frac{F-32}{180} = \frac{R-0}{80} = \frac{K-273}{100} = \frac{Ra-492}{180}$$

- परम शून्य ताप = −273.15°C
- −40°C = −40°F
- 574.25°F = 574.25°K
- −25.6°F = −25.6°R
- मानव शरीर का ताप ⇒ 310.5K = 37°C = 98.4°F

तापमापी के प्रकार	तापक्रम
• गैस तापमापी (हाइड्रोजन)	→ 500°C से 1500°C
• प्लैटिनम तापमापी	→ −200°C से 1200°C
• ताप युग्म तापमापी	→ −200°C से 1600°C
• पूर्ण विकिरण तापमापी	→ 800°C से ऊँचे ताप
• ऐल्कोहल तापमापी (हिमांक बिन्दु = −115°C)	→ निम्न ताप मापन (−40°C से नीचे का ताप)
• डॉक्टरी तापमापी	→ 35°C से 42°C तक

उदाहरण ⇒ **60°F ताप को केल्विन में व्यक्त करें?**

हल ⇒ फॉरेनहाइट तथा केल्विन तापक्रम में संबंध

$$\frac{F-32}{180} = \frac{K-273}{100}$$

$$\therefore \frac{K-273}{100} = \frac{60-32}{180}$$

⇒ K = 288.5 केल्विन

⇒ ऊष्मा (Heat)

- अर्थ ⇒ ऊर्जा का रूप
- तापांतर के कारण स्थानांतरण
- ऊष्मा का यांत्रिक तुल्यांक $= (J) = \frac{W}{Q} = 4.186$ जूल/कैलोरी

मात्रक ⇒ जूल (SI), कैलोरी, 1 ब्रिटिश थर्मल यूनिट = 252 कैलोरी

(A) विशिष्ट ऊष्मा ⇒ एकांक द्रव्यमान में 1°C ताप बढ़ाने में आवश्यक ऊष्मा

- मात्रक ⇒ Joule/kg°C (SI)
  Cal/gm°C (CGS)

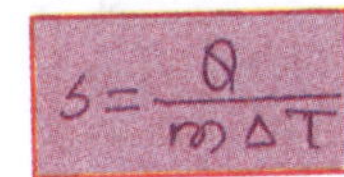

$$s = \frac{Q}{m\Delta T}$$

s ⇒ विशिष्ट ऊष्मा
Q ⇒ आवश्यक ऊष्मा
m ⇒ पदार्थ का द्रव्यमान
ΔT ⇒ ताप में वृद्धि

• जल की विशिष्ट ऊष्मा सबसे अधिक (4182 J/kg°C या 1 cal/g°C) होती है।

जिसके कारण
→ रोगी की सिकाई गर्म पानी के बोतल से की जाती है।
→ किसान फसलों को पाले से बचाने के लिए खेतों में जल भर देते हैं।
→ गाड़ी के इंजन के ठण्डा रखने के लिए रेडिएटर में जल का उपयोग

⇒ **कैलोरीमिती का सिद्धांत** ⇒ गर्म वस्तु द्वारा दी गई ऊष्मा = ठण्डी वस्तु द्वारा ली गई ऊष्मा

Ex- किसी धातु के 2kg के पिण्ड को 30°C से 100°C तक गर्म करने के लिए आवश्यक ऊष्मीय ऊर्जा की गणना कीजिए। यदि धातु की विशिष्ट ऊष्मा 300 J/kg°C है।

हल :-

ऊष्मीय ऊर्जा $(Q) = m \times c \times \Delta\theta = 2 \times 300 \times 70°C = 4.2 \times 10^4$ जूल

⇒ ऊष्मीय प्रसार

"ऊष्मा ग्रहण कर पदार्थों का प्रसार होना"

① **ठोसों में**
→ रेखीय प्रसार गुणांक (α) : क्षेत्रीय प्रसार गुणांक (β) : आयतन प्रसार गुणांक (γ)
→ प्रसार ⇒ लम्बाई में : क्षेत्र में : आयतन में
संबंध ⇒ $\alpha : \beta : \gamma = 1 : 2 : 3$
सूत्र ⇒ $\frac{\Delta L}{L\Delta\theta} : \frac{\Delta A}{A\Delta\theta} : \frac{\Delta V}{V\Delta\theta}$
मात्रक ⇒ प्रति °C

पटरियों के मध्य खाली स्थान

② **द्रवों में** ⇒ जल का असामान्य व्यवहार

0°C से 4°C तक ताप बढ़ाने पर आयतन में कमी तथा 4°C से ऊपर के ताप आयतन में वृद्धि

4°C पर जल का आयतन न्यूनतम होता है तथा जल का घनत्व अधिकतम होता है। इसलिए ठण्डे प्रदेशों में तालाबों के पानी जम जाने के बाद भी उनमें मछलियां जीवित रहती है।

③ **गैसों में** ⇒ उच्चतम आयतन प्रसार ⇒ $\gamma_p = \gamma_v = \frac{1}{T(273°.15°C)}$

अवस्था परिवर्तन

- गलनांक ⇒ वह निश्चित ताप जिस पर ठोस द्रव में बदलता है।
- क्वथनांक ⇒ वह निश्चित ताप जिस पर द्रव वाष्प में बदलता है।
- हिमांक ⇒ वह निश्चित ताप जिस पर द्रव ठोस में बदलता है।
- द्रवणांक ⇒ वह निश्चित ताप जिस पर वाष्प द्रव में बदलता है।

> - दाब बढ़ाने पर बर्फ का गलनांक कम हो जाता है।
> - दाब बढ़ाने पर क्वथनांक बढ़ जाता है तथा दाब कम करने पर क्वथनांक घट जाता है।
> - अशुद्धि मिलाने पर द्रव का क्वथनांक बढ़ता है।
> - त्रिक बिन्दु ⇒ "ठोस, द्रव व गैस तीनों साम्य में हो"
>
>   ⇓
>
>   जल में त्रिक बिन्दु के संगत ताप 273.16K होता है।

(B) गुप्त ऊष्मा ⇒ अवस्था परिवर्तन हेतु आवश्यक ऊष्मा

मात्रक ⇒ जूल / किग्रा °C (SI), कैलोरी / ग्राम °C (CGS)

$$L = \frac{Q}{M}$$

प्रकार → गलन की गुप्त ऊष्मा ⇒ ठोस – द्रव ⇒ L = 80 cal/gm

प्रकार → वाष्पन की गुप्त ऊष्मा ⇒ द्रव – गैस ⇒ L = 540 cal/gm

ऊष्मा स्थानांतरण की विधियाँ

- अर्थ ⇒ तापांतर के कारण ऊष्मा के संचरण की क्रिया

चालन (Conduction)

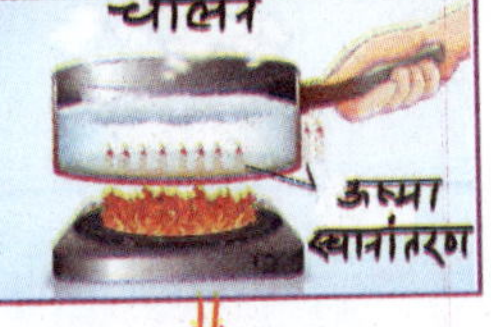

⇓

- सम्पर्क द्वारा ऊष्मा स्थानांतरण
- ठोस तथा पारे में
- धीमी प्रक्रिया
- उदाहरण ⇒
  गैस पर खाना बनाना, कार का शीतल इंजन, मग में गर्म कॉफी आदि।

विकिरण (Radition)

⇓

बिना किसी माध्यम के विद्युत चुम्बकीय तरंगों के रूप में ऊष्मा का स्थानांतरण स्रोत ⇒ सूर्य

उदाहरण ⇒

पराबैंगनी किरणें, वाई फाई सिग्नल, रिमोट कंट्रोल, सूर्य की किरणें आदि।

संवहन (Convection)

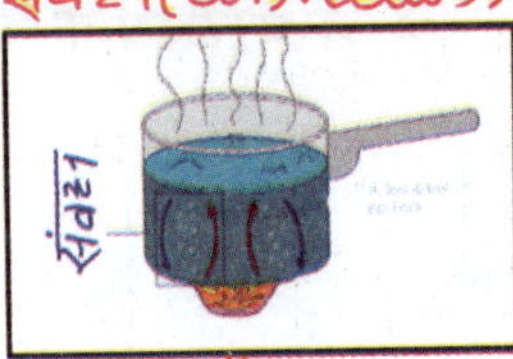

⇓

- माध्यम के कणों की गति द्वारा ऊष्मा का स्थानांतरण
- सर्वाधिक ऊष्मा की हानि
- गैसों एवं द्रवों में
- उदाहरण ⇒
  गर्म पानी, सागर की लहरें, घरों में रेडिएटर, समुद्री हवाएँ, वायुमण्डलीय परिसंचरण, रेगिस्तान का दिन में अधिक गर्म तथा रात में अधिक ठण्डा होना आदि।

ऊष्मागतिकी

⇓

ऊष्मा एवं यांत्रिक ऊर्जा संबंधों का अध्ययन

⇒ **ऊष्मागतिक निकाय** ⇒ अणु एवं परमाणु से मिलकर बना निकाय जिसका एक निश्चित दाब, आयतन एवं ताप हो।

अवस्था समीकरण ⇒ $PV = nRT$

⇒ ऊष्मागतिकी के नियम

(I) शून्यांकी नियम ⇒ प्रतिपादक ⇒ फाउलर (1931)

⇓

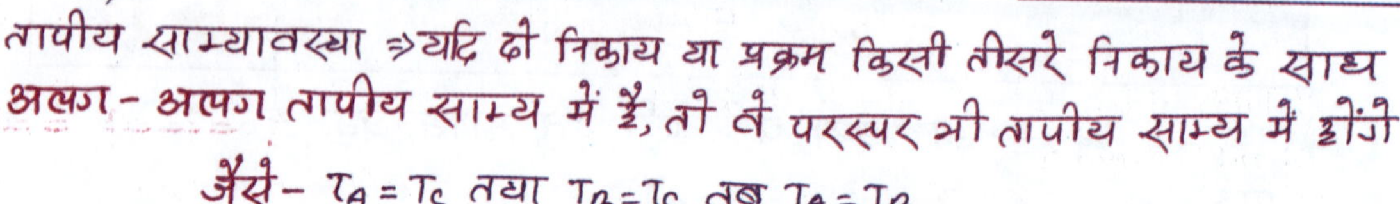

तापीय साम्यावस्था ⇒ यदि दो निकाय या प्रक्रम किसी तीसरे निकाय के साथ अलग-अलग तापीय साम्य में हैं, तो वे परस्पर भी तापीय साम्य में होंगे

जैसे - $T_A = T_C$ तथा $T_B = T_C$ तब $T_A = T_B$

(II) प्रथम नियम ⇒ यदि हम किसी निकाय को Q ऊष्मा दे तो उसका कुछ भाग निकाय की आंतरिक ऊर्जा में वृद्धि ΔU करने में तथा शेष भाग निकाय द्वारा कार्य(W) करने में व्यय होगा।

$$\Delta Q = \Delta U + \Delta W$$

सिद्धांत ⇒ ऊर्जा संरक्षण पर आधारित

(III) द्वितीय नियम ⇒ ऊष्मा का सम्पूर्ण रूप से यांत्रिक ऊर्जा में परिवर्तन असंभव

→ केल्विन प्लांक ⇒ ऊष्मा का पूर्णतया कार्य में परिवर्तन असंभव

→ क्लासियस ⇒ बिना ऊर्जा स्त्रोत की सहायता के ऊष्मा को शीतल वस्तु से लेकर तप्त वस्तु में स्थानांतरण असंभव है।

08 आवर्त एवं तरंग गति

⇒ आवर्त गति (Periodic Motion)

अर्थ ⇒ निश्चित समयांतराल के पश्चात एक निश्चित पथ पर गति दोहराना

उदाहरण ⇒ झूले की गति, पंखे की गति, वाद्य यंत्रों में कम्पन, पृथ्वी के चारों ओर उपग्रह की गति

सरल आवर्त गति (Simple Harmonic Motion)

अर्थ ⇒ सरल रेखा पर मध्यमान स्थिति के इर्द-गिर्द गति दोहराना

उदाहरण ⇒ घड़ी के पेंडुलम की गति
स्प्रिंग से लटके भार की गति, दृढ़ आधार से लटकी गेंद

दिशा ⇒ त्वरण सदैव माध्य बिन्दु की ओर

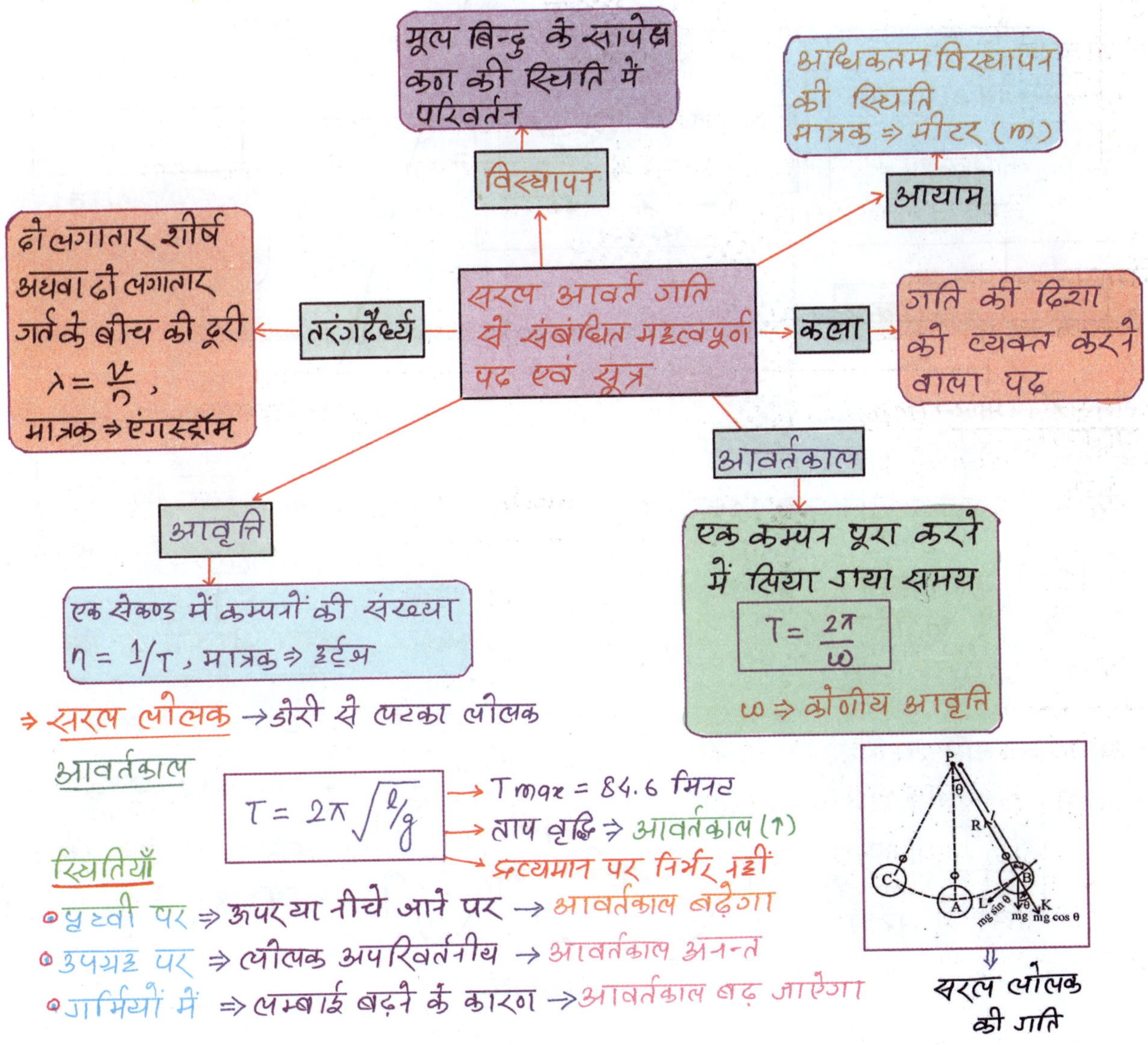

⇒ सरल लोलक → डोरी से लटका लोलक

आवर्तकाल

$$T = 2\pi\sqrt{l/g}$$

→ T_{max} = 84.6 मिनट
→ ताप वृद्धि ⇒ आवर्तकाल (↑)
→ द्रव्यमान पर निर्भर नहीं

स्थितियाँ

- पृथ्वी पर ⇒ ऊपर या नीचे जाने पर → आवर्तकाल बढ़ेगा
- उपग्रह पर ⇒ लोलक अपरिवर्तनीय → आवर्तकाल अनन्त
- गर्मियों में ⇒ लम्बाई बढ़ने के कारण → आवर्तकाल बढ़ जाएगा

↓ सरल लोलक की गति

• सर्दियों में ⇒ लम्बाई कम होने के कारण ⇒ आवर्तकाल घटेगा
• चन्द्रमा पर ⇒ आवर्तकाल बढ़ेगा

कारण ⇒ $g_m = \frac{g_e}{6}$

तरंग गति (Waves Motion)

तरंग (Wave)
- अर्थ ⇒ विक्षोभ
- ऊर्जा का वाहक

तरंग गति (Wave Speed)
निश्चित वेग से विक्षोभों के आगे बढ़ने की प्रक्रिया

$v = \frac{\lambda}{T}$ या $n\lambda$

जहाँ n = आवृत्ति
T = आवर्तकाल
λ = तरंगदैर्ध्य

प्रकार

यांत्रिक तरंगें (Mechanical Waves)
संचरण के लिए भौतिक माध्यम आवश्यक
उदाहरण ⇒ पानी की सतह पर उत्पन्न तरंग, ध्वनि तरंगें

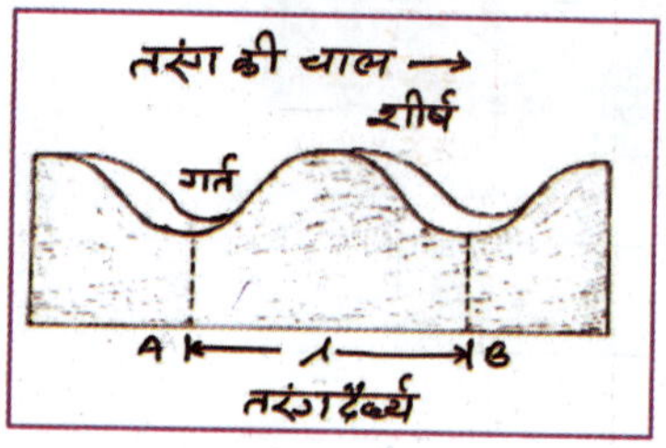

तरंग की चाल →
शीर्ष
गर्त
A ← λ → B
तरंगदैर्ध्य

यांत्रिक तरंगों के प्रकार

अनुदैर्ध्य तरंगें Longitudinal Waves
- माध्यम के कण, कम्पन की दिशा के अनुदिश
- संचरण ⇒ सम्पीडन एवं विरलन के रूप में
- उदाहरण ⇒ ध्वनि तरंगें, भूकम्पीय तरंगें, सुनामी तरंगें, स्प्रिंग में कम्पन, ठोसों में तरंगें

अनुप्रस्थ तरंगें Transverse Waves
- माध्यम के कण, कम्पन की दिशा के लम्बवत
- संचरण ⇒ शीर्ष (Crest) एवं गर्त (Trough) के रूप में
- उदाहरण ⇒ प्रकाश की तरंगें, डोरी की गति

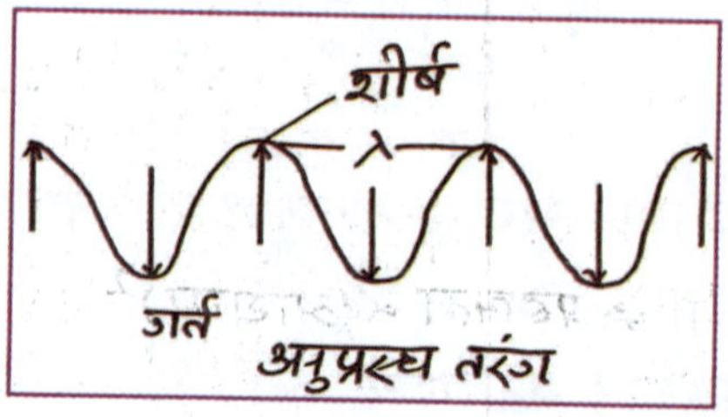

शीर्ष
λ
गर्त
अनुप्रस्थ तरंग

विद्युत चुम्बकीय तरंगें Electromagnetic Waves
- उच्च आवृत्ति के विद्युत दोलन से उत्पन्न तरंग
- संचरण → निर्वात में → माध्यम की आवश्यकता नहीं
- प्रकृति → उदासीन, अनुप्रस्थ
- चाल = 3×10^8 m/s

⇒ विद्युत चुम्बकीय तरंग के प्रकार

	दीर्घ रेडियो तरंगें	सूक्ष्म तरंगें	अवरक्त तरंगें	दृश्य तरंगें	पराबैंगनी किरणें	x-किरणें	γ-किरणें
तरंगदैर्ध्य परास	> 0.1 m	0.1 m से 1 mm	1 mm से 700 nm	700 nm से 400 nm	400 nm से 1 nm	1 nm से 10^{-3} nm	< 10^{-3} nm
आवृत्ति परास	500 KHz से 1000 MHz	1 GHz से 300 GHz	3×10^{11} से 4×10^{14} Hz	4×10^{14} से 7×10^{14} Hz	8×10^{14} से 5×10^{16} Hz	10^{16} से 10^{21} Hz	10^{18} से 10^{22} Hz
खोजकर्ता	मारकोनी (1895)	हेनरिक हर्ट्ज (1888)	हर्शेल (1800)	न्यूटन (1666)	रिटर (1801)	रॉन्टजन (1895)	पॉल विलार्ड (1900)
स्रोत	दोलित्र वैद्युत परिपथोंसे	मैग्नेट्रॉन नामक निर्वातित नलिका में दोलित्र धारा प्रवाहित करने पर तथा वैद्युत परिपथ से	गर्म वस्तु एवं सूर्य से	आयनित गैसें तथा तापदीप्त वस्तुओं से	सूर्य, वैद्युत आर्क तथा आयनित गैसों के विसर्जन से	तीव्रगामी इलेक्ट्रॉन के भारी लक्ष्य से टकराना	परमाणु के नाभिक का विघटन होने पर
उपयोग	रेडियो तथा TV के संचरण में	उपग्रही तथा बेतार संचार में	रिमोट कंट्रोल, कुहासे में फोटोग्राफी करने में	वैद्युत बल्ब सोडियम लैंप तथा अणुओं की संरचना का पता लगाने में	नकली दस्तावेजों तथा खाने की वस्तुओं के संरक्षण में	फेफड़ों के रोगों में शरीर की हड्डी टूटने पर छवि प्राप्त करने में	कैंसर के इलाज में, परमाणु के नाभिक संरचना

* गामा किरण का नामकरण रदरफोर्ड ने किया था।

ध्वनि तरंगें (Sound waves)

- कानों में सुनने की संवेदना
- एक प्रकार की ऊर्जा
- अनुदैर्ध्य तरंग

उत्पादन → ताली बजाना
→ चिड़िया का चहचहाना
→ आकाशीय बिजली का चमकना
→ वाद्य यंत्र, वाहन की आवाज

⇒ ध्वनि तरंगों के लक्षण

① प्रबलता (Loudness)

- धीमी तथा तेज ध्वनि में अंतर
- आयाम पर निर्भरता ⇒ प्रबलता ∝ $(\text{आयाम})^2$
- मात्रक ⇒ वाट/मीटर, डेसीबल, फोन

ध्वनि स्त्रोत	प्रबलता (dB)
सामान्य श्वसन	10
सामान्य बातचीत	30 – 60
फुस्फुसाहट	15 – 30
व्यस्त यातायात	70
जेट विमान	140 – 150

(a) आयाम ⇒ उच्च
ध्वनि ⇒ तेज (प्रबल)
आवृत्ति तथा
तरंगदैर्ध्य ⇒ समान

(b) आयाम = निम्न
ध्वनि = धीमी (मृदु)

$$\text{प्रबलता} \propto \frac{1}{(\text{दूरी})^2}$$

नोट:- • 85dB से अधिक शोर शरीर के लिए हानिकारक
• WHO के अनुसार 45dB ध्वनि मानव के लिए उपयुक्त

(ii) तारत्व (Pitch)

- तारत्व ∝ आवृत्ति
- आवृत्ति पर निर्भर
- आयाम तथा तरंगदैर्ध्य समान

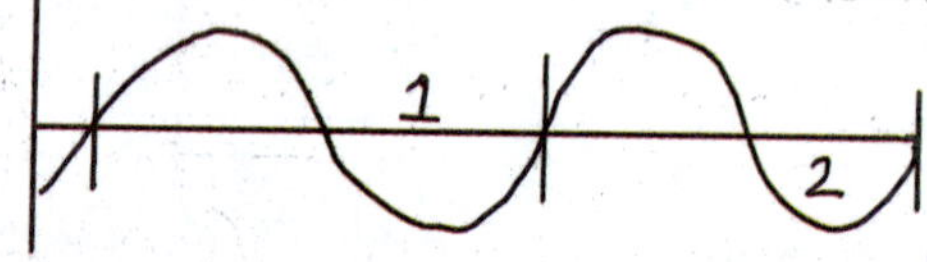

(a) आवृत्ति निम्न = निम्न तारत्व

(b) उच्च आवृत्ति = उच्च तारत्व

उदाहरण

स्त्रियों की आवाज = तीखी ध्वनि (Shrill) ⇒ (उच्च तारत्व)
पुरुषों की आवाज = मोटी ध्वनि (Grave) ⇒ (निम्न तारत्व)

मच्छर की भिनभिनाहट ⇒ तारत्व उच्च
शेर की दहाड़ ⇒ तारत्व निम्न

(iii) गुणता या टिम्बर

- समान तारत्व तथा समान प्रबलता की ध्वनियों में अंतर
- एकल आवृत्ति = टोन तथा अनेक आवृत्तियाँ = स्वर (note)

(a) वायलिन तरंग

(b) ट्यूनिंग काँटा

उदाहरण ⇒ हारमोनियम, सितार तथा सारंगी द्वारा उत्पन्न समान आवृत्ति की ध्वनि में अंतर

(iv) तीव्रता (Intensity)

- एकांक क्षेत्रफल में प्रति सेकण्ड प्रवाहित ध्वनि ऊर्जा
- मात्रक = वाट/मी^{2}

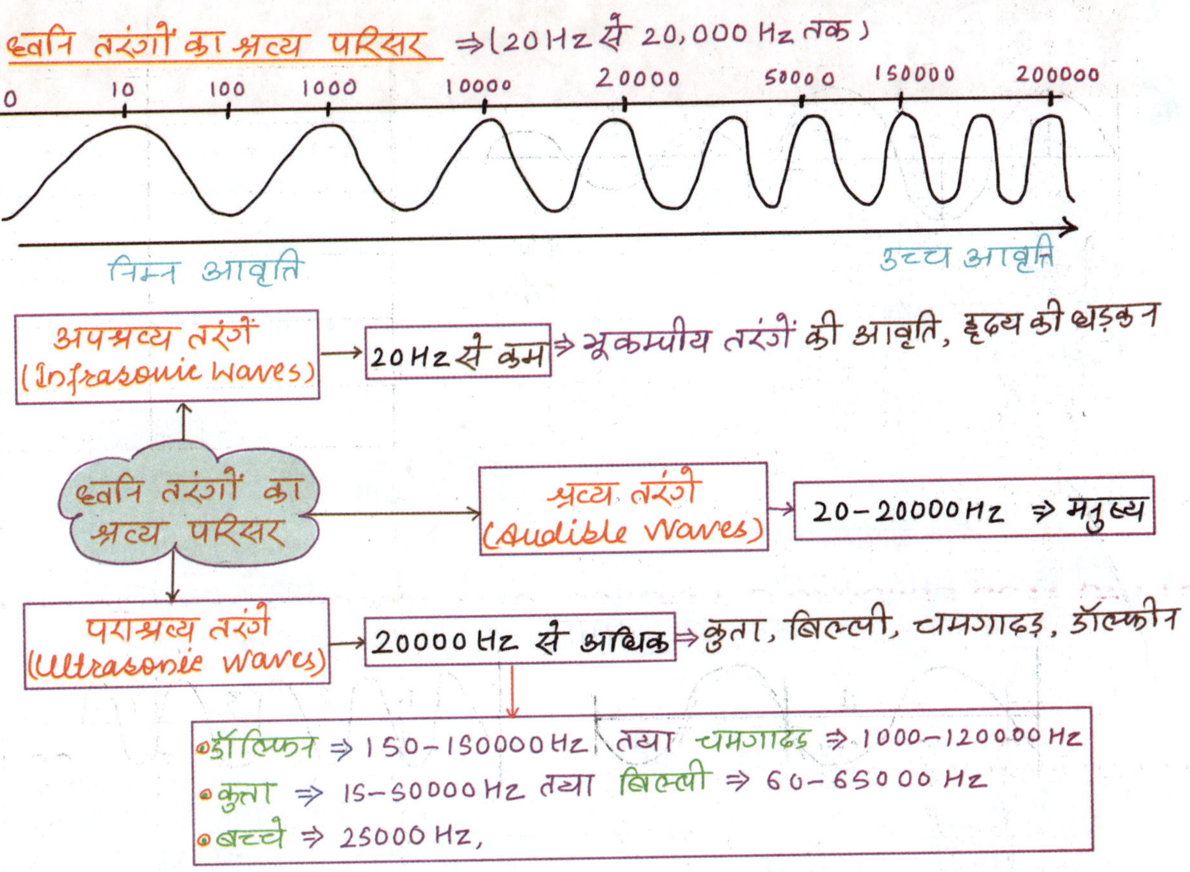

पराश्रव्य तरंगों का अनुप्रयोग

- मानव शरीर के आंतरिक भागों की जांच (अल्ट्रासाउण्ड संसूचक)
- अल्ट्रासोनोग्राफी, इकोकार्डियो ग्राफी
- समुद्र की गहराई का पता लगाना
- पनडुब्बी, हिमखण्डों इत्यादि की खोज में

⇒ विभिन्न माध्यमों में ध्वनि की चाल

- चाल एवं तरंगदैर्घ्य → परिवर्तित
- आवृत्ति → अपरिवर्तित
- प्रत्यास्था एवं घनत्व पर निर्भर

ठोस > द्रव > गैस

ठोस (Solid)		द्रव (liquid)		गैस (Gas)	
माध्यम	चाल	माध्यम	चाल	माध्यम	चाल
एल्युमीनियम	6420 m/s	जल (समुद्र)	1531 m/s	हाइड्रोजन	1284 m/s
निकेल	6040 m/s	जल (आसुत)	1498 m/s	हीलियम	965 m/s
इस्पात	5960 m/s	इथेनॉल	1207 m/s	वायु	332 m/s
लोहा	5120 m/s	मेथेनॉल	1103 m/s	ऑक्सीजन	316 m/s
पीतल	4700 m/s			सल्फर डाइऑक्साइड	213 m/s
कॉच	3980 m/s				

ध्वनि का परावर्तन एवं प्रतिध्वनि: नोट्स के लिए QR कोड स्कैन करें

09 वैद्युतिकी

स्थिर वैद्युतिकी

स्थिरावस्था में आवेशों के अध्ययन से संबंधित शाखा

विद्युत आवेश (Electric Charge)

- घर्षण द्वारा उत्पन्न आवेशन
- इकाई समय में प्रवाहित विद्युत धारा ($Q = IT$)
- मात्रक ⇒ कूलॉम

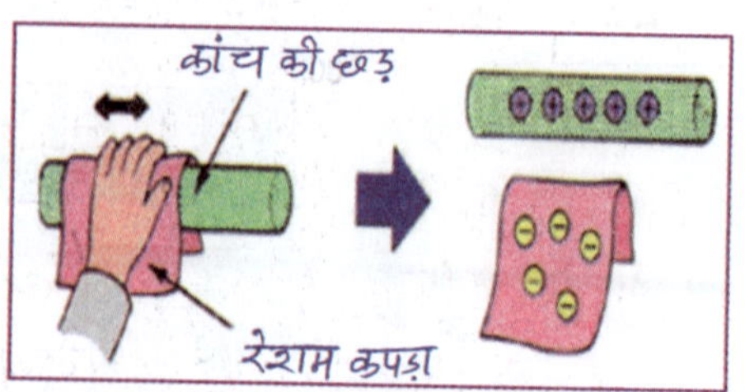

आवेशों के गुण (Properties of Charges)

(I) आवेश प्रकृति में योगात्मक होते हैं।

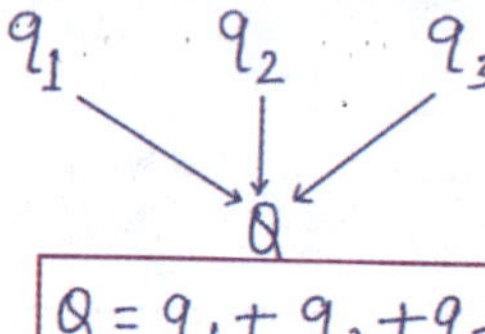

$Q = q_1 + q_2 + q_3$

(II) $Q = n \times e$

⇓

आवेशों का क्वान्टम

$e = \pm 1.6 \times 10^{-19}$ C

(III) आवेश संरक्षित रहते हैं।

⇓

आवेश न तो उत्पन्न किये जाते हैं और न तो नष्ट

(IV) समान आवेश = प्रतिकर्षण

विपरीत आवेश = आकर्षण

कूलॉम का नियम (Coulomb's law)

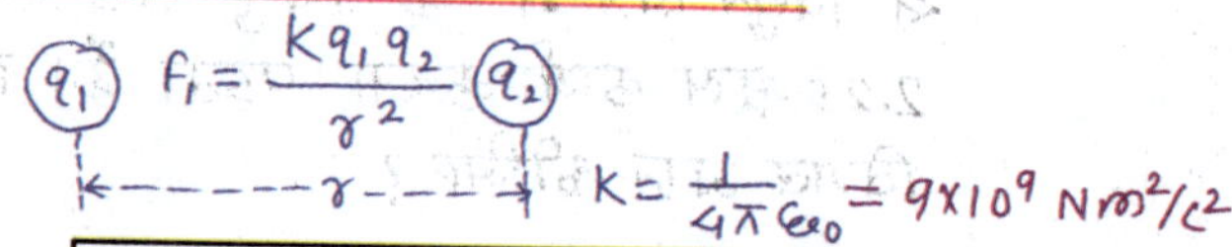

$F_1 = \frac{K q_1 q_2}{r^2}$

$K = \frac{1}{4\pi\varepsilon_0} = 9 \times 10^9\ Nm^2/C^2$

ε_0 = निर्वात की विद्युतशीलता = $8.85 \times 10^{-12}\ C^2/N^1 m^2$

चालक	• विद्युत आवेश सरलता से प्रवाहित • मुक्त आवेश • उदाहरण → चांदी, सीसा, समुद्री पानी, तांबा, ग्रेफाइट
कुचालक या अचालक	• आवेश - अप्रवाहित • आवेश रहित या बाधित • उदाहरण → शीशा, रबड़, तेल, पॉलिथीन, शुद्ध जल
अर्द्धचालक	• विद्युत चालकता – चालकों से कम, अचालकों से अधिक • उदाहरण – सिलिकॉन, जर्मेनियम

▲ चांदी सबसे अच्छा चालक है।

वैद्युत क्षेत्र तथा वैद्युत क्षेत्र की तीव्रता

- वैद्युत क्षेत्र (Electric field) किसी विद्युत आवेश के चारों ओर का वह क्षेत्र, जिसमें कोई अन्य आवेश आकर्षण तथा प्रतिकर्षण बल का अनुभव करता है।
- विद्युत क्षेत्र की तीव्रता (Intensity of Eletric field)

विद्युत क्षेत्र में किसी बिंदु पर रखे इकाई धनात्मक आवेश पर लगने वाले बल $E = F/q$

- मात्रक = न्यूटन / कूलॉम तथा राशि = सदिश

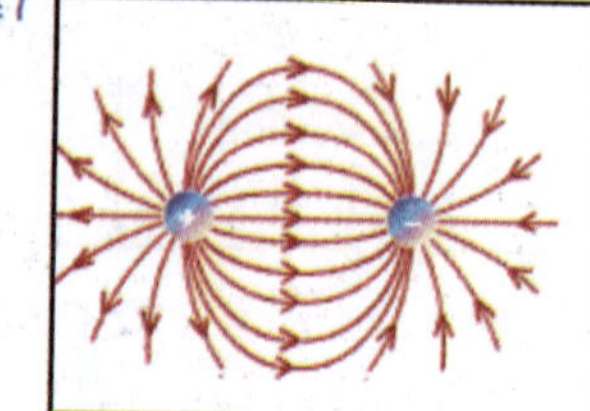

वैद्युत क्षेत्र रेखाएँ

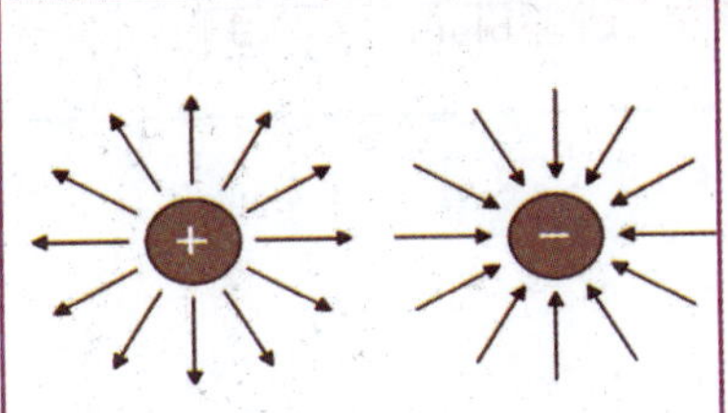

गुण
- धनात्मक से ऋणात्मक की ओर
- अप्रतिच्छेदित
- समान आवेशों पर = अनंत
- बन्द लूप का निर्माण नहीं
- प्रकृति में संरक्षित

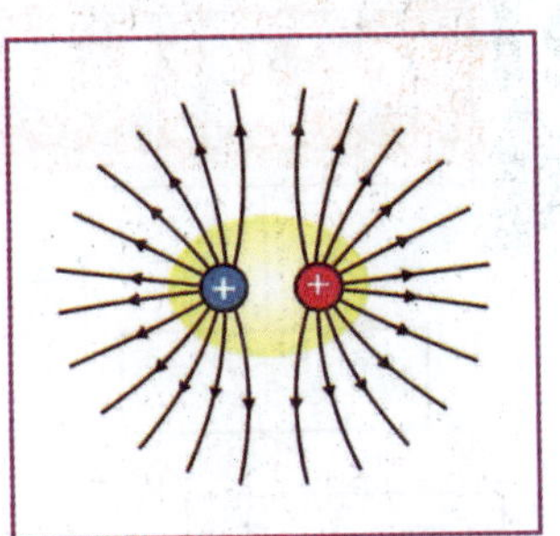

विद्युत विभव तथा विभवांतर

⇓

- अर्थ ⇒

$V = \frac{W}{q_0}$ ⇒ एकांक धन आवेश को अनन्त से किसी बिन्दु पर लाने में किया गया कार्य = विद्युत विभव

एकांक धन आवेश को एक बिन्दु से दूसरे बिन्दु तक ले जाने में किया गया कार्य = विद्युत विभवांतर

$$V_A - V_B = \frac{W}{q_0}$$

- मात्रक ⇒ वोल्ट या जूल/कूलॉम
- राशि ⇒ अदिश

उदाहरण ⇒ 12×10^{-4} कूलॉम आवेश को अनंत से विद्युत क्षेत्र में एक बिन्दु तक लाने में 2.25 जूल कार्य करना पड़ता है। विद्युत विभव ज्ञात कीजिए ?

हल ⇒

विभव $V = \frac{W}{q_0} = \frac{2.25}{12 \times 10^{-4}} = 1875$ वोल्ट

विद्युत धारिता (Electric Capacity)

⇓

$$\frac{\text{चालक को दिया गया आवेश}}{\text{चालक के विभव में वृद्धि}}$$ या

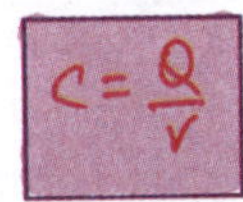

- मात्रक ⇒ फैरड या कूलॉम/वोल्ट (M.K.S तथा SI)

उदाहरण ⇒ यदि C = 1.0 माइक्रोफैरड धारिता का एक चालक अधिकतम वोल्टेज V = 6.0 किलोवोल्ट वहन करता है, तो संधारित्र पर आवेश की मात्रा ज्ञात कीजिए ?

हल ⇒ आवेश $Q = CV = (1.0 \times 10^{-6})(6.0 \times 10^{3})$ कूलॉम

$Q = 6 \times 10^{-3}$ कूलॉम

- संधारित्र (Capacitor) ⇒ वह युक्ति, जो किसी चालक के आकार में परिवर्तन किए बिना उस पर आवेश को संग्रहित करती है।

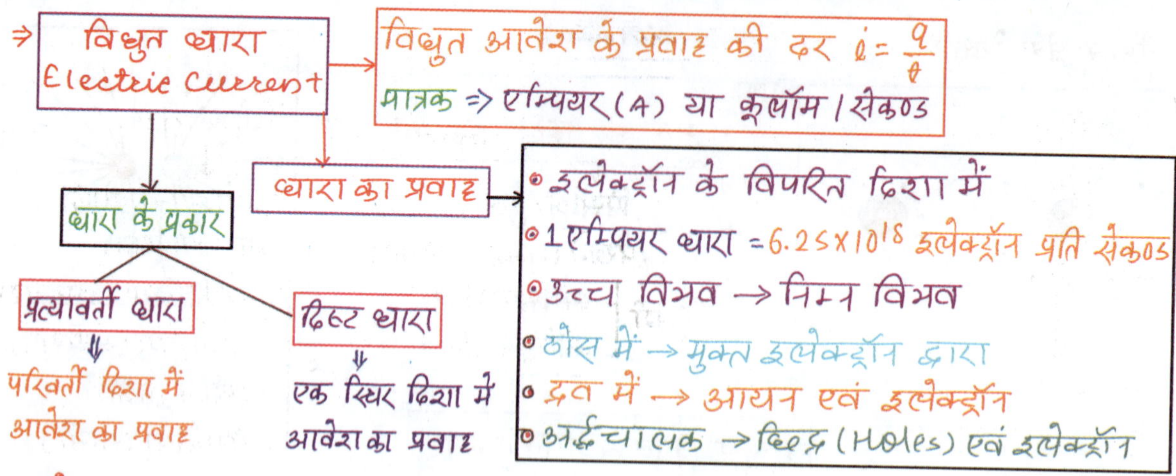

ओम का नियम

• 1827 में जार्ज साइमन ओम के द्वारा प्रतिपादित
अर्थात, यदि चालक के भौतिक अवस्था, जैसे ताप आदि में कोई परिवर्तन न हो तो चालक के सिरों पर लगाया गया विभवांतर उसमें प्रवाहित धारा के अनुक्रमानुपाती होता है।

$V \propto i$

$V = Ri$ | यहां R = नियतांक = प्रतिरोध

$V/i = R$

प्रकार

ओमीय प्रतिरोध	अनओमीय प्रतिरोध
ओम के नियम का पालन करता है। जैसे - मैंगनीज का तार	ओम के नियम का पालन नहीं करता है। जैसे - डायोड बल्ब

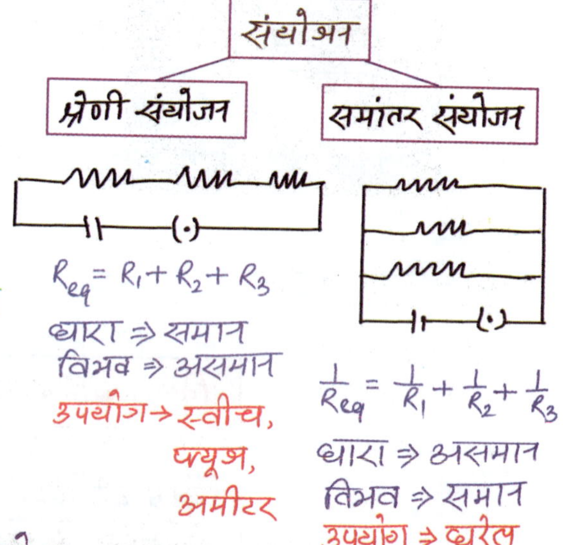

$R_{eq} = R_1 + R_2 + R_3$
धारा ⇒ समान
विभव ⇒ असमान
उपयोग → स्वीच, फ्यूज, अमीटर

$\frac{1}{R_{eq}} = \frac{1}{R_1} + \frac{1}{R_2} + \frac{1}{R_3}$
धारा ⇒ असमान
विभव ⇒ समान
उपयोग ⇒ घरेलू यंत्र, वोल्टमीटर

⇒ विद्युत प्रतिरोध ⇒ किसी चालक के वह गुण जिसके कारण वह विद्युत धारा के प्रवाह का विरोध करता है। मात्रक ⇒ ओम (Ω)

प्रतिरोध को प्रभावित करने वाले कारक

(I) तार की लम्बाई ⇒ $R \propto l$
अर्थात् अधिक लम्बाई ⇒ अधिक प्रतिरोध

(II) तार का क्षेत्रफल ⇒ $R \propto \frac{1}{A}$, अर्थात अधिक क्षेत्रफल ⇒ कम प्रतिरोध

तब $R \propto l/A \Rightarrow R = \rho \frac{l}{A}$ जहाँ, ρ = विशिष्ट प्रतिरोध

विशिष्ट प्रतिरोध या प्रतिरोधकता (ρ)

⇓

$$\frac{\text{विद्युत क्षेत्र की तीव्रता}}{\text{धारा घनत्व}} = \frac{E}{J} = \frac{V/l}{i/A} \text{ या } \frac{V}{i} \times \frac{A}{l}$$

∵ ओम का नियम से $R=\frac{V}{I}$

अतः $\boxed{\rho = \frac{RA}{l}}$ मात्रक = ओम मीटर (Ωm)

चालकता ⇒ प्रतिरोध का व्युत्क्रम अर्थात $\boxed{G = \frac{1}{R}}$

मात्रक = म्हो (mho) अथवा Ω^{-1} अथवा साइमन

विशिष्ट चालकता ⇒ प्रतिरोधकता का व्युत्क्रम $\boxed{\sigma = \frac{1}{\rho}}$

मात्रक = $\Omega^{-1} m^{-1}$

विभिन्न धातु	पदार्थ	प्रतिरोधकता (Ωm)	पदार्थ	प्रतिरोधकता (Ωm)	पदार्थ	प्रतिरोधकता (Ωm)
चालक	चांदी	1.60×10^{-8}	कॉपर	1.62×10^{-8}	एल्यू.	2.63×10^{-8}
	टंगस्टन	5.20×10^{-8}	निकल	6.84×10^{-8}	लोहा	10×10^{-8}
अचालक	काँच	$10^{10} - 10^{14}$	रबड़	$10^{13} - 10^{16}$	एबोनाइट	$\simeq 10^{15} - 10^{17}$
	हीरा	$10^{12} - 10^{13}$	सूखा पेपर	10^{12}		
मिश्र धातु	कांस्टेन्टन Cu + Ni	49×10^{-8}	मैंगनीज Cu, Mn, Ni	44×10^{-8}	नाईक्रोम Ni, Cr, Mn, Fe	100×10^{-8}

उदाहरण ⇒ 15 m लम्बे एवं $6.0 \times 10^{-7}\ m^2$ अनुप्रस्थ काट वाले तार से उपेक्षणीय धारा प्रवाहित की गई और इसका प्रतिरोध 5.0 ओम मापा गया प्रायोगिक ताप पर तार के पदार्थ की प्रतिरोधकता क्या होगी

हल :- प्रतिरोधकता

$$\boxed{\rho = R \cdot \frac{A}{l} = 5 \times \frac{6 \times 10^{-7}}{15} = 2 \times 10^{-7} \text{ ओम मीटर}}$$

⇒ विद्युत धारा का तापीय प्रभाव

• चालक में विद्युत धारा प्रवाहित करने पर प्रतिरोध के कारण ऊष्मीय ऊर्जा उत्पन्न

विद्युत ऊर्जा ⇒ आवेशों के प्रवाह से ऊर्जा का व्यय या किया गया कार्य

अर्थात $$\boxed{W = V \times q = VIt = I^2Rt = \frac{V^2 t}{R}}$$

मात्रक ⇒ जूल, किलोवाट घंटा (KWh)

जूल का ऊष्मीय प्रभाव

$$H = I^2Rt \text{ जूल या } \frac{I^2Rt}{4.2} \text{ कैलोरी}$$

विद्युत शक्ति $\boxed{P = VI = \frac{V^2}{R} = I^2R}$ $\boxed{1 \text{ यूनिट} = 1 KWh}$

मात्रक ⇒ अश्व शक्ति (HP), जूल/वाट

ऊष्मीय प्रभाव के अनुप्रयोग	
विद्युत बल्ब	• टंगस्टन का महीन तार का फिलामेंट • प्रतिरोधकता = उच्च, गलनांक = 3422°C • निष्क्रिय गैस = नाइट्रोजन एवं आर्गन, तापमान 1500°C – 2500°C
विद्युत इस्तरी	• तार = नाइक्रोम धातु (80% निकेल + 20% क्रोमियम)
विद्युत हीटर	• चीनी मिट्टी की प्लेट, नाइक्रोम धातु से निर्मित
फ्यूज	• लघुपथन एवं अतिभारण से बचाव करने वाला अवयव • मिश्रधातु (तांबा, टिन और सीसे) से निर्मित • वर्तमान में MCB (लघु परिपथ विच्छेदक) का उपयोग

विद्युत धारा के रासायनिक प्रभाव

• अर्थ ⇒ अम्लीय विलयनों में विद्युत धारा प्रवाहित कराने पर विलयन का आयनों में विभक्त होना

> विद्युत अपघटन का नियम ⇒ फैराडे (प्रतिपादक)
> उदाहरण → विद्युत सेल, विद्युत लेपन

• विद्युत सेल ⇒ रासायनिक ऊर्जा का विद्युत ऊर्जा में परिवर्तन

सेल का विद्युत वाहक बल $\boxed{E = \frac{W}{q}}$ जूल/कुलॉम या वोल्ट

सेल का टर्मिनल विभवांतर $\boxed{V = \frac{W}{q} = IR} = \boxed{E - ir}$ वोल्ट

सेल का आंतरिक प्रतिरोध ⇒ विद्युत धारा के मार्ग में उत्पन्न अवरोध

$$\boxed{r = \left(\frac{E}{V} - 1\right) R \text{ ओम}}$$

सेल में प्रवाहित धारा ⇒ $\boxed{I = \frac{E}{R + r}}$

सेलों के प्रकार

① प्राथमिक सेल ⇒ इसमें रासायनिक ऊर्जा के सीधे विद्युत ऊर्जा में परिवर्तित किया जाता है तथा एक बार ही उपयोग में लायी जा सकती है।

② द्वितीयक सेल ⇒ इसमें पहले विद्युत ऊर्जा के रासायनिक में फिर रासायनिक ऊर्जा को विद्युत ऊर्जा में परिवर्तित किया जाता है। आवेशन करने के पश्चात दुबारा उपयोग में लायी जा सकती है।

सेलों का संक्षिप्त विवरण

सेलों के प्रकार	सेलों के नाम	एनोड	कैथोड	वि. वा. बल वोल्ट	आन्तरिक प्रतिरोध
प्राथमिक सेल	वोल्टीय सेल	तांबा	जस्ता	1.08 वोल्ट	2-4 Ω
	लैक्लांशे सेल	कार्बन	जस्ता	1.46 V	2-4 Ω
	शुष्क सेल	कार्बन	जस्ता	1.5 V	2-5 Ω
	डेनियल सेल	तांबा	जस्ता	1.08 V	2-3 Ω
द्वितीयक सेल	बाइक्रोमेट सेल	कार्बन	जस्ता	2.0 V	बहुत कम
	वेस्टन कैडमियम	पारा (अमलगम)	कैडमियम	1.018 V	2 (लगभग)
	सीसा संचायक	PbO_2	स्पंजी लैड	2.2 V	0.02 Ω
	क्षारीय संचायक	$Ni(OH)_3$	लोहा	1.35 V	0.01 Ω

विभिन्न उपकरण	व्याख्या	प्रतीक
अमीटर	• विद्युत धारा मापन उपकरण • श्रेणी क्रम में संयोजित • प्रतिरोध = शून्य (आदर्श)	+ (A) −
वोल्टमीटर	• विभवान्तर मापन उपकरण • समान्तर क्रम में संयोजित • प्रतिरोध = अनन्त (आदर्श)	+ (V) −
गैल्वेनोमीटर	• विद्युत धारा की उपस्थिति दर्शाने वाला उपकरण • उच्च प्रतिरोध को समान्तर क्रम में लगाकर → अमीटर • उच्च प्रतिरोध को श्रेणी क्रम में लगाकर → वोल्टमीटर	G

10 चुम्बकत्व

चुम्बकत्व (Magnetism)

चुम्बक

- अर्थ ⇒ ऐसे पदार्थ, जिनमें लोहे तथा इसके अयस्कों को अपनी ओर आकर्षित करने का गुण पाया जाता है।
- सिद्धांत ⇒ सदैव युग्म (उत्तरी तथा दक्षिणी ध्रुव)
  सजातीय ध्रुव = प्रतिकर्षण
  विजातीय ध्रुव = आकर्षण

चुम्बक के प्रकार

- प्राकृतिक चुम्बक ⇒ प्रकृति में स्वाभाविक रूप से चुम्बकत्व गुण से विद्यमान खनिज, उदाहरण ⇒ लोडस्टोन (मैग्नेटाइट – Fe_3O_4)
- कृत्रिम चुम्बक ⇒ लोहे, इस्पात एवं निकेल के संयोजन से कृत्रिम रूप से बनाये गये चुम्बक

  उदाहरण ⇒ छड़ चुम्बक, विद्युत चुम्बक, नाल चुम्बक, चुम्बकीय कम्पास

नोट :- छड़ चुम्बक को स्वतंत्रतापूर्वक लटकाने पर उसके उत्तरी व दक्षिणी ध्रुव क्रमश: भौगोलिक उत्तरी व दक्षिणी ध्रुवों की ओर संकेत करते हैं।

चुम्बकत्व के आधार पर पदार्थों का वर्गीकरण

गुण	प्रतिचुम्बकीय पदार्थ	अनुचुम्बकीय पदार्थ	लौह चुम्बकीय पदार्थ
कारण	कक्षीय गति	चक्रण गति	डोमेनो के निर्माण
सिद्धांत	इलेक्ट्रॉन	इलेक्ट्रॉन	डोमेनो
व्यवहार	विपरीत दिशा में चुम्बकित	क्षेत्र की दिशा में चुंबकित	प्रबल रूप से क्षेत्र की दिशा में चुम्बकित
उदाहरण	बिस्मथ, जस्ता, तांबा, चांदी, सोना, हीरा, नमक	क्रोमियम, सोडियम, एल्युमिनियम, ऑक्सीजन	लोहा, निकल, कोबाल्ट इस्पात

⇒ चुम्बकीय क्षेत्र

अर्थ ⇒ चुम्बकीय प्रभाव अनुभव करने वाला क्षेत्र या चुम्बक के चारों ओर का क्षेत्र

विद्युत धारा के चुम्बकीय प्रभाव

अर्थ ⇒ चालक तार में विद्युत धारा प्रवाहित होने पर उसके चारों ओर चुम्बकीय क्षेत्र उत्पन्न होने की घटना तथा खोजकर्ता ⇒ ओर्स्टैड (1820)

बायोसेवर्ट का नियम

- चुम्बकीय क्षेत्र की तीव्रता $B = \frac{\mu_0}{4\pi} \cdot \frac{I \Delta l \sin\theta}{r^2}$ N/Am

$$\frac{\mu_0}{4\pi} = \text{नियतांक} = 10^{-7} \text{ न्यूटन/एम्पियर}^2$$

निर्भरता

$B \propto I$ (धारा)

$B \propto \Delta l$ (लम्बाई)

$B \propto \frac{1}{r^2}$ (r, दूरी)

$B \propto \sin\theta$ (चालक तथा दूरी के मध्य कोण)

⇒ चुम्बकीय क्षेत्र की दिशा ज्ञात करने के नियम

(i)

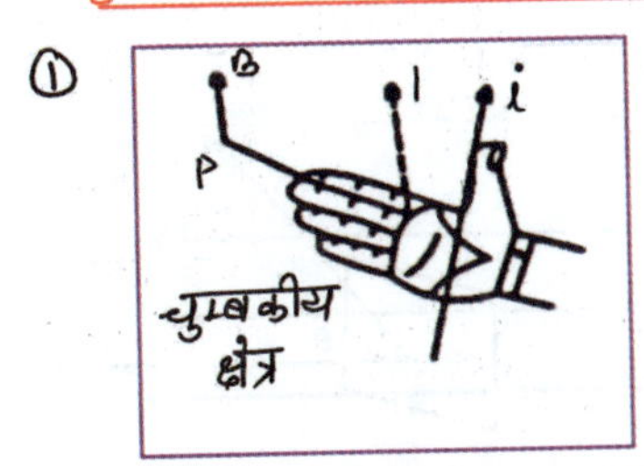

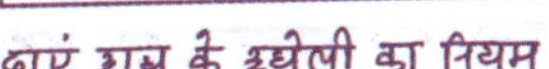

(ii)

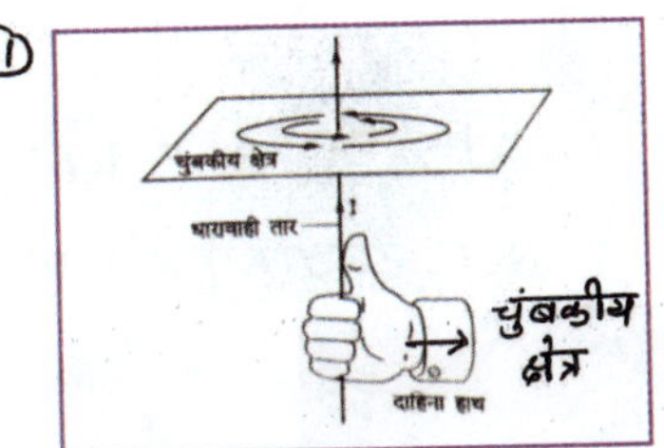

मैक्सवेल का दाएं हाथ का नियम

(iii)

ऊपर → वामावर्त

नीचे → दक्षिणावर्त

मैक्सवेल का कॉर्क-स्क्रू नियम

ऐम्पियर का नियम

$$\oint B.dl = \mu_0 I$$

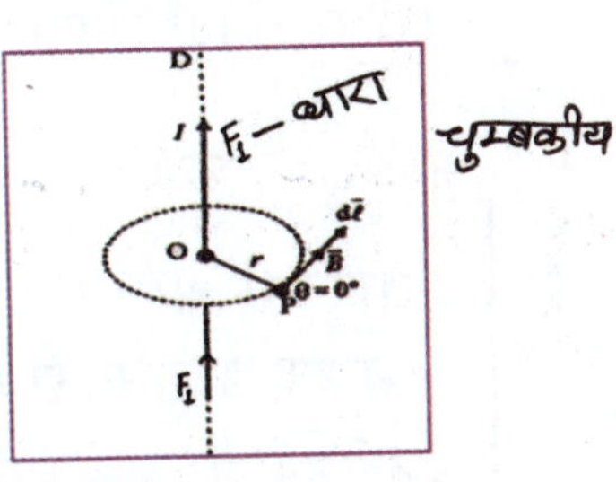

चुम्बकीय क्षेत्र

यहाँ μ_0 = निर्वात की चुम्बकशीलता

dl = खण्ड की लम्बाई

लॉरेंज बल

→ गतिमान आवेश के कारण चालक पर लगने वाला बल

$F = qvB\sin\theta$ या $q(v \times B)$

→ लॉरेंज बल, आवेशित कण के आवेश(q), उसके चाल(v) तथा चुम्बकीय क्षेत्र की तीव्रता के अनुक्रमानुपाती होता है।

एकसमान चुम्बकीय क्षेत्र के कारण धारावाही चालक बल

चुम्बकीय क्षेत्र में धारावाही चालक पर लगने वाला बल

$$F = Bil\sin\theta \text{ न्यूटन}$$

दिशा ⇒ चुम्बकीय क्षेत्र तथा धारा दोनों दिशाओं के लम्बवत

चुम्बकीय बल ज्ञात करने का नियम

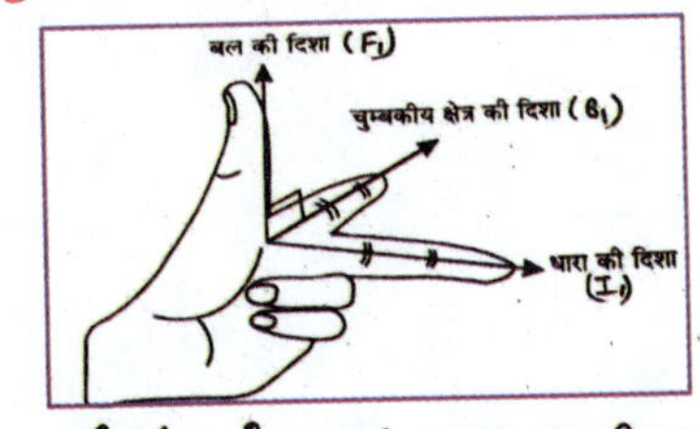

फ्लेमिंग के बाएं हाथ का नियम

चुम्बकीय बल रेखाएँ

अर्थ ⇒ काल्पनिक रेखाओं का अविरत प्रदर्शन

विशेषता

- उत्तरी ध्रुव से दक्षिणी ध्रुव की ओर
- बन्द वक्र के रूप में
- अप्रतिच्छेदित
- समानांतर एवं बराबर दूरी पर स्थित
- उदासीन बिन्दु पर नगण्य

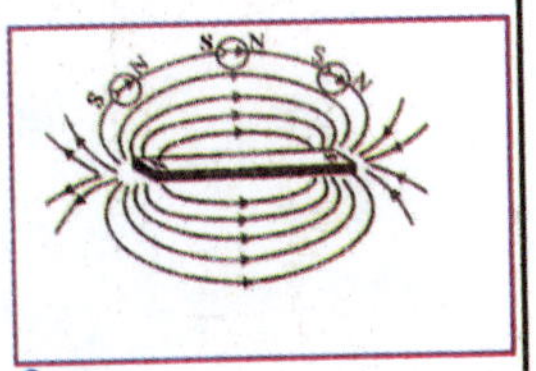

विद्युत चुम्बक (Electromagnet)

अर्थ ⇒ वह चुम्बक, जिसे लोहे की कील पर तार लपेटकर विद्युत धारा प्रवाहित कराने पर प्राप्त किया जाता है।

उपयोग ⇒ विद्युत मोटर, टेलीफोन, लाउडस्पीकर, आदि

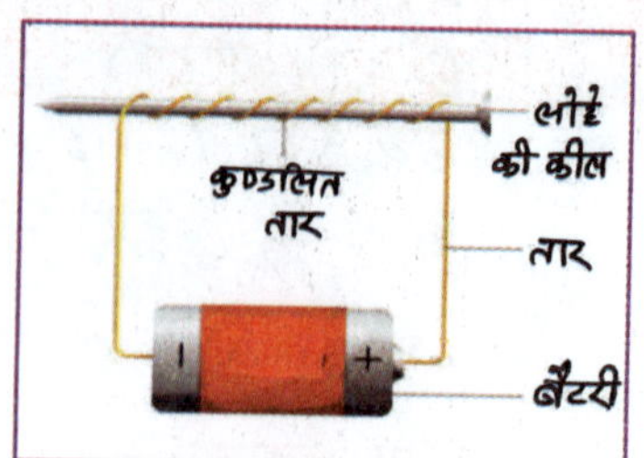

चुम्बकीय फ्लक्स (ϕ)

अर्थ ⇒ चुम्बकीय क्षेत्र में स्थित किसी तल के लंबवत गुजरने वाली सम्पूर्ण बल रेखाओं की संख्या

$$\phi = B.A \text{ या } B.A\cos\theta$$

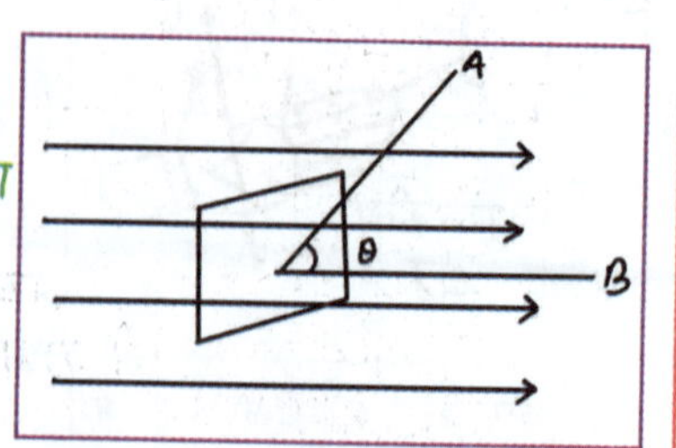

मात्रक ⇒ वेबर, न्यूटन-मी/एम्पियर, मैक्सवेल (CGS)

1 वेबर = 10^8 मैक्सवेल

विद्युत चुम्बकीय प्रेरण (Electromagnetic Induction)

- परिवर्ती चुम्बकीय फ्लक्स द्वारा प्रेरित विद्युत वाहक बल तथा प्रेरित धारा उत्पन्न होने की घटना
- खोजकर्ता ⇒ माइकल फैराडे (1831)
- उपयोग ⇒ डायनेमो, ट्रांसफॉर्मर, कृत्रिम पेसमेकर आदि।

कुण्डलित तार

N S

तार में प्रेरित विभव

प्रेरित धारा की दिशा ज्ञात करने के नियम

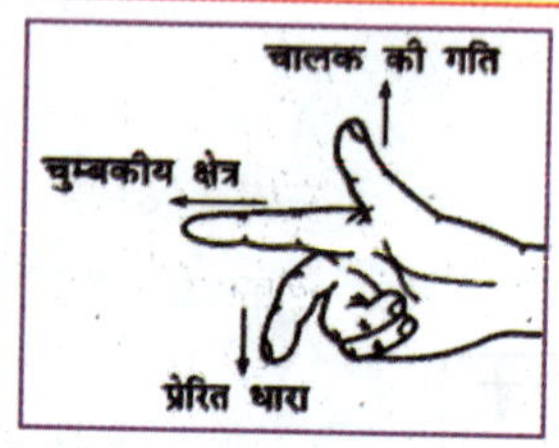

फ्लेमिंग का दाएं हाथ का नियम

11 प्रकाश

प्रकाश (light)

प्रकाश (light)

- अर्थ ⇒ ऊर्जा तथा तरंग का एक रूप है।
- चाल (speed) ⇒ निर्वात में = 3×10^{8} m/s, तरंगदैर्ध्य = 3900 A° से 7800 A° तक
- प्रकाश के स्रोत ⇒ सूर्य, आग, बल्ब, तारे आदि

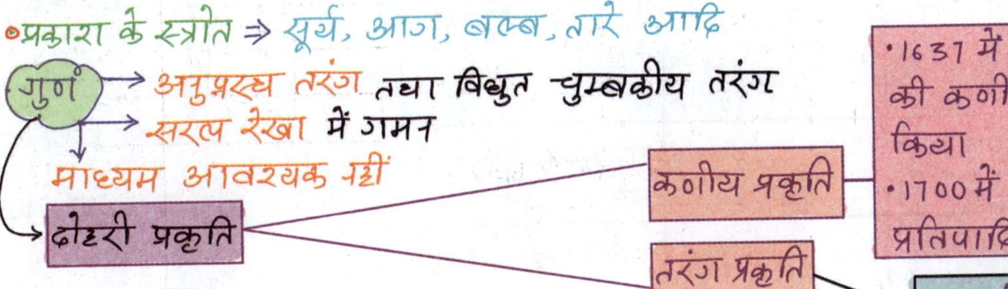

प्रकाशिक आधार पर वस्तुओं का वर्गीकरण

(i) प्रदीप्त वस्तुएँ → स्वयं के प्रकाश से प्रकाशित ⇒ जैसे सूर्य

(ii) अप्रदीप्त वस्तुएँ ⇒ प्रकाश पड़ने पर दिखना ⇒ जैसे - मेज, कुर्सी

(iii) पारदर्शक वस्तुएँ ⇒ प्रकाश का आर-पार होना ⇒ जैसे - काँच, जल

(iv) अपारदर्शक वस्तुएँ ⇒ प्रकाश बाहर नहीं निकलता है। जैसे ⇒ धातु

प्रकाशिक परिघटनाएँ

- प्रकाश का विद्युत चुम्बकीय सिद्धांत कुछ परिघटनाएँ
  जैसे ⇒ परावर्तन, अपवर्तन, विवर्तन व्यतिकरण तथा ध्रुवण की व्याख्या करता है।

⇒ **प्रकाश का परावर्तन** ⇒ प्रकाश का किसी चिकने तल टकराकर पुनः अपने माध्यम में लौटना

परावर्तन के नियम

(i) परावर्तन कोण = आपतन कोण, $\angle i = \angle r$

(ii) आपतित, परावर्तित तथा अभिलम्ब तीनों का एक तल पर होना

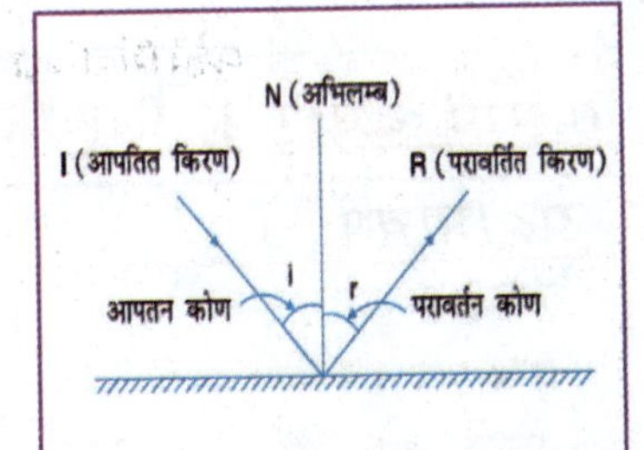

दर्पण (Mirror) ⇒ चिकना पारदर्शी माध्यम तल

(1) समतल दर्पण → प्रतिबिम्ब ⇒ आभासी तथा सीधा, वस्तु के बराबर एवं पार्श्व उल्टा
→ पृष्ठ = समतल

प्रतिबिम्ब की संख्या ⇒ $n = \frac{360}{\theta}$ (विषम)

$$n = \frac{360}{\theta} - 1 \text{ (सम)}$$

उपयोग ⇒ सोलर कुकर, पेरीस्कोप, कैलाइडोस्कोप

② गोलीय दर्पण → पृष्ठ ⇒ गोलीय

प्रकार ⇒ अवतल तथा उत्तल दर्पण

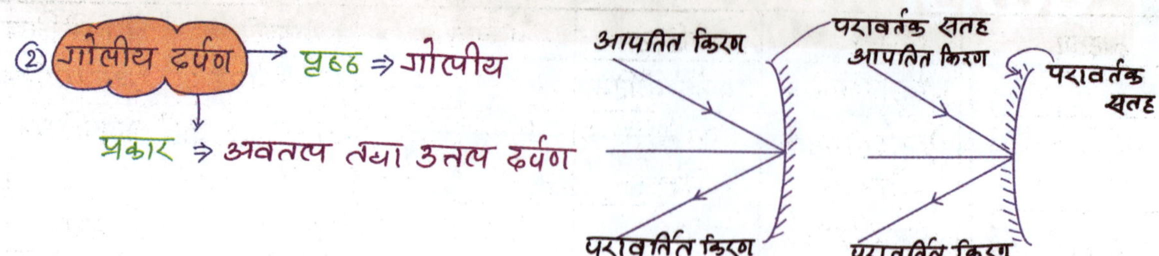

अवतल दर्पण तथा उत्तल दर्पण से बने प्रतिबिम्ब की प्रकृति एवं स्थिति

दर्पण ↓	वस्तु	प्रतिबिम्ब स्थिति	प्रतिबिम्ब की प्रकृति
अवतल	अनन्त	फोकस F	वास्तविक, उल्टा, वस्तु से अत्यंत छोटा
	वक्रता केन्द्र C से परे	C & F के बीच	छोटा वास्तविक उल्टा, छोटा
	C पर	C पर	वास्तविक, उल्टा, वस्तु के बराबर
	C तथा F के बीच	C से परे	वास्तविक, उल्टा, वस्तु से बड़ा
	F पर	अनंत	वास्तविक, उल्टा, वस्तु से बहुत बड़ा
	F तथा P के मध्य	दर्पण के पीछे	आभासी, सीधा, तथा बड़ा
उत्तल	अनंत	F पर	आभासी, सीधा अत्यंत छोटा
	ध्रुव से परे	F तथा P के मध्य	आभासी, सीधा छोटा

उपयोग → अवतल दर्पण ⇒ सेविंग दर्पण, दंत चिकित्सक, टॉर्च, सोलर कुकर, हेडलाइट में आदि

उत्तल ⇒ पश्च दृश्य दर्पण, (साइड मिरर) स्ट्रीट लाइट में

गोलीय दर्पणों के लिए चिन्ह परिपाटी

पद/प्राचल	उत्तल दर्पण	अवतल दर्पण
फोकस दूरी	धनात्मक	ऋणात्मक
वक्रता त्रिज्या	धनात्मक	ऋणात्मक
वस्तु की दूरी	ऋणात्मक	ऋणात्मक
वास्तविक प्रतिबिम्ब की दूरी	लागू नहीं	ऋणात्मक
आभासी प्रतिबिम्ब की दूरी	धनात्मक	धनात्मक
वास्तविक प्रतिबिम्ब की ल.	लागू नहीं	ऋणात्मक

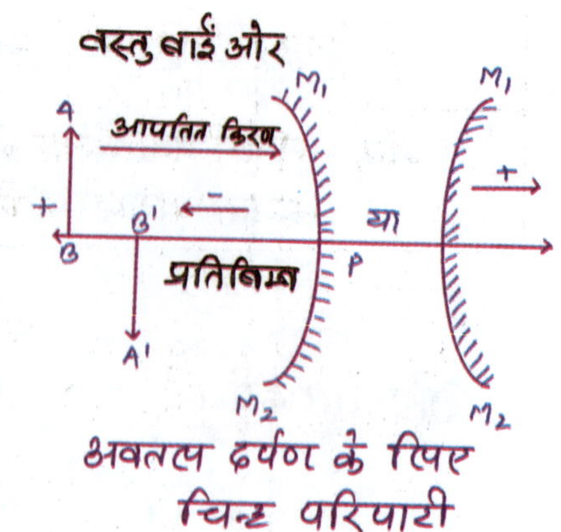

अवतल दर्पण के लिए चिन्ह परिपाटी

महत्वपूर्ण सूत्र

दर्पण सूत्र $\Rightarrow \frac{1}{v} + \frac{1}{u} = \frac{1}{f}$

जहाँ, v = प्रतिबिम्ब की दूरी
u = वस्तु की दूरी
f = फोकस दूरी

फोकस दूरी = $\frac{\text{वक्रता त्रिज्या}}{2}$

आवर्धन (m) = $\frac{I}{O} = \frac{-v}{u}$

उदाहरण ⇒ एक अवतल दर्पण की फोकस दूरी 10m है, तो अवतल दर्पण की वक्रता त्रिज्या का मान क्या होगा ?

हल, दिया है,
अवतल दर्पण की फोकस दूरी (f) = 10m

फोकस दूरी = $\frac{\text{वक्रता त्रिज्या}}{2}$

$\therefore \quad 10 = \frac{r}{2} \Rightarrow r = 2 \times 10 = 20m$

अत: अवतल दर्पण की वक्रता त्रिज्या 20m

⇒ प्रकाश का अपवर्तन नियम

एक पारदर्शी माध्यम से दूसरे पारदर्शी माध्यम में प्रवेश करने पर अपने मार्ग विचलित होना

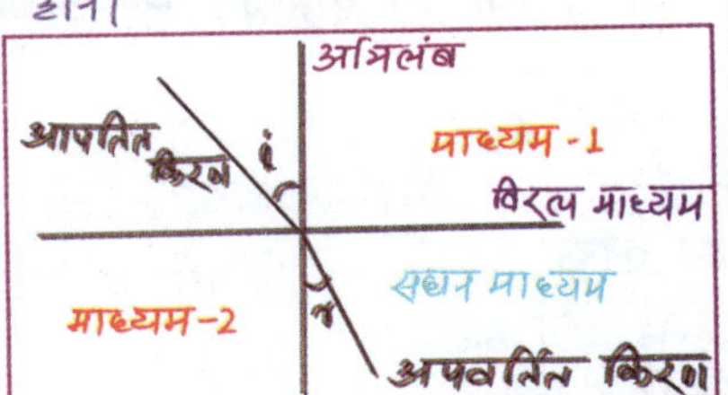

① आपतित, परावर्तित, अभिलम्ब तीनों एक तल में स्थित (प्रथम नियम)

⑪ स्नैल का नियम = $\frac{\sin i}{\sin r}$ = नियतांक (द्वितीय नियम)

पदार्थ	अपवर्तनांक
वायु	1
जल	1.33
केरोसीन	1.44
क्राउन कॉंच	1.52
हीरा	2.42

अपवर्तन के उदाहरण

- रात्रि में तारों का टिमटिमाना
- पानी से भरा तालाब अपेक्षाकृत कम गहरा प्रतीत होना
- जल में डूबी पेंसिल का मुड़ा हुआ प्रतीत होना

⇒ अपवर्तनांक ⇒ प्रतीक n या μ

प्रकार

① निरपेक्ष अपवर्तनांक ⇒ प्रकाश किरण के वायु या निर्वात् से किसी अन्य माध्यम में जाने पर निर्वात् या वायु के सापेक्ष उस माध्यम का अपवर्तनांक।

⑪ सापेक्ष अपवर्तनांक ⇒ प्रकाश किरण के एक माध्यम से दूसरे माध्यम में जाने पर पहले माध्यम के सापेक्ष दूसरे माध्यम का अपवर्तनांक।

$\mu = \frac{\text{निर्वात की चाल (c)}}{\text{माध्यम में प्रकाश की चाल}}$

⇒ पूर्ण आंतरिक परावर्तन

- प्रकाश का सघन माध्यम से विरल की ओर जाने पर अपवर्तित न होकर परावर्तित हो जाना।
- आपतन कोण, क्रांतिक कोण (C) से अधिक

$_1n_2 = \frac{1}{\sin C}$

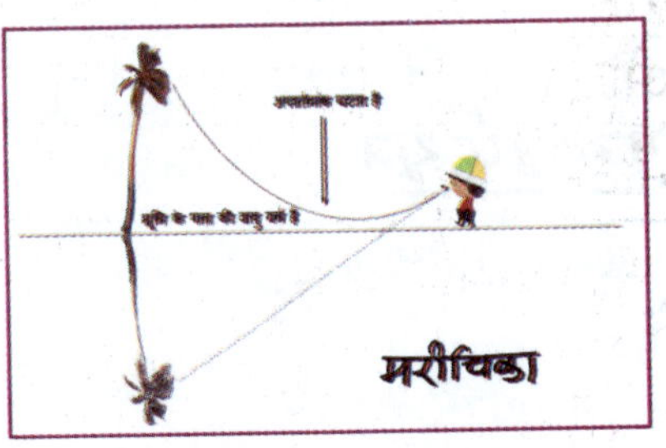

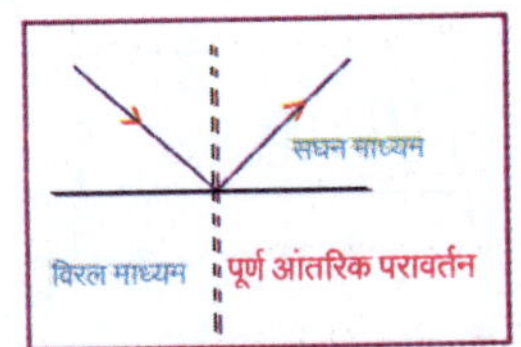

उदाहरण

- कांच में पड़ी दरार का चमकना
- मरीचिका का बनना
- प्रकाशिक तंतु के रूप में
- पानी में वायु के बुलबुले का चमकना
- हीरे का चमकना

⇒ **लेंस (Lense)** → दो अपवर्तक सतहों से निर्मित पारदर्शी जोले का भाग।
→ एक पृष्ठ अनिवार्यतः वक्र होना

लेंसों की प्रकृति

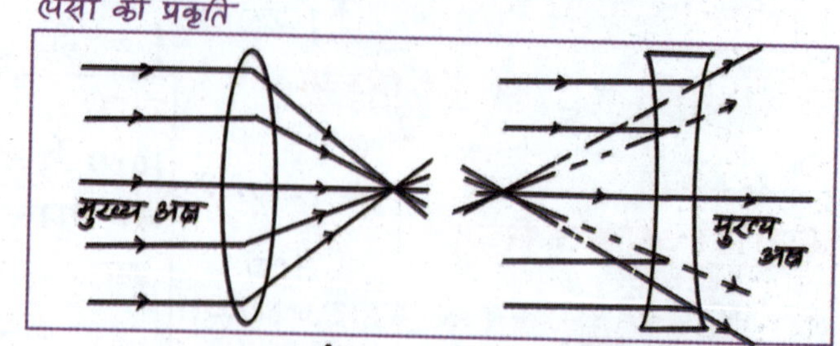

उत्तल लेंस की अभिसारी प्रकृति

अवतल लेंस की अपसारी प्रकृति

लेंसों के प्रकार

- उत्तल लेंस
- अवतल लेंस

लेंस से संबंधित पद

उत्तल लेंस

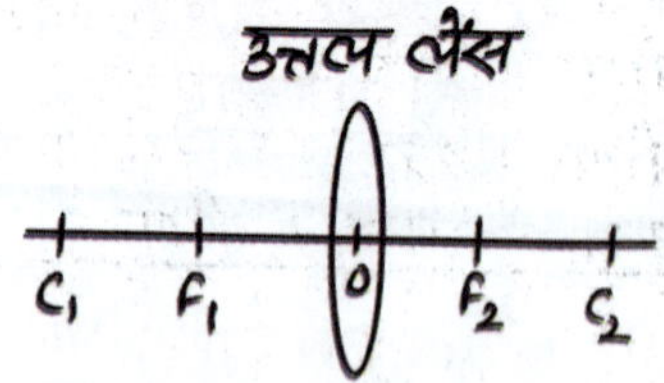

C_1 F_1 0 F_2 C_2

अवतल लेंस

0 = प्रकाशिक केन्द्र

C_1C_2 = लेन्स का मुख्य अक्ष

F_1 = प्रथम फोकस

F_2 = द्वितीय फोकस (मुख्य अक्ष)

उत्तल तथा अवतल लेंसों द्वारा प्रतिबिम्ब की स्थिति तथा प्रकृति

लेंस	वस्तु की स्थिति	प्रतिबिम्ब की स्थिति	प्रतिबिम्ब की प्रकृति की तुलना में
उत्तल	अनन्त पर	F_2 पर	वास्तविक, उल्टा व बहुत छोटा
	C_1 से परे	F_2 और C_2 के बीच	वास्तविक, उल्टा व छोटा
	C_1 पर	C_2 पर	वास्तविक, उल्टा व बराबर
	C_1 एवं F_1 के बीच	C_2 से परे	वास्तविक, उल्टा व वस्तु से बड़ा
	F_1 पर	अनंत पर	वास्तविक, उल्टा व वस्तु से बहुत बड़ा
	0 एवं F_1 के बीच	लेंस के उसी ओर जिस ओर वस्तु है।	आभासी, सीधा व बड़ा
अवतल	अनन्त पर	फोकस F_1 पर	आभासी, सीधा व बहुत छोटा
	अनन्त के अतिरिक्त कहीं	F_1 तथा 0 के मध्य	आभासी, सीधा व छोटा

महत्वपूर्ण सूत्र

- लेंस की फोकस दूरी ⇒ $\frac{1}{v} - \frac{1}{u} = \frac{1}{f}$
- आवर्धन (m) ⇒ $\frac{\text{लेंस से प्रतिबिम्ब की दूरी}}{\text{लेंस से वस्तु की दूरी}}$

$$m = \frac{I}{O} = \frac{v}{u}$$

- लेंस की क्षमता (P) ⇒ $\frac{1}{f(m)}$ → उत्तल = धनात्मक; अवतल = ऋणात्मक

मात्रक ⇒ डायोप्टर (D)

उदाहरण ⇒ यदि एक लेंस की फोकस दूरी (−20) cm है, तो लेंस की क्षमता क्या होगी?

हल:– दिया है,

$$f = -20\,cm = -\frac{20}{100} = -\frac{1}{5}\,m$$

$$P = \frac{1}{f} = \frac{1}{-1/5} = -5\,D$$

∴ लेंस की क्षमता = −5 D

⇒ प्रिज्म द्वारा प्रकाश का वर्ण विक्षेपण

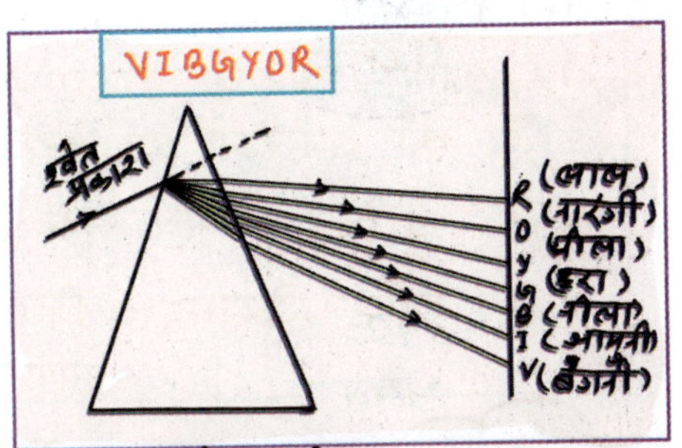

काँच का प्रिज्म

प्रिज्म ⇒ समांग पारदर्शी माध्यम जो दो समतल पृष्ठों से घिरा होता है।

वर्ण विक्षेपण ⇒ श्वेत प्रकाश का सात रंगों में विभक्त होना।

इन्द्रधनुष ⇒ परावर्तन, पूर्ण आंतरिक परावर्तन तथा अपवर्तन द्वारा वर्ण विक्षेपण

हरा + लाल ⇒ पीला
नीला + लाल ⇒ मैजेन्टा
नीला + हरा ⇒ मोरपंख नीला
हरा + लाल + नीला ⇒ सफेद

⇒ प्रकाश का प्रकीर्णन

- धूल - कणों से टकराकर प्रकाश के बिखरने की घटना
- तरंगदैर्ध्य कम, **प्रकीर्णन** अधिक

> - तरंगदैर्ध्य कम होने के कारण बैंगनी रंग का प्रकीर्णन सबसे अधिक
> - **तरंगदैर्ध्य अधिक होने के कारण लाल रंग का प्रकीर्णन सबसे कम**

उदाहरण

- आकाश का रंग नीला दिखाई देता है।
- सूर्योदय एवं सूर्यास्त के समय सूर्य का लाल दिखाई देता है।

मानव नेत्र

⇒ रक्तक पटल
- काले रंग की झिल्ली
- प्रकाश का अवशोषण

⇒ पुतली अथवा नेत्र तारा
- प्रकाश की मात्रा को नियंत्रित करना

⇒ दृढ़ पटल
- खोखला गोला
- व्यास = 25 मिमी
- आँख का सुरक्षा कवच

⇒ माँस पेशियाँ
- नेत्र लेंस की फोकस
- दूरी को कम या अधिक करना

⇒ रेटिना
- पारदर्शी झिल्ली
- प्रतिबिम्ब उल्टा एवं वास्तविक

⇒ नेत्र लेंस
- प्रोटीन का बना पारदर्शक
- मुलायम पदार्थ
- प्रकृति - अभिसारी

⇒ पीत बिन्दु
- रेटिना के केन्द्र पर वह बिन्दु जहां प्रतिबिंब अधिक स्पष्ट होता है।

⇒ कॉर्निया
- प्रकाश का प्रवेश मार्ग
- उभरा हुआ भाग
- पारदर्शी

⇒ आइरिस अथवा परितारिका
- रंगीन अपारदर्शक भाग
- पुतली के आकार को नियंत्रित करना

⇒ अन्ध बिन्दु
- प्रकाश की सुग्राहिता शून्य
- प्रतिबिम्ब दिखाई नहीं देता

समंजन क्षमता

वह क्षमता, जिसके कारण नेत्र लेंस फोकस दूरी को समायोजित कर नजदीक व दूर की वस्तुओं का स्पष्ट प्रतिबिम्ब बनता है।

- स्पष्ट दृष्टि की न्यूनतम दूरी = 25 cm, मानव नेत्र की क्षमता = 4D

दृष्टि विस्तार = निकट बिन्दु और दूर बिन्दु के बीच की दूरी = सामान्य नेत्र के लिए लगभग 25 cm से अनन्त।

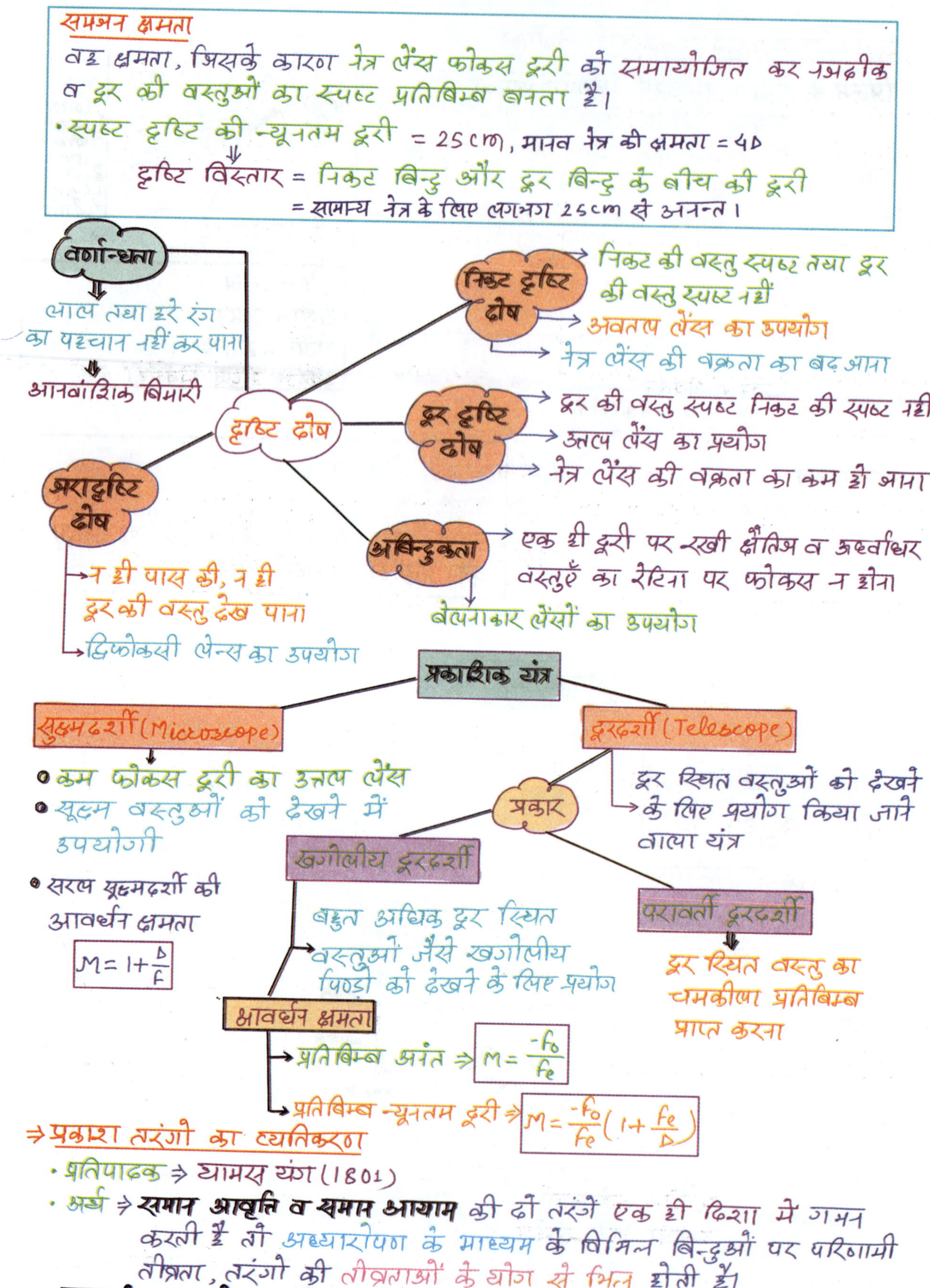

⇒ प्रकाश तरंगों का व्यतिकरण

- प्रतिपादक ⇒ थॉमस यंग (1801)
- अर्थ ⇒ **समान आवृत्ति व समान आयाम** की दो तरंगें एक ही दिशा में गमन करती हैं तो अध्यारोपण के माध्यम से विभिन्न बिन्दुओं पर परिणामी तीव्रता, तरंगों की तीव्रताओं के योग से भिन्न होती है।
- **साबुन के बुलबुलों का श्वेत प्रकाश में रंगीन दिखाई देना।**

⇒ प्रकाश तरंगों का विवर्तन

अर्थ ⇒ प्रकाश तरंगों के अवरोध अथवा छिद्र के तीक्ष्ण किनारों पर आंशिक रूप से मुड़ने की घटना

प्रकार

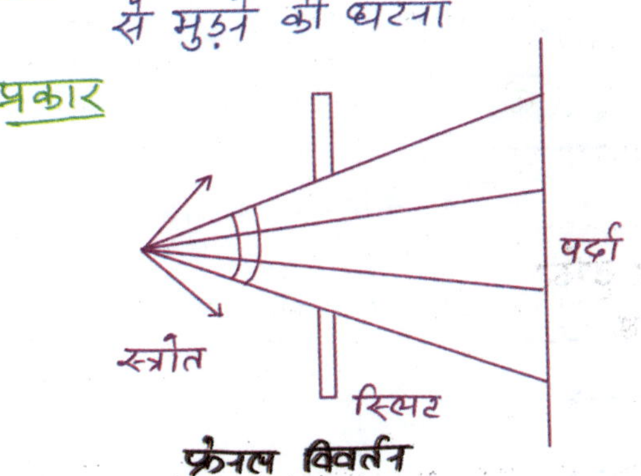

फ्रेनल विवर्तन

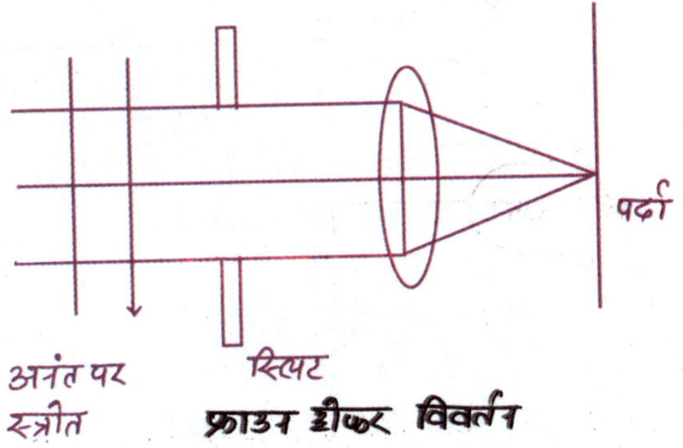

फ्राउन हॉफर विवर्तन

⇒ प्रकाश तरंगों का ध्रुवण

- प्रकाश तरंग का कंपन, प्रकाश संचरण की दिशा के लम्बवत होना
- अर्थ ⇒ अनुदैर्ध्य तथा अनुप्रस्थ तरंगों में अंतर स्थापित करने की परिघटना
- सत्यापन ⇒ अनुप्रस्थ तरंगों में ध्रुवण संभव, अनुदैर्ध्य (ध्वनि) तरंगों में नहीं

समतल ध्रुवित प्रकाश
↓
प्रकाश संचरण की दिशा के लम्बवत परंतु सभी दिशा में सममित रूप से न होकर केवल एक दिशा में संचरित

अध्रुवित प्रकाश ⇒ प्रकाश संचरण की दिशा के लम्बवत तल में प्रत्येक दिशा में सममित रूप से संचरित

⇒ प्रकाश विद्युत प्रभाव

- प्रतिपादक ⇒ आइंसटीन (1905)
- अर्थ ⇒ निश्चित या अधिक आवृत्ति के प्रकाश का धातु की सतह पर आपतित होने पर धातु के पृष्ठ से इलेक्ट्रॉनों के उत्सर्जित होने की घटना।

प्रकाश का फोटॉन (या क्वाण्टम) सिद्धांत

- प्रतिपादक ⇒ प्लांक (1900)
- अर्थ ⇒ किसी पदार्थ अथवा पृष्ठ द्वारा ऊर्जा का उत्सर्जन तथा अवशोषण सतत न होकर ऊर्जा के छोटे बण्डलों के रूप में होता है, जिन्हें फोटॉन कहते हैं।

$$\nu = \frac{c}{\lambda}$$

फोटॉन की ऊर्जा ⇒ $E = mc^2$ या $E = h\nu$

फोटॉन का संवेग ⇒ $P = \frac{h}{\lambda}$

12 अर्द्धचालक

अर्द्धचालक (semiconductor)

परिचय ⇒ वे ठोस पदार्थ जिनकी विद्युत चालकता चालकों से कम तथा कुचालकों से अधिक होती है।

अर्द्धचालक के प्रकार

① आंतर अथवा शुद्ध अर्द्धचालक

- कोई अपद्रव्य नहीं, ताप पर निर्भर
- प्रकृति में शुद्ध रूप में प्राप्त
- पदार्थ – जर्मेनियम तथा सिलिकॉन

② अपद्रव्यी या बाह्य अर्द्धचालक

- वे अर्द्धचालक जिनमें त्रिसंयोजी अथवा पंचसंयोजी अपद्रव्य मिलाकर इनकी विद्युत चालकता को बढ़ा दिया जाता है। ऐसे चालक को अपद्रव्यी चालक तथा इस क्रिया को मादन (Doping) कहा जाता है।

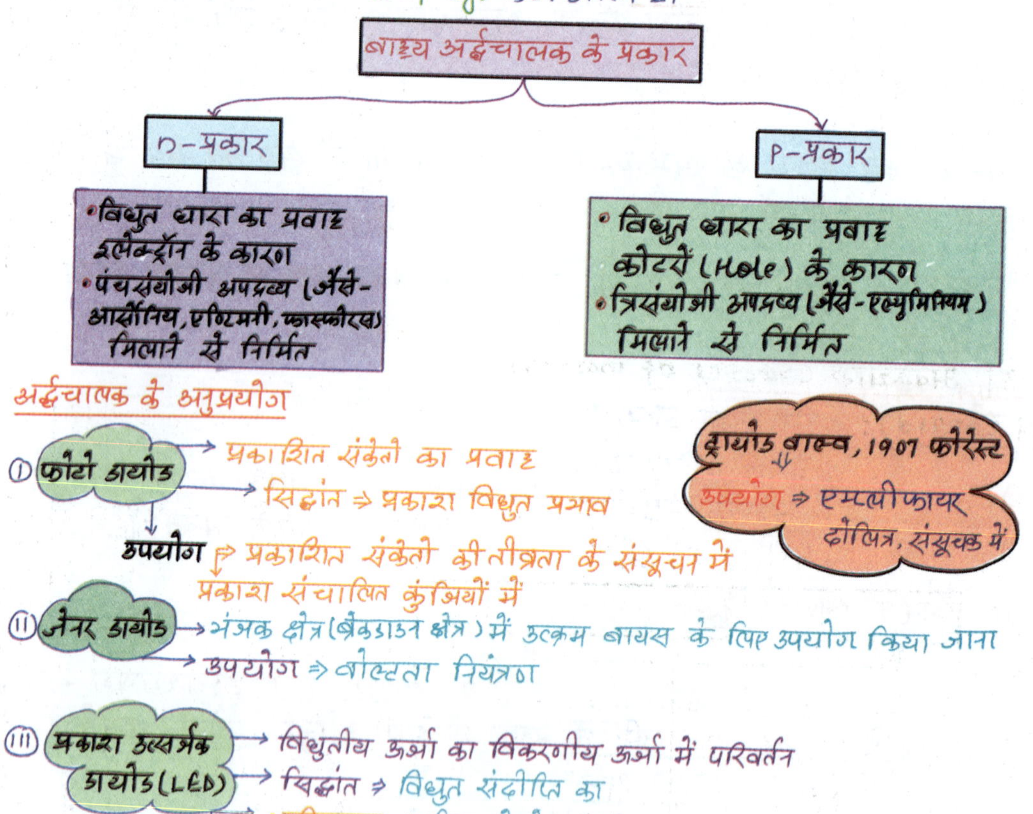

(iv) सौर सेल → सौर ऊर्जा का विद्युत ऊर्जा में रूपांतरण

→ सिद्धांत ⇒ फोटो वोल्टाइक प्रभाव के सिद्धांत

उपयोग ⇒ सुदूर क्षेत्रों में, विद्युत उत्पादन में, कृत्रिम उपग्रह की बैटरियों में

अर्द्धचालक सन्धि: एक दृष्टि में देखने के लिए QR कोड स्कैन करें

द्रव्य (पदार्थ) तथा द्रव्य की अवस्थाएँ

रसायन विज्ञान

द्रव्य (पदार्थ) (Matter) → अणुओं व परमाणुओं से निर्मित
- स्थान घेरता है
- द्रव्यमान होता है
- उदाहरण- जल, वायु आदि

पदार्थ के गुण:
- अणुओं के बीच रिक्त स्थान (अंतराण्विक स्थान)
- कण निरन्तर गतिमान
- कणों का परस्पर आकर्षण (अंतराणुक आकर्षण बल)

द्रव्य का वर्गीकरण (Classification of matter)

द्रव्य
- भौतिक वर्गीकरण
  - ठोस
  - द्रव
  - गैस
- रासायनिक वर्गीकरण
  - शुद्ध पदार्थ
    - तत्व
      - धात्विक
      - अधात्विक
    - यौगिक
      - कार्बनिक
      - अकार्बनिक
  - मिश्रण
    - समांगी
    - विषमांगी

द्रव्य की अवस्थाएँ (States of matter)

(i) ठोस (Solid):
- निश्चित आकार
- प्रबल अन्तराण्विक बल
- नगण्य सम्पीड्यता
- निश्चित आयतन व सीमा

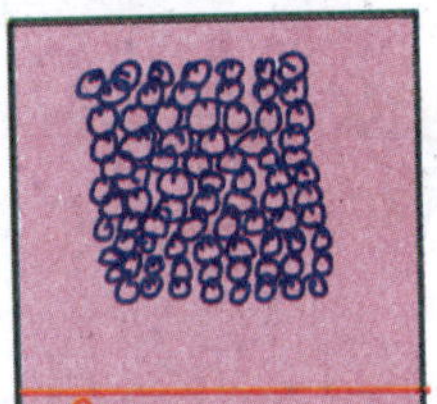

ठोस (Solid)

ठोस के प्रकार (Types of solid)

क्रिस्टलीय	अक्रिस्टलीय
• निश्चित आकृति	• अनिश्चित आकृति
• निश्चित गलनांक	• अनिश्चित गलनांक
• विषमदैशिक उदाहरण - क्वार्ट्ज	• समदैशिक; उदाहरण - काँच, प्लास्टिक

प्रकार : (i) आयनिक ठोस

Cl^- Na^+

($NaCl$)

(ii) आण्विक ठोस ($H_2O(s)$)

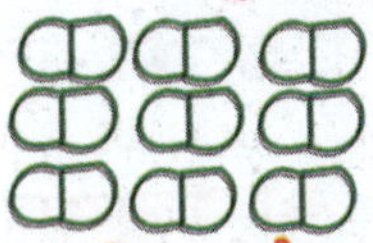

आण्विक ठोस

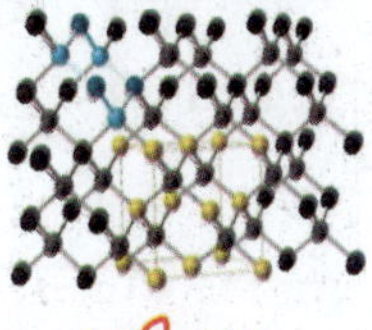

(iii) सहसयोजक

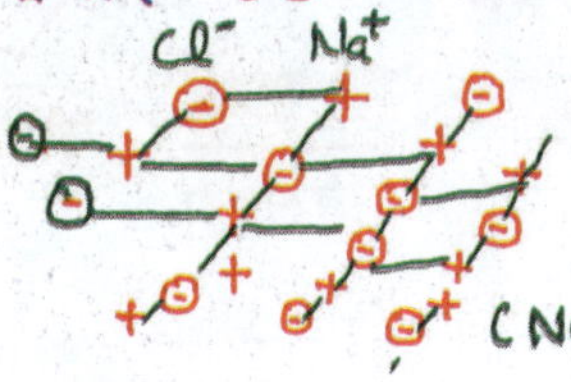

(हीरा)

(iv) धात्विक

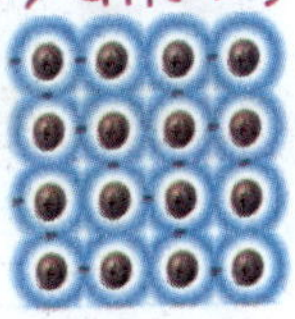

(धातु Ag, Fe)

ताप व दाब का प्रभाव:
तापमान बढ़ने पर - • आकर्षण बल (↓)
• कणों की गति (↑)
• स्थान (↑)
दाब परिवर्तन का प्रभाव-
गैस —दाब वृद्धि→ ठोस
ठोस —दाब में कमी→ गैस

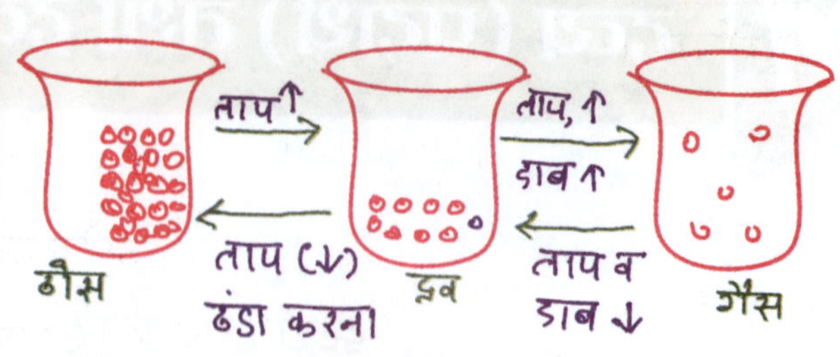

(ii) द्रव (Liquid):
- निश्चित आकार नहीं
- ठोस की अपेक्षा कम अन्तराण्विक बल
- सम्पीड़यता (ठोस से अधिक)
- निश्चित आयतन

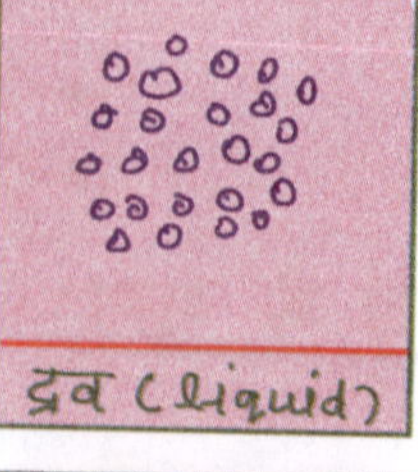
द्रव (Liquid)

(iii) गैस (Gas):
- अनिश्चित आकार
- दुर्बल अन्तराण्विक बल
- अत्यधिक सम्पीड़्य
- अनिश्चित आयतन

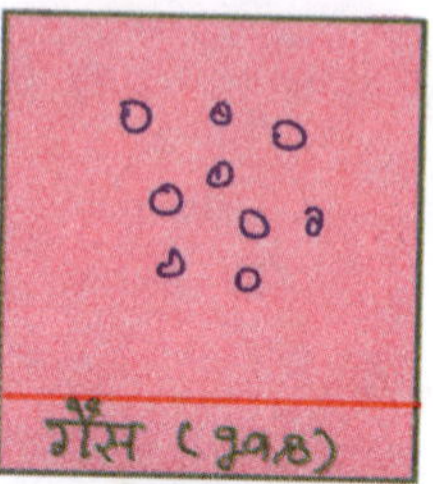
गैस (gas)

(iv) प्लाज्मा (Plasma):
गैस के उत्तेजित कण → आयनिक अवस्था में
गैस —ताप में वृद्धि, Δ→ प्लाज्मा
आयनीकरण

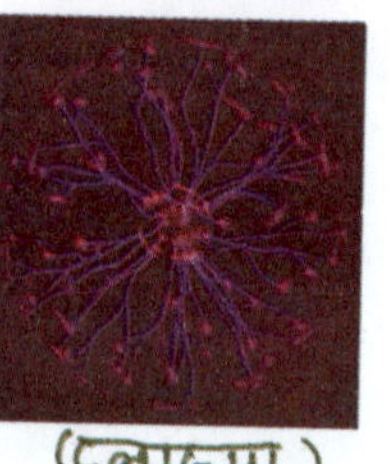
(प्लाज्मा)

(v) बोस-आइंसटीन कण्डनसेट (Bose-einstien Condensate):

खोज-सत्येन्द्र बोस तथा अल्बर्ट आइन्सटीन (1924)
बोसोन की तनु गैस → परम शून्य ताप (0 K या − 273°C)
└ बोस-आइन्सटीन कण्डनसेट
- एरिक कार्नेल (2001) → रूबीडियम 85
└ भौतिकी नोबेल └ अणु (बोसोन) 0°C + 273 = K

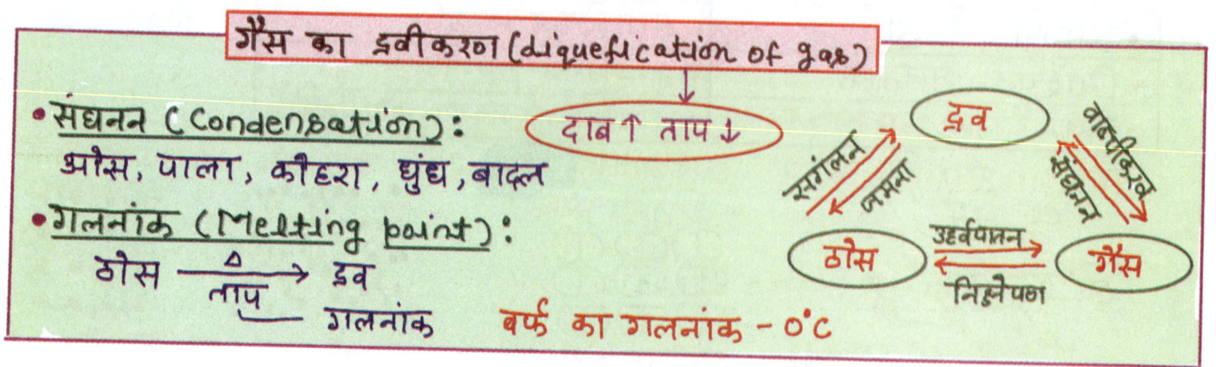

गैस का द्रवीकरण (Liquefication of gas)
↓
दाब ↑ ताप ↓

- **संघनन (Condensation):**
ओस, पाला, कोहरा, धुंध, बादल
- **गलनांक (Melting point):**
ठोस —Δ ताप→ द्रव
└ गलनांक बर्फ का गलनांक - 0°C

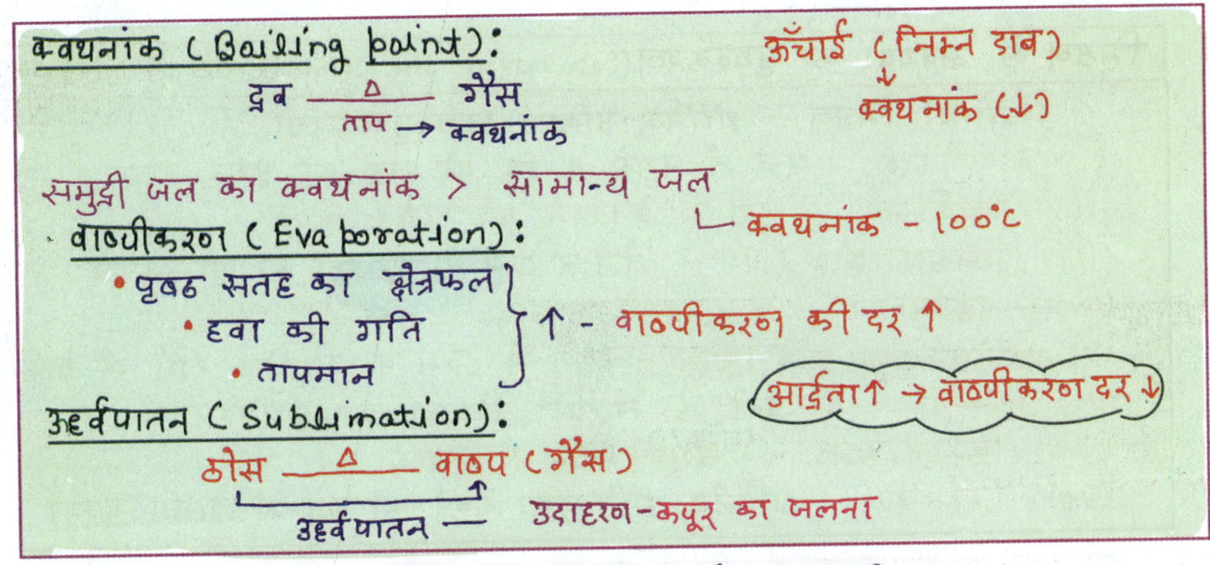

शुद्ध पदार्थ
- → एक ही प्रकार के कण उपस्थित
- → किसी भी स्रोत से प्राप्त - अभिलाक्षणिक गुण समान

उदाहरण - नमक, शक्कर आदि

तत्व

- एक ही परमाणु से निर्मित
- सरल पदार्थों (घटकों) में विभक्त नहीं

उदाहरण - लोहा, ताँबा, सोना आदि

भूपर्पटी में तत्वों की मात्रा (%)	वायुमंडल में तत्वों की मात्रा (%)
O_2 - 46.8	N_2 - 78
Si - 27.7	O_2 - 21
Al - 8, Fe - 5	CO_2 - 0.03

यौगिक

- निश्चित अनुपात में दो या अधिक तत्वों का संयोग
- सरल पदार्थों में विभक्त
  ↓
  रासायनिक/विद्युत अभिक्रिया द्वारा

उदाहरण - H_2O, NaCl, $CaCO_3$

$2H_2 + O_2 \rightarrow 2H_2O$ (1:8)

मिश्रण (Mixture)
- → घटकों का अनुपात निश्चित नहीं
- → दो या दो से अधिक पदार्थ
  └ संयोजन → मिश्रण

समांगी मिश्रण

→ समान संघटन

जल में चीनी

अणु का आकार < 1 nm

प्रकाश प्रकीर्णन – X

जल + चीनी → चीनी व जल का मिश्रण

विषमांगी मिश्रण → असमान संघटन

- पदार्थों का संघटन व गुण असमान
- अणु का आकार > 10 nm
- प्रकाश प्रकीर्णन → (✓) (टिण्डल प्रभाव)

उदाहरण - जल में तेल, चीनी तथा नमक

जल + रेत → जल, रेत

मिश्रण के अवयवों का पृथक्करण (Separation the components of mixture)

विषमांगी मिश्रण – भौतिक प्रक्रिया द्वारा पृथक्करण

(i) वाष्पीकरण – जल से नमक व इंक से डाइ को पृथक करना
(ii) अपकेन्द्रण – दूध से मक्खन को पृथक करना
(iii) पृथक्कारी कीप द्वारा – तेल व जल के मिश्रण का पृथक्करण
(iv) उर्ध्वपातन – कपूर का पृथक्करण (विशुद्ध यौगिकों से)
(v) वर्णलेखन अथवा क्रोमैटोग्राफी – रक्त से ड्रग्स व प्राकृतिक रंगों से वर्णक
(vi) आसवन – द्वी द्रवों के समांगी मिश्रण का पृथक्करण
(vii) क्रिस्टलीकरण – समुद्री जल से नमक
(viii) निस्तारण – अविलेय, अतिसूक्ष्म कणों को द्रव से अलग करना

द्रव्यमान से संबंधित पारिभाषिक शब्द (mass related terms)

- परमाणु द्रव्यमान, 1 amu = 1.66056×10^{-24} g.
- आण्विक द्रव्यमान = विभिन्न तत्वों के परमाणु द्रव्यमान का योग

H_2O = 2 × हाइड्रोजन का परमाणु द्रव्यमान + 1 × ऑक्सीजन का परमाणु द्रव्यमान

= 2 × 1.008 + 1 × 16 = 18.02

$$\text{तुल्यांकी भार} = \frac{\text{आण्विक द्रव्यमान (अणुभार)}}{\text{संयोजकता}}$$

$$\text{विलयन की सान्द्रता} = \frac{\text{विलेय की मात्रा}}{\text{विलयन की मात्रा}}$$

- $$\text{द्रव्यमान \%} = \frac{\text{विलेय का द्रव्यमान} \times 100}{\text{विलयन का द्रव्यमान}}$$

भौतिक व रासायनिक परिवर्तन (Physical & chemical changes)

भौतिक परिवर्तन	रासायनिक परिवर्तन
उत्क्रमणीय, नया पदार्थ नहीं बनता	अनुत्क्रमणीय (नए पदार्थ का निर्माण)
उदाहरण - बर्फ का पिघलना, पेन्सिल टूटना पेपर फाड़ना आदि	उदाहरण - लकड़ी का जलना माचिस का जलना, दूध से दही बनना

मोमबत्ती का जलना - भौतिक व रासायनिक परिवर्तन दोनों

मोल संकल्पना

- पदार्थ की वह मात्रा जिसका भार ठीक इसके ग्राम में सूत्रभार के बराबर है अथवा पदार्थ (गैस) की वह मात्रा जिसका STP पर आयतन 22.4 L हो।

$$\text{मोल की संख्या} = \frac{\text{पदार्थ की मात्रा (ग्राम में)}}{\text{आण्विक भार / परमाण्विक भार (ग्राम में)}}$$

गैस नियम

- गैस अणुओं के मध्य आकर्षण बल नगण्य
- गैसों के मापनीय गुणों (दाब, आयतन, ताप तथा द्रव्यमान) के मध्य संबंध दर्शाने वाले नियम

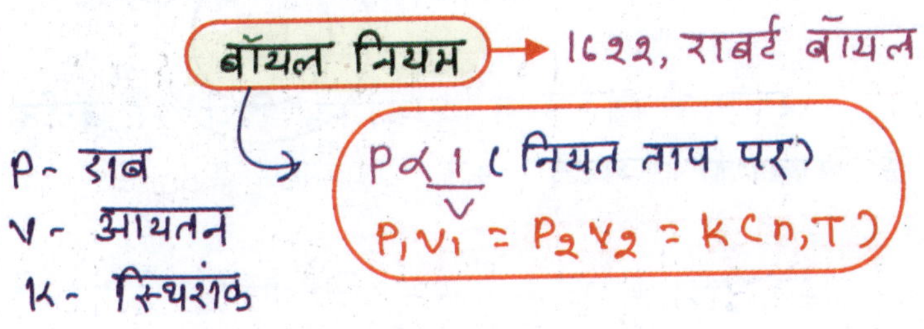

बॉयल नियम → 1622, राबर्ट बॉयल

$P \propto \frac{1}{V}$ (नियत ताप पर)

$P_1V_1 = P_2V_2 = K(n, T)$

P - दाब

V - आयतन

K - स्थिरांक

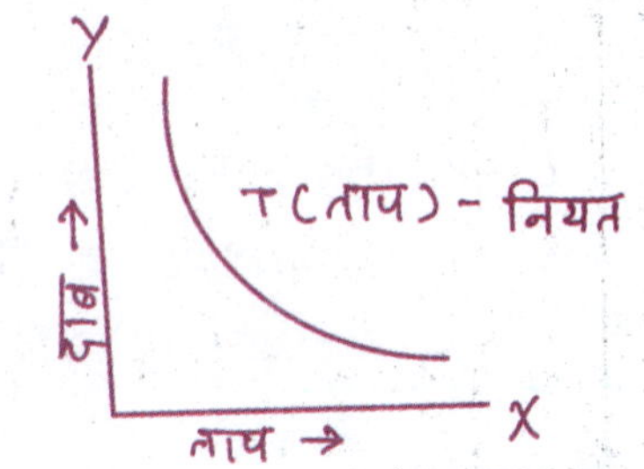

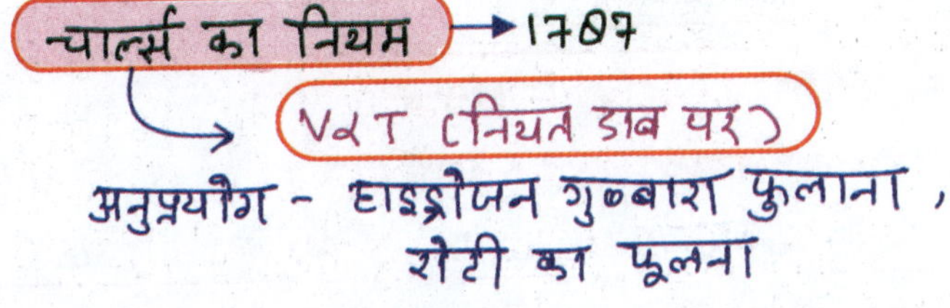

चार्ल्स का नियम → 1787

$V \propto T$ (नियत दाब पर)

अनुप्रयोग - हाइड्रोजन गुब्बारा फुलाना, रोटी का फूलना

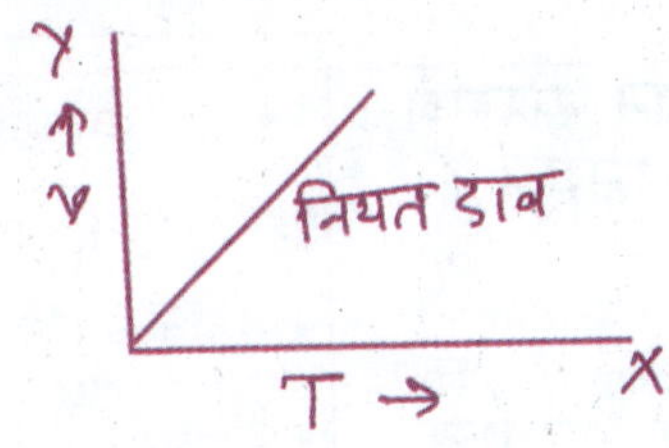

गै-लुसैक का नियम → 1809

$P \propto T$

P →

नियत द्रव्यमान

T →

डाल्टन का आंशिक दाब नियम

कुल दाब P_t = गैसों का आंशिक दाब $P_A + P_B + P_C$

P(कुल) $= P_1 + P_2$ (आंशिक दाब)

P_A, P_B, P_C – A, B, C गैसीय अवयवों के आंशिक दाब

02 परमाणु संरचना

परमाणु (Atom)

- ग्रीक भाषा का शब्द
- खोज व नाम - डेमोक्रिटस
- पदार्थ का सूक्ष्मतम कण
- अविभाज्य व रासायनिक अभिक्रिया में भाग

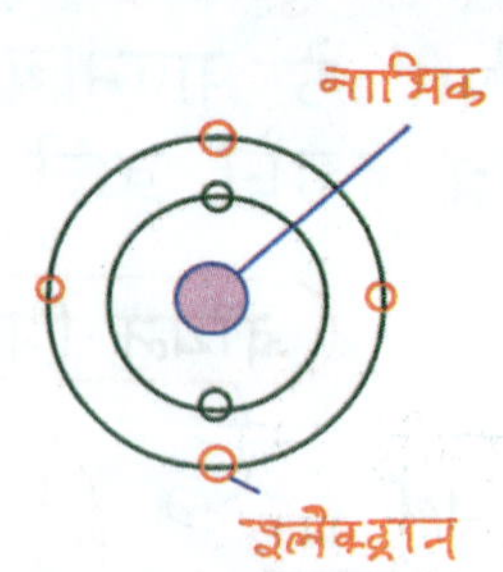

परमाणु पदार्थ का अविनाशी कण - महर्षि कणाद

रासायनिक संयोजन के नियम

द्रव्यमान संरक्षण का नियम	• एण्टोनी लैवॉइजर द्वारा 1789 में • "द्रव्य का न ही निर्माण किया जा सकता है न ही नष्ट" • अभिकारकों का कुल द्रव्यमान = उत्पादों का कुल द्रव्यमान
स्थिर अनुपात का नियम	• जोसैफ प्राउस्ट द्वारा 1799 में • किसी यौगिक में तत्वों के द्रव्यमानों का अनुपात सदैव समान होता है। उदाहरण - विभिन्न स्थानों के जल में H व O का भार 2:16 या 1:8 इसे 'निश्चित संघटन का नियम' भी कहा जाता है।
गुणित अनुपात का नियम	• डाल्टन द्वारा 1803 में • यदि दो तत्व संयोजित होकर एक से अधिक यौगिक बनाते हैं तो एक तत्व के साथ दूसरे तत्व के संयुक्त होने वाले द्रव्यमान छोटे पूर्णांकों के अनुपात में होते हैं

परमाणु से संबंधित प्रमुख सिद्धांत

परमाणु सिद्धांत के जनक
↳ जॉन डॉल्टन

डाल्टन का परमाणु सिद्धांत वर्ष - 1808	• रासायनिक संयोजन नियमों पर आधारित • द्रव्य अविभाज्य सूक्ष्मतम कण (परमाणु) से बना है। • समान तत्वों के परमाणुओं के द्रव्यमान तथा रासायनिक गुणधर्म समान व भिन्न तत्वों के भिन्न होते हैं। • अभिक्रिया के बाद उत्पाद का द्रव्यमान अपरिवर्तित (द्रव्यमान संरक्षण का नियम) $O + H \longrightarrow H_2O$ आक्सीजन (16 ईकाई) हाइड्रोजन (2 इकाई) जल (18 ईकाई)

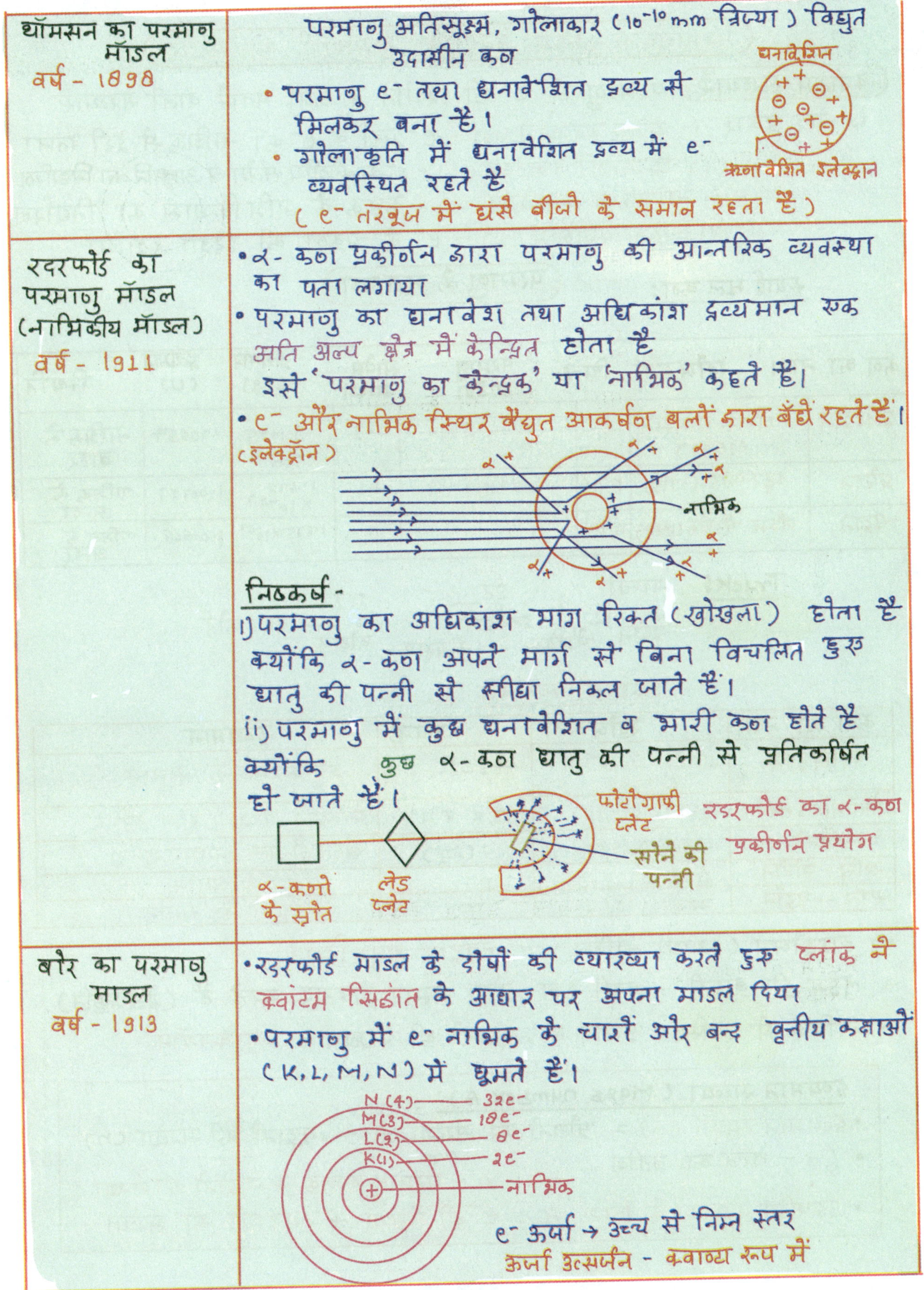

थॉमसन का परमाणु मॉडल वर्ष - 1898	परमाणु अतिसूक्ष्म, गोलाकार (10^{-10} mm त्रिज्या) विद्युत उदासीन कण • परमाणु e^- तथा धनावेशित द्रव्य से मिलकर बना है। • गोलाकृति में धनावेशित द्रव्य में e^- व्यवस्थित रहते हैं (e^- तरबूज में धंसे बीजों के समान रहता है) धनावेशित ऋणावेशित इलेक्ट्रान
रदरफोर्ड का परमाणु मॉडल (नाभिकीय मॉडल) वर्ष - 1911	• α- कण प्रकीर्णन द्वारा परमाणु की आन्तरिक व्यवस्था का पता लगाया • परमाणु का धनावेश तथा अधिकांश द्रव्यमान एक अति अल्प क्षेत्र में केन्द्रित होता है इसे 'परमाणु का केन्द्रक' या 'नाभिक' कहते है। • e^- (इलेक्ट्रॉन) और नाभिक स्थिर वैद्युत आकर्षण बलों द्वारा बँधे रहते हैं। नाभिक निष्कर्ष- i) परमाणु का अधिकांश भाग रिक्त (खोखला) होता है क्योंकि α- कण अपने मार्ग से बिना विचलित हुए धातु की पन्नी से सीधा निकल जाते हैं। ii) परमाणु में कुछ धनावेशित व भारी कण होते हैं क्योंकि कुछ α- कण धातु की पन्नी से प्रतिकर्षित हो जाते हैं। फोटोग्राफी प्लेट सोने की पन्नी α- कणो के स्रोत लेड प्लेट रदरफोर्ड का α- कण प्रकीर्णन प्रयोग
बोर का परमाणु माडल वर्ष - 1913	• रदरफोर्ड माडल के दोषों की व्याख्या करते हुए प्लांक ने क्वांटम सिद्धांत के आधार पर अपना माडल दिया • परमाणु में e^- नाभिक के चारों और बन्द वृत्तीय कक्षाओं (K, L, M, N) में घूमते हैं। N(4) — $32e^-$ M(3) — $18e^-$ L(2) — $8e^-$ K(1) — $2e^-$ नाभिक e^- ऊर्जा → उच्च से निम्न स्तर ऊर्जा उत्सर्जन - क्वाण्टा रूप में

परमाणुकता - किसी तत्व में परमाणुओं की संख्या

क्वांटम संख्याएँ परमाणु में e^- की स्थिति व ऊर्जा बताने वाली संख्याएँ
↳ चार प्रकार (i) मुख्य क्वाण्टम (n) - e^- ऊर्जा व e^- की नाभिक से दूरी बताना
(ii) द्विगांशी क्वाण्टम (l) - e^- के कोणीय संवेग व आकृति का निर्धारण
(iii) चुम्बकीय क्वाण्टम (m) - कक्षक के अभिविन्यास का निर्धारण
(iv) चक्रण क्वाण्टम (S) - e^- के चक्रण की दिशा दर्शाना

परमाणु के मूल कण

स्थाई मूल कण:

कण का नाम	खोजकर्ता	चिन्ह	परमाणु आवेश	सापेक्ष आवेश	द्रव्यमान (kg)	द्रव्यमान (u)	स्थिति
इलेक्ट्रॉन	जे.जे. थामसन (1897)	e^-	-1.0622×10^{-19}	-1	9.1095×10^{-31}	.00054	नाभिक के बाहर
प्रोटान	रदरफोर्ड (1919)	$p^+_1, {}_1H^1$	1.6022×10^{-19}	+1	1.672×10^{-27}	1.00727	नाभिक के अन्दर
न्यूट्रान	जेम्स चैडविक (1932)	$n, {}_0n^1$	0	0	1.675×10^{-27}	1.00868	नाभिक के अन्दर

Trick: नाचो ईट पर
नाचो → न्यूट्रॉन, चैडविक
ईट → इलेक्ट्रान, टॉमसन
पर → प्रोटान, रदरफोर्ड

अस्थायी मूल कण

कण का नाम	खोजकर्ता	चिन्ह	द्रव्यमान
पॉजिट्रान	सी.डी. एण्डरसन (1932)	$+1e^0$	इलेक्ट्रान के समान
मेसॉन (पाई मेसॉन)	युकावा (1935)	π^+, π^- व π^0	इलेक्ट्रान से 274 गुना अधिक
न्यूट्रिनो	पाउली (1930)	ν (न्यू)	बहुत ही अल्प (लगभग शून्य)
एन्टि - प्रोटॉन	सैगरे (1955)	p^-	प्रोटान के समान
एन्टि - न्यूट्रॉन	कार्क (1956)	—	न्यूट्रान के समान

→ हाइड्रोजन (स्थायी नाभिक) - न्यूट्रॉन अनुपस्थित
→ लुईस डी- ब्रॉग्ली - सभी कण, तरंग समान व्यवहार करते हैं (द्वैत प्रकृति)
→ नाभिक में उपस्थित प्रोटान व न्यूट्रानों की संख्या = न्यूक्लियॉन

द्रव्यमान संख्या (Mass number, A):

- द्रव्यमान संख्या (A) = प्रोटानों की संख्या (P) + न्यूट्रानों की संख्या (n)
  or
  A = परमाणु क्रमांक + न्यूट्रानों की संख्या
- ${}^A_ZX$ - तत्व का प्रतीक
- उदासीन परमाणु के लिए A = e^- की संख्या + न्यूट्रानों की संख्या

समस्थानिक, समभारिक एवं समन्यूट्रानिक

समस्थानिक	समभारिक	समन्यूट्रानिक
• परमाणु क्रमांक - समान द्रव्यमान - भिन्न-भिन्न • उदाहरण - हाइड्रोजन के समस्थानिक $_1H^1$ → प्रोटियम $_1H^2$ → ड्यूटीरियम $_1H^3$ → ट्राइटीयम	• द्रव्यमान संख्या (न्यूक्लियान) समान तथा परमाणु क्रमांक भिन्न • उदाहरण - $_{18}Ar^{40}$, $_{19}K^{40}$ $_{20}Ca^{40}$	• न्यूट्रानों की संख्या समान • उदाहरण - $_1H^3$ तथा $_2He^4$ दोनों में न्यूट्रानों की संख्या 2 है।

$_1H^3$ (ट्राईटियम) - सबसे हल्का समस्थानिक → रेडियोएक्टिव
सबसे भारी स्थायी समस्थानिक - लैड (Pb) - 208
→ द्रव्यमान - 207.974 u
Sc स्कैन्डियम - 13 (समस्थानिक)
सबसे अधिक समस्थानिकों वाला तत्व - पोलोनियम (Po)

इलेक्ट्रानिक विन्यास (Electronic configuration)

• किसी परमाणु की विभिन्न कक्षाओं, उप कक्षाओं तथा कक्षकों में इलेक्ट्रानों की व्यवस्था।
• इसे 2, 8, 8, 18, 18, 32 या nl^x के रूप में लिखते हैं।
(n - मुख्य क्वान्टम संख्या l = द्विगांशी क्वान्टम संख्या x = e^- की संख्या)
• n कक्षा में इलेक्ट्रानों (e^-) की संख्या = $2n^2$

इलेक्ट्रानिक विन्यास से संबंधित नियम

ऑफबाउ सिद्धांत उप-कक्षकों में इलेक्ट्रानों का क्रमिक प्रवेश
उत्पत्ति - जर्मन मुहावरा (Aufbau Prinzip) से
└ अर्थ - एक-एक कर जोड़ने का सिद्धांत व निर्माण
• इलेक्ट्रान कक्षकों में ऊर्जा के बढ़ते क्रम में भरे जाते हैं।
1s < 2s < 2p < 3s < 3p < 4s < 3d < 4p < 5s < 4d < 5p < 6s

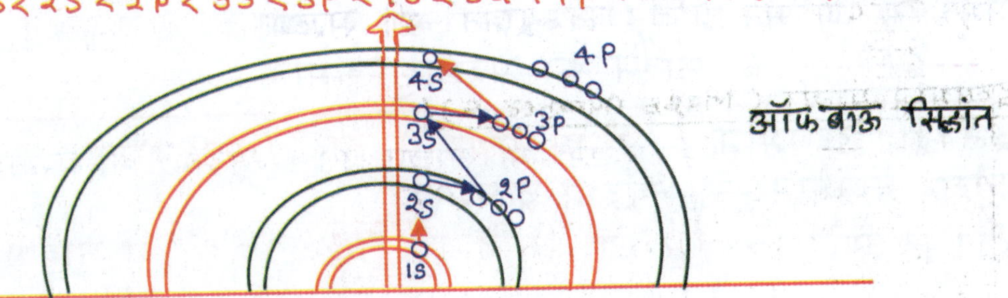

पाउली का अपवर्जन नियम (क्वाण्टम यान्त्रिकी सिद्धांत)

किन्हीं दो समान फर्मिऑन (वे कण जो अर्द्ध-चक्रण रखते हैं) की चारों क्वाण्टम संख्या के मान समान नहीं हो सकते।

- यदि दो इलेक्ट्रानों के n, l तथा m के मान समान हों, तो उनमें एक के लिए s का मान = +1/2, दूसरे के लिए s = -1/2 होगा

अर्द्धपूरित तथा पूर्ण पूरित कक्षकों का स्थायित्व

$_{24}Cr$ - $1s^2, 2s^2, 2p^6, 3s^2, 3p^6, 3d^4, 4s^2$ (ऑफबाऊ)
$1s^2, 2s^2, 2p^6, 3s^2, 3p^6, 3d^5, 4s^1$ (वास्तविक)

$_{29}Cu$ - $1s^2, 2s^2, 2p^6, 3s^2, 3p^6, 3d^9, 4s^2$ (आफबाऊ)
$1s^2, 2s^2, 2p^6, 3s^2, 3p^6, 3d^{10}, 4s^1$ (वास्तविक)

हुण्ड का अधिकतम बहुलता का नियम

(उच्चतम गुणन का नियम)

- दो या दो से अधिक समान ऊर्जा वाले कक्षकों में इलेक्ट्रानों का युग्मन केवल तभी सम्भव है जब प्रत्येक कक्षक में एक-एक इलेक्ट्रान भर जाए।

उदाहरण: p उपकोश में 6 इलेक्ट्रान निम्न प्रकार प्रवेश करते हैं

p1	↑			p4	↑↓	↑	↑
p2	↑	↑		p5	↑↓	↑↓	↑
p3	↑	↑	↑	p6	↑↓	↑↓	↑↓

↑↓ ↑↓ ↑ ↑ ↑ (✓)
↑↓ ↑↓ ↑↓ ↑ _ (X)

समइलेक्ट्रानिक (Isoelectronic)

- इलेक्ट्रानों की समान संख्या

Ne, Na^+, Mg^{2+} तथा Al^{3+} — समइलेक्ट्रानिक

परमाणु क्रमांक - (Atomic Number, Z) - परमाणु का मूलभूत गुण

Z = प्रोटानों की संख्या

उदासीन परमाणु में Z = इलेक्ट्रानों की संख्या

$_6C$ = 6, कार्बन का परमाणु क्रमांक

- इलेक्ट्रान द्रव्यमान = प्रोटान द्रव्यमान का 1/1836 गुना
- प्रोटान द्रव्यमान = न्यूट्रान द्रव्यमान
- तैल बूंद प्रयोग → आर. ए. मिलिकन (1909) = e^- का आवेश = 1.602×10^{-19} कूलाम

03 तत्वों का आवर्त्ती वर्गीकरण

डाबेराइनर का त्रिक नियम

→ वुल्फ गांग डाबेराइनर 1829

समूह I		समूह II		समूह III	
तत्व	भार	तत्व	भार	तत्व	भार
Li	7	Ca	40	Cl	35.5
Na	23	Sr	87.5	Br	80
K	39	Ba	137	I	127

तत्व :	Li	Na	K
परमाणु भार	7	23	39

Na का परमाणु भार $= \frac{7+39}{2} = 23$

तीन समान गुण धर्म वाले तत्व

↳ परमाणु भार आरोही क्रम

- बीच वाले तत्व का परमाणु भार = शेष दो तत्वों के परमाणु भार का औसत

न्यूलैंड्स का अष्टक नियम

→ जान न्यूलैंड्स, 1864 इंग्लैंड

→ परमाणु द्रव्यमान का बढ़ता क्रम

संगीत स्वरों पर आधारित

Sa (do)	Re (re)	Ga (mi)	Ma (fa)	Pa (so)	Da (la)	Ni (ti)
H	Li	Be	B	C	N	O
F	Na	Mg	Al	Si	P	S
Cl	K	Ca	Cr	Ti	Mn	Fe
Co/Ni	Cu	Zn	Y	In	As	Se
Br	Rb	Sr	Ce/La	Zr	–	–

प्रत्येक 8 वें तत्व के गुणधर्म = पहले तत्व के गुणधर्म

- कैल्शियम तक लागू
- 56 ज्ञात तत्व
- अक्रिय गैस की खोज के बाद असफल

आवर्त सारणी

- → तत्वों के गुणों के आधार पर सारणिक व्यवस्था
- → क्षैतिज स्तम्भ → आवर्त (7)
- → उर्ध्वाधर स्तम्भ → समूह या वर्ग (18)

मेण्डलीफ की आवर्त सारणी

- डी. आई. मेण्डलीफ, 1869

आधुनिक आवर्त सारणी

हेनरी मौसले 1913

आवर्त सारणी

मेण्डलीफ की आवर्त सारणी

- तत्वों के भौतिक व रासायनिक गुण
  - ↳ परमाणु भार के आवर्ती फलन
- परमाणु द्रव्यमान पर आधारित
- 7 आवर्त, 9 वर्ग, कुल ज्ञात तत्व - 63
- अक्रिय गैस (शून्य समूह) अनुपस्थित
- आवर्त नियम पर आधारित
- हाइड्रोजन और समस्थानिकों का स्थान निश्चित नहीं

मूल आवर्त सारणी का नये तत्वों की खोज में महत्व

दिए गये नाम	आधुनिक नाम
एका - बोरान	स्कैंडियम
एका - एल्यूमीनियम	गैलियम
एका - सिलिकन	जर्मेनियम

आधुनिक आवर्त सारणी

- आधुनिक आवर्त नियम पर आधारित
- तत्वों के भौतिक व रासायनिक गुण उनके परमाणु क्रमांकों के आवर्ती फलन

तत्वों के गुणों (परमाणु आकार, संयोजकता, धात्विक व अधात्विक) में आवर्तिता दर्शाना

- 18 समूह उपस्थित
- प्रथम समूह तत्व - क्षार धातु
- द्वितीय समूह तत्व - क्षारीय मृदा धातु
- 3 - 12 (d ब्लाक संक्रमण तत्व)
- 15 वां समूह - निक्टोजन
- 16 वां, 17 वां व 18 वां समूह - कैल्कोजन, हैलोजन व उत्कृष्ट गैस
- लैन्थेनाइड (58-71) - आवर्त - 6
- एक्टिनाइड (90-103) - आवर्त - 7
  (14 तत्व सम्मिलित)

} आन्तरिक संक्रमण तत्व F - ब्लाक

आवर्त सारणी का दीर्घ रूप

(ऑफ बाऊ सिद्धांत का ग्राफीय निरूपण)

- तत्वों के इलेक्ट्रानिक विन्यास पर आधारित
- 118 तत्व उपस्थित
- आवर्त सारणी में ज्ञात रासायनिक तत्वों में से 11 सामान्य वायुमंडलीय परिस्थितियों में गैसीय रूप में उपस्थित होते हैं।
- चौथे समूह व चौथे आवर्त में टाइटेनियम Ti (22) को रखा गया है।

आवर्ती गुणधर्म (Periodic properties)

किसी समूह या आवर्त के अनुदिश एक निश्चित क्रम में परिवर्तित

गुण धर्म	वर्ग (ऊपर से नीचे)	आवर्त (बाएँ से दाएँ)
• विद्युत ऋणात्मकता (e^- को आकर्षित करने की क्षमता)	घटती है फ्लोरीन - सबसे अधिक	बढ़ती है
• इलेक्ट्रान बंधुता (e^- जोड़ने पर मुक्त होने वाली ऊर्जा)	घटती है (क्लोरीन e^- बंधुता उच्चतम)	बढ़ती है 2, 15, 18 समूह तत्व e^- बंधुता - 0 या धनात्मक
• परमाणु आकार	बढ़ता है (कक्षाओं की संख्या बढ़ने से)	घटता है क्षार धातु सबसे बड़ा हैलोजन - सबसे छोटा
• संयोजकता (तत्व की संयोजन क्षमता) (e^- की संख्या)	समान रहती है	बढ़ती है
• आयनन ऊर्जा (विलगित गैसीय परमाणु बाह्य कक्षक से e^- निकालने के लिए आवश्यक ऊर्जा	घटती है	बढ़ती है
• धात्विक गुण	बढ़ता है	–

महत्वपूर्ण तथ्य:

- छोटा तत्व - H (हाइड्रोजन) • बड़ा तत्व - Cs (सीजियम)
- हल्की धातु - लीथियम • उच्चतम गलनांक - टंगस्टन
- आवर्त सारणी के जनक - डी. आई. मेण्डलीफ
- समूह (वर्ग) - 18 (अक्रिय या निष्क्रिय गैसें)

s-ब्लॉक तत्व — d-ब्लॉक तत्व — p-ब्लॉक तत्व

समूह → 1 … 17, 18 (दीर्घ सारणी के लिए नये संकेतक)

IA … VIIA, 0 (शून्य) आधुनिक आवर्त सारणी के अनुसार

अवस्था: गैस G, द्रव L, ठोस S, प्रकृति में अनुपस्थित X

G 8 (परमाणु क्रमांक), O (प्रतीक), Oxygen (नाम), 15.9994 (परमाणु द्रव्यमान)

आवर्त ↓	1 IA	2 IIA	3 IIIB	4 IVB	5 VB	6 VIB	7 VIIB	8 VIII	9 VIII	10 VIII	11 IB	12 IIB	13 IIIA	14 IVA	15 VA	16 VIA	17 VIIA	18 0 (शून्य)
1	1 S H Hydrogen 1.008																1 G H Hydrogen 1.006	2 G He Helium 4.003
2	3 S Li Lithium 6.941	4 S Be Beryllium 9.0121											5 S B Boron 10.811	6 S C Carbon 12.011	7 G N Nitrogen 14.007	8 G O Oxygen 15.999	9 G F Fluorine 18.998	10 G Ne Neon 20.180
3	11 S Na Sodium 22.990	12 S Mg Magnesium 24.305											13 S Al Aluminium 26.962	14 S Si Silicon 28.086	15 S P Phosphorus 30.914	16 S S Sulphur 32.066	17 S Cl Chlorine 35.453	18 S Ar Argon 39.948
4	19 S K Potassium 39.098	20 S Ca Calcium 40.079	21 S Sc Scandium 44.956	22 S Ti Titanium 47.867	23 S V Vanadium 50.942	24 S Cr Chromium 51.996	25 S Mn Manganese 54.938	26 S Fe Iron 55.845	27 S Co Cobalt 58.933	28 S Ni Nickel 58.693	29 S Cu Copper 63.546	30 S Zn Zinc 65.39	31 S Ga Gallium 69.723	32 S Ge Germanium 72.61	33 S As Arsenic 7.822	34 S Se Selenium 78.96	35 L Br Bromine 79.904	36 G Kr Krypton 83.30
5	37 S Rb Rubidium 85.468	38 S Sr Strontium 87.62	39 S Y Yttrium 88.906	40 S Zr Zirconium 91.224	41 S Nb Niobium 92.906	42 S Mo Molybdenum 95.94	43 S Tc Technetium (98)	44 S Ru Ruthenium 101.07	45 S Rh Rhodium 102.906	46 S Pd Palladium 106.42	47 S Ag Silver 107.868	48 S Cd Cadmium 112.411	49 S In Indium 114.818	50 S Sn Tin 118.710	51 S Sb Antimony 121.80	52 S Te Tellurium 177.60	53 S I Iodine 125.904	54 G Xe Xenon 131.29
6	55 S Cs Cesium 132.505	56 S Ba Barium 137.327	57 S La* Lanthanum 138.906	72 S Hf Hafnium 178.49	73 S Ta Tantalum 180.948	74 S W Tungsten 183.84	75 S Re Rhenium 186.207	76 S Os Osmium 190.23	77 S Ir Iridium 192.217	78 S Pt Platinum 195.078	79 S Au Gold 198.967	80 S Hg Mercury 200.59	81 S Tl Thallium 204.383	82 S Pb Lead 207.2	83 S Bi Bismuth 208.980	84 S Po Polonium (209)	85 S At Astatine (210)	86 G Rn Radon (222)
7	87 S Fr Francium (223)	88 S Ra Radium (226)	89 S Ac** Actinium (227)	104 X Rf Rutherfordium (261)	105 X Db Dubium (262)	106 X Sg Seaborgium (263)	107 X Bh Bohrium (262)	108 X Hs Hassium (265)	109 X Mt Meitnerium (266)	110 X Ds Damstadtium (269)	111 X Rg Rontgenium (272)	112 X Uub Ununbium (277)	113 Uut Ununtrium	114 X Uuq Ununqua-dium	115 Uup Ununpentium	116 X Uuh Ununhexium	117 Uus Ununseptium	118 Uuo Ununotium

f-ब्लॉक तत्व

Lanthanide series	58 S Ce Cerium 140.116	59 S Pr Praseodymium 140.908	60 S Nd Neodymium 144.908	61 X Pm Promethium (145)	62 S Sm Samarium 150.36	63 S Eu Europium 151.064	64 S Gd Gadolinium 157.25	65 S Tb Terbium 158.925	66 S Dy Dyrprorium 162.50	67 S Ho Holmium 164.930	68 S Er Erbium 167.26	69 S Tm Thulium 168.934	70 S Yb Ytterbium 173.04	71 S Lu Lutetium 174.957
Actinide series	90 S Th Thorium 232.038	91 S Pa Prolactinium 231.036	92 S U Uranium 238.029	93 S Np Neptunium (237)	94 S Pu Plutonium (244)	95 X Am Americium (243)	96 X Cm Curium (247)	97 X Bk Barkelium (247)	98 X Cf Californium (251)	99 X Es Eisteinium (269)	100 X Fn Fermium (257)	101 X Md Mendelevium (258)	102 X No Nobelium (259)	103 X Lr Lawrencium (262)

□ धातु
□ उपधातु
□ अधातु

04 रासायनिक आबंधन तथा अभिक्रियाएँ

रासायनिक आबंधन → दो या दो से अधिक परमाणुओं के बीच लगने वाला आकर्षण बल

↳ परमाणुओं के आपस में जुड़ने से बंध निर्माण

कारण
- अक्रिय गैस की भांति तत्वों द्वारा बाह्य कक्षा में 8 इलेक्ट्रान पूरा करने के लिए
- स्थितिज ऊर्जा घटाने व स्थिरता प्राप्त करने के लिए

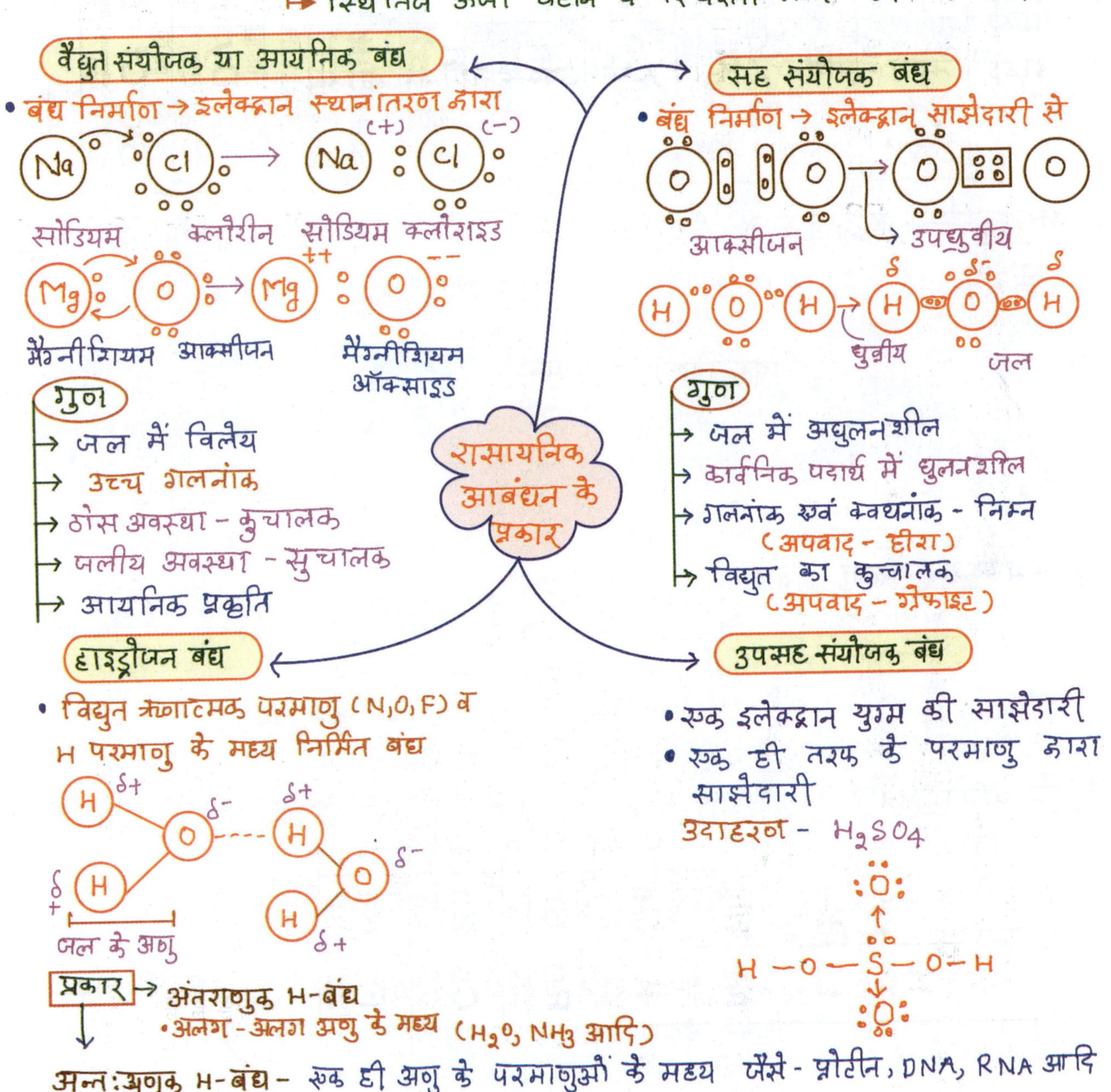

• **एकल बंधन** → एक सिग्मा (σ) बंध

H (:) H → H–H

• **द्विक बंध** → एक सिग्मा (σ) + एक π बंध

O (::) O → O=O

• **त्रिक बंध** → एक σ + दो π बंध

N (:::) N → N≡N

वाण्डरवाल्स आकर्षण बल

- अणुओं के बीच लगने वाला आकर्षण या प्रतिकर्षण बल
- सहसंयोजक तथा आयनिक बंध से भिन्न
- रासायनिक बंधों की तुलना में दुर्बल
- छिपकलियों का दीवार पर चलने की क्षमता इसी बल के कारण

हाइड्रोनियम आयन (H_3O^+) में उपसहसंयोजी आबंध पाया जाता है।

- H_2O (जल) - कोणीय संरचना • NH_3 (अमोनिया) - पिरामिडी संरचना
- CH_4 (मेथेन) - चतुष्फलकीय संरचना • CO_2 - रैखीय संरचना

संयोजकता (Valency) → तत्वों के परमाणुओं की संयोजन क्षमता

फ्रैंकलैंड: • IA तथा II A - संयोजकता समूह (वर्ग) संख्या के समान

फ्लोरीन (F) - संयोजकता सदैव -1

└ सर्वाधिक विद्युत ऋणात्मक

अधातु - संयोजकता वर्ग संख्या 4 से वर्ग 8 तक संभव (0 - +6 व 0 - 2)

- 17 Cl → 2, 8, 7 — +1 • 11 Na → 2, 8, 1 — -1
- Fe, Cu, S, Hg, Sn — +1 से अधिक

आक्सीकरण संख्या → यौगिक के एक परमाणु पर e^- के कारण उपस्थित आवेश

↳ धनात्मक (+), ऋणात्मक (-), शून्य तथा प्रभाजी ($\frac{1}{2}$)

→ H (हाइड्रोजन) - +1 • O (ऑक्सीजन) - -2

- Na, K → +1 • F (फ्लोरीन) → -1 • उदासीन अणु - 0
- Mg, Ca, Sr - +2

रासायनिक सूत्र किसी यौगिक की संरचना का प्रतीकात्मक प्रतिनिधित्व

उदाहरण: $AlCl_3$

Al → +3 Cl → -1

Al 3 ╳ Cl 1 → $AlCl_3$

रासायनिक अभिक्रिया

दो या दो से अधिक अभिकारक पदार्थ मिलकर → एक या एक से अधिक नए पदार्थ

परिणाम - रंग परिवर्तन, पदार्थ अवस्था परिवर्तन

रासायनिक समीकरण → अभिक्रिया को समीकरण रूप में व्यक्त करना

द्रव्यमान संरक्षण नियम - समीकरण संतुलन में

$2Mg + O_2 \rightarrow 2MgO$

($2Mg + O_2$ — अभिकारक; $2MgO$ — उत्पाद)

अभिकारक तत्वों के परमाणु की संख्या = उत्पाद की परमाणु संख्या

रासायनिक अभिक्रियाओं के प्रकार

संयोजन अभिक्रिया	नये उत्पाद का निर्माण $A + B \rightarrow C$ $2H_2 + O_2 \rightarrow 2H_2O$
वियोजन अभिक्रिया	अभिकारक अपघटित होकर दो या अधिक उत्पाद $AB \rightarrow A + B$ $CaCO_3 \xrightarrow{\text{ऊष्मा}} CaO + CO_2$
विस्थापन अभिक्रिया	अधिक क्रियाशील $\xrightarrow[\text{विस्थापित}]{}$ कम क्रियाशील $AB + C \rightarrow AC + B$ $Fe + CuSO_4 \rightarrow FeSO_4 + Cu$ (Fe — अधिक क्रियाशील; Cu — कम क्रियाशील)
द्विविस्थापन अभिक्रिया	दो यौगिकों के बीच आयनों का अदान - प्रदान $AB + CD \rightarrow AD + CB$ $Na_2SO_4 + BaCl_2 \rightarrow BaSO_4 + 2NaCl$
ऊष्माक्षेपी अभिक्रिया	ऊर्जा मुक्त उदाहरण - दहन अभिक्रिया, श्वसन आदि $CH_4 + 2O_2 \rightarrow CO_2 + 2H_2O +$ ऊष्मा ↑
ऊष्माशोषी अभिक्रिया	ऊर्जा का अवशोषण उदाहरण-पाचन अभिक्रिया, प्रकाश रासायनिक अभिक्रिया
उत्क्रमणीय अभिक्रिया	दोनो दिशा में $A + B \rightleftharpoons AB$
अनुत्क्रमणीय अभिक्रिया	एक ही दिशा में $A + B \rightarrow AB$
रेडॉक्स अभिक्रिया	ऑक्सीकरण तथा अपचयन → दोनो एक साथ $Fe + CuSO_4 \rightarrow FeSO_4 + Cu$ (अपचयन: $CuSO_4 \rightarrow Cu$; ऑक्सीकरण: $Fe \rightarrow FeSO_4$)

उत्प्रेरक → उत्प्रेरक (अभिक्रिया दर बढ़ाने वाले पदार्थ)

खोज - बर्जिलियस

$SO_2(g) + O_2(g) \xrightarrow[\text{NO}]{\text{उत्प्रेरक}} SO_3(g)$

समांगी उत्प्रेरण- अभिकारक व उत्प्रेरक की समान भौतिक अवस्था

विषमांगी उत्प्रेरण - अभिकारक व उत्प्रेरक की भिन्न भौतिक अवस्था
↳ Fe

धनात्मक उत्प्रेरक - अभिक्रिया की गति में वृद्धि

ऋणात्मक उत्प्रेरक - अभिक्रिया की गति में कमी

$$N_2(g) + 3H_2(g) \xrightarrow[Mo]{Fe(s)} 2NH_3(g)$$

अमोनिया हैबर प्रक्रम

कुछ महत्वपूर्ण प्रक्रम एवं उनमें प्रयुक्त उत्प्रेरक

प्रक्रम	उत्प्रेरक
बनस्पति तेल से घी (हाइड्रोजनीकरण)	निकल (Ni)
सल्फ्यूरिक अम्ल के निर्माण (सम्पर्क विधि)	Pt चूर्ण, V_2O_5
क्लोरीन निर्माण का डीकन प्रक्रम	क्यूप्रिक क्लोराइड
प्रोटीन → अमीनो अम्ल	ट्रिप्सिन एन्जाइम
शर्करा से सिरका निर्माण	माइकोडर्मा एसिटी
दूध का दही मे परिवर्तन	लैक्टोबैसिली

- आक्सीकरण - आक्सीजन या अन्य विद्युत ऋणी तत्व का संयोग (F, Cl, N)
  - हाइड्रोजन या विद्युतधनी तत्व का पृथक्करण (Na, Mg, Ca)
  - e^- की हानि, आक्सीकरण संख्या ↑ (वृद्धि)
- अपचयन - H या अन्य विद्युतधनी तत्व का संयोग
  आक्सीजन या विद्युतऋणी तत्व का पृथक्करण
  e^- का लाभ, आक्सीकरण संख्या ↓ (कमी)

e^- → इलेक्ट्रॉन

- आक्सीकारक - आक्सीकरण करने वाले पदार्थ (H_2O_2, O_2, F_2 आदि)
- अपचायक - अपचयन करने वाले पदार्थ (Li, Na, $NaBH_4$) आदि

05 विलयन तथा कोलॉइड

विलयन → दो या दो से अधिक पदार्थों का समांगी मिश्रण

- जिस पदार्थ को घोला जाता है - विलेय
- जो पदार्थ को घोलता है - विलायक

विलायक + विलेय विलयन

विलेय + विलायक → विलयन
(कम मात्रा) (अधिक मात्रा)

- सार्वत्रिक विलायक - जल (H_2O)
- घुलनशील पदार्थ : विलेय → जो विलायक में घुल जाता है

अघुलनशील → विलेय जो विलायक में नहीं घुलता

विलयनों का वर्गीकरण

विलयनों के प्रकार	विलेय	विलायक	सामान्य उदाहरण
ठोस विलयन	गैस	ठोस	हाइड्रोजन का पैलेडियम (Pd) में अधिशोषण
	द्रव	ठोस	पारे का सोडियम के साथ अमलगम
	ठोस	ठोस	ताबें में जिंक का विलयन
द्रव विलयन	गैस	द्रव	जल में घुली आक्सीजन
	द्रव	द्रव	एल्कोहल का जल में विलयन
	ठोस	द्रव	शर्करा का जल में विलयन
गैसीय विलयन	गैस	गैस	गैसों के मिश्रण, वायु
	द्रव	गैस	क्लोरोफार्म + नाइट्रोजन
	ठोस	गैस	कपूर + नाइट्रोजन

विलयनों के प्रकार

संतृप्त विलयन → विलयन जिसमें दिए गए ताप व दाब पर और अधिक विलेय न घोला जा सके।

जब तक विलेय पूरी तरह से घुल नहीं जाता तब तक संतृप्त विलयन प्राप्त नहीं होगा

असंतृप्त विलयन → • विलयन जिसमें निश्चित ताप व दाब पर और अधिक विलेय घोला जा सके।

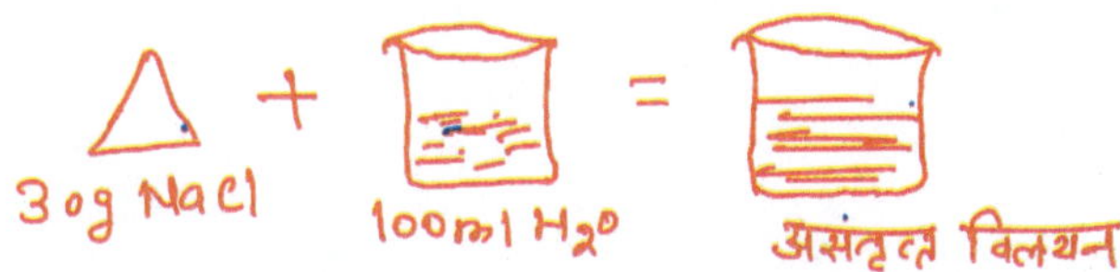

- असंतृप्त विलयन + अधिक विलेय पदार्थ → विलयन संतृप्त होने तक घुलता है।

• संतृप्त विलयन ताप बढ़ने पर असंतृप्त होता जाता है अर्थात विलेय पदार्थ और मिलाया जा सकता है।

• असंतृप्त विलयन ताप घटाने पर शीघ्र संतृप्त हो जाता है।

वास्तविक विलयन	कोलॉइड	निलंबन
• दो या दो से अधिक पदार्थों का समांगी मिश्रण	• समांगी दिखने वाला परन्तु विषमांगी मिश्रण	• किसी ठोस का विषमांगी मिश्रण जो द्रव या गैस में विक्षेपित रहता है।
• टिण्डल प्रभाव नहीं दर्शाते	• टिण्डल प्रभाव दर्शाते हैं	• टिण्डल प्रभाव दर्शाते हैं
• विलेय कण दिखाई नहीं देते	• विलेय कण सूक्ष्मदर्शी से (नग्न आंखों से नहीं)	• ठोस अवस्था के कण आंखों से देखे जा सकते हैं
• संघटक – पृथक नहीं उदाहरण- चीनी का जलीय विलयन	• संघटक - अपकेन्द्रीकरण द्वारा पृथक • दुग्ध, स्याही	• संघटक – छानकर पृथक चाक पाउडर मिला जल

कोलाइड के अनुप्रयोग

(i) धुएँ के अवक्षेपण में (ii) कपड़ों के शोधन में (iii) रक्त स्राव रोकने में

प्राकृतिक अनुप्रयोग → (A) वर्षा (B) आकाश का निर्माण (C) डेल्टा निर्माण - नदियों के समुद्र में मिलने वाले स्थान पर

पायस → अमिश्रणीय द्रवों से बना कोलाइडी तन्त्र

पायस के प्रकार
- (i) जल में तेल प्रकार का पायस - दूध, वेनिशिंग क्रीम
- (ii) तेल में जल प्रकार का पायस - मक्खन, कोल्ड क्रीम

बफर विलयन (Buffer Solution)

जिसका pH अम्ल व क्षार की कुछ मात्रा मिलाने के बाद भी कोई सार्थक (उभय प्रतिरोधी विलयन) परिवर्तन नहीं।

06 अम्ल, क्षार व लवण

अम्ल (Acid)

- प्रकृति - संक्षारक
- स्वाद में खट्टे
- pH - 7 से कम
- जल में घुलकर हाइड्रोजन आयन (H^+) मुक्त करना। (आर्हेनियस) (उदाहरण - HCl, H_2SO_4)
- प्रोटॉन का निष्कासन (ब्रॉन्सटेड लॉरी) NH_4^+, HCO_3^-
- इलेक्ट्रान युग्म ग्रहण करने की क्षमता (लुईस)
  - लुईस अम्ल - BF_3, $AlCl_3$
- जलीय विलयन में → विद्युत का चालक
- **अभिक्रिया**
  - धातु के साथ → H_2 मुक्त ($Zn + 2HCl \rightarrow ZnCl_2 + H_2\uparrow$)
  - कार्बोनेट के साथ → CO_2 मुक्त ($CaCO_3 + H_2SO_4 \rightarrow CaSO_4 + H_2O + CO_2\uparrow$)
  - क्षार के साथ → लवण + जल (उदासीन) ($HCl + KOH \rightarrow H_2O + KCl$)

प्रमुख अम्लों के स्रोत, निर्माण विधि एवं उपयोग

अम्ल	प्राकृतिक स्रोत	औद्योगिक निर्माण विधि	उपयोग
सिट्रिक	खट्टे फल, नींबू संतरा, टमाटर	कच्ची शर्करा के किण्वन से	खाद्य पदार्थ, दवा बनाने धातु साफ करने व कपड़ा उद्योग में
ऐसिटिक	फलों के रस, दूध, सिरका व तेल में	सिरके से, एसिटिलीन से	खट्टे खाद्य पदार्थों में, एसिटोन व विलायक रूप में
फार्मिक	लाल चीटीं, बिच्छू		फल संरक्षण, जीवाणुनाशक चमड़ा उद्योग व रबड़ उद्योग में
सल्फ्यूरिक	हरा कसीस	सीसा कक्ष व सम्पर्क विधि	संचायक बैटरी बनाने, औषधि व विस्फोटक निर्माण में
नाइट्रिक	फिटकिरी व शोरा	साल्टपीटर व बर्कलैंड अर्क प्रक्रम द्वारा	फोटो ग्राफी, अम्लराज बनाने में, औषधि व उर्वरक में
बेन्जोइक	घास, पत्ते व मूत्र	बेन्जोइल क्लोराइड से	दवा व खाद्य पदार्थ संरक्षण
आक्सैलिक	सोरेल का वृक्ष	सोडियम फार्मेट से	फोटोग्राफी, चमड़े के विरंजक में कपड़ों की छपाई व रंगाई में
मैलिक	सेब, केला, सन्तरे का छिलका आलू, गाजर		सौन्दर्य प्रसाधन, त्वचा की सुरक्षा में प्रयुक्त उत्पादों में

अम्लराज (Aqua regia) → 3:1 अनुपात – HCl + HNO3 → ताजा मिश्रण
सान्द्र (अम्ल राज)

↓

उपयोग : सोना व प्लेटिनम गलाने में

• अधिकांशतः अम्ल में हाइड्रोजन परमाणु उपस्थित

• खाना पचाना – HCl (हाइड्रोक्लोरिक अम्ल)
• काँच घुलनशील – Hf (हाइड्रोफ्लोरिक अम्ल)
• दवा बनाने में – बेन्जोइक अम्ल
• एथेनॉइक अम्ल – ग्लेशियल एसिटिक अम्ल
└ ठंडी जगह जम जाता है।

क्षारक → स्वाद में कड़वे
→ लाल लिटमस → नीला (pH मान 7 से अधिक)

विभिन्न संकल्पनाएँ

आरहेनियस संकल्पना – क्षारक जलीय विलयन में OH^- ($NaOH$, KOH) आयन देते हैं
ब्रान्सटेड लॉरी संकल्पना – क्षारक प्रोटान ग्रहण करते हैं (NH_3, H_2O)
लुईस संकल्पना – क्षारक इलेक्ट्रान युग्म त्याग करते हैं (Cl^-, F^-, OH^-)
अम्ल + क्षार → लवण + जल • जल में विलेय क्षारक – क्षार
जल में अविलेय क्षारक – अम्ल से क्रिया कर लवण व जल बनाते हैं
↳ क्षारक गुण प्रदर्शित नहीं (ZnO, FeO)

क्षारकों के उपयोग

क्षारक	उपयोग
कैल्शियम हाइड्राक्साइड ($Ca(OH)_2$)	अम्ल जलन उपचार में उपयोगी
सोडियम हाइड्राक्साइड ($NaOH$)	साबुन निर्माण, पैट्रोलियम शोधन
मैग्नीशियम हाइड्राक्साइड ($Mg(OH)_2$)	पेट की अम्लीयता दूर करने में
कैल्शियम आक्साइड (CaO)	विरंजक चूर्ण व सोडियम कार्बोनेट निर्माण में
मैग्नीशियम आक्साइड (MgO)	औषधि निर्माण, रबड़ पूरक व बायलरों के प्रयोग में
पोटैशियम हाइड्राक्साइड (KOH)	प्रयोगशाला अभिकर्मक, CO_2 व SO_2 गैस अवशोषक

लवण (Salt) → अम्ल व क्षार की उदासीनीकरण अभिक्रिया के उत्पाद

$HNO_3 + KOH \longrightarrow KNO_3 + H_2O$
(अम्ल) (क्षार) (लवण) + (जल)

लवणों का वर्गीकरण

सामान्य लवण	अम्ल व क्षार के पूर्ण उदासीनीकरण से निर्मित (उदाहरण - NaCl)
अम्लीय लवण	एक या एक से अधिक हाइड्रोजन स्थानांतरण $NaHCO_3$
क्षारीय लवण	अम्ल द्वारा → क्षार के आंशिक उदासीनीकरण द्वारा
द्विक लवण	दो या दो से अधिक लवणों को मिलाने से प्राप्त ($NaKSO_4$)
मिश्रित लवण	एक अम्ल के दो क्षारों या एक क्षार के दो अम्लों के उदासीनीकरण द्वारा प्राप्त [$CaOCl_2$ - विरंजक चूर्ण]

लवण एवं उनके अनुप्रयोग

लवण	उपयोग
सोडियम क्लोराइड (NaCl) साधारण नमक	• भोजन निर्माण एवं आचार के परिरक्षण हेतु बेकिंग सोडा व सोडियम हाइड्राक्साइड निर्माण में
सोडियम हाइड्राक्साइड (NaOH), कास्टिक सोडा	• सोडियम लवण व डिटर्जेंट निर्माण में • कागज निर्माण के लिए लकड़ी की लुग्दी बनाने में • बाक्साइट अयस्क के शोधन में
सोडियम कार्बोनेट Na_2CO_3 (धावन सोडा)	• काँच, कागज, साबुन एवं बोरेक्स निर्माण में • ईंट निर्माण उद्योग में आर्द्रक अभिकर्ता के रूप में • जल की स्थायी कठोरता को दूर करने में
सोडियम बाइकार्बोनेट $NaHCO_3$ (बेकिंग सोडा)	• अग्नि शामक के रूप में • भोजन निर्माण में खमीर अभिकर्ता के रूप में • खाद्य पदार्थों व तले हुए भोजन निर्माण में
कैल्शियम हाइपो-क्लोराइट $Ca(OCl)_2$ (ब्लीचिंग पाउडर)	• स्वीमिंग पूल को स्वच्छ करने में • पेयजल के कीटाणुशोधन में • क्लोरोफार्म तथा न सिकुड़ने वाले ऊन के निर्माण में
कैल्शियम सल्फेट हेमी हाइड्रेट (पी·ओ·पी) ($CaSO_4 \cdot 1/2\, H_2O$)	• टूटी हड्डियों पर प्लास्टर में • चाक, अग्निरोधक पदार्थ, खिलौने, सजावटी वस्तु निर्माण • गृह निर्माण में सतह को चिकना बनाने में
सोडियम बेन्जोएट (C_6H_5COONa)	• परिरक्षक के रूप में जैम व टोमैटो सॉस में

प्रमुख लवणीय पदार्थ

पदार्थ	सूत्र
एप्सम लवण	$MgSO_4 \cdot 7H_2O$
मोहर लवण	$FeSO_4(NH_4)_2SO_4 \cdot 6H_2O$
फिटकरी / एलम	$K_2SO_4 \cdot Al_2(SO_4)_3 \cdot 24H_2O$
नीला थोथा	$CuSO_4 \cdot 5H_2O$
सफेद थोथा	$ZnSO_4 \cdot 7H_2O$

सूचक (Indicator) → अम्ल व क्षार की जांच, विलयन में विभिन्न रंग

सूचक	रंग	
	अम्ल	क्षारक में
फीनालफ्थैलीन	रंगहीन	गुलाबी
मेथिल आरेंज	लाल	पीला
मेथिल लाल	लाल	पीला
फैनिल लाल	पीला	लाल

गंधीय सूचक		
	क्षार	अम्ल
लौंग का तेल	गंध (x)	गंध (✓)
वनीला	गंध (x)	गंध (✓)
प्याज	गंध (x)	गंध (✓)

pH मान: अम्लता व क्षारकता मापने मे प्रयोग, H आयन सान्द्रता मापन मे

$pH = -\log[H^+] = \log 1/[H^+]$ या $[H^+] = 1 \times 10^{pH}$

pH – हाइड्रोजन की शक्ति (सोरेन्सन द्वारा खोज)

विलयन	pH
उदासीन विलयन	7
क्षारीय विलयन	7 से अधिक
अम्लीय विलयन	7 से कम

पेय पदार्थ 2-4	आंसू – 7.4
नींबू – 2.2-2.4	समुद्री जल – 8.5
सिरका 2.4-3.4	दूध (गाय) – 6.3-6.6
लार – 6.5-7.5	रक्त प्लाज्मा – 7.36-7.42

- रक्त का pH में 0.2 ईकाई परिवर्तन होने पर व्यक्ति की मृत्यु हो जाती है।

← बढ़ती अम्लता   उदासीन   बढ़ती क्षारकता →

0 1 2 3 4 5 6 [7] 8 9 10 11 12 13 14

07 धातुएँ, अधातुएँ तथा धातुकर्म

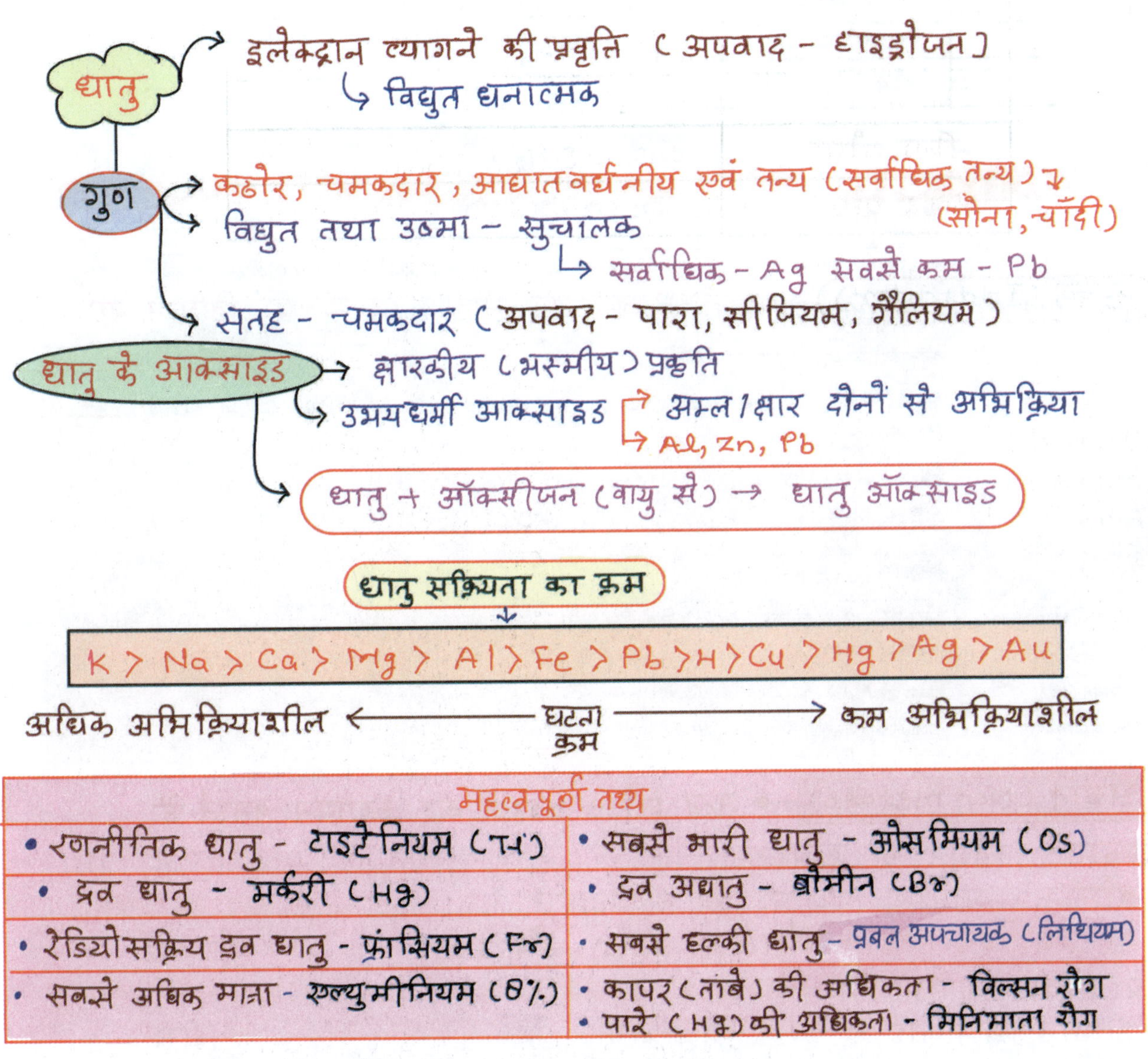

महत्वपूर्ण तथ्य	
• रणनीतिक धातु - टाइटेनियम (Ti)	• सबसे भारी धातु - ओसमियम (Os)
• द्रव धातु - मर्करी (Hg)	• द्रव अधातु - ब्रोमीन (Br)
• रेडियोसक्रिय द्रव धातु - फ्रांसियम (Fr)	• सबसे हल्की धातु - प्रबल अपचायक (लिथियम)
• सबसे अधिक मात्रा - एल्युमीनियम (8%)	• कापर (तांबे) की अधिकता - विल्सन रोग • पारे (Hg) की अधिकता - मिनिमाता रोग

प्रमुख धातुएँ एवं उनके उपयोग

धातु	उपयोग	धातु	उपयोग
सोडियम (Na)	• सड़कों पर पीले लैम्पों में	मैग्नीशियम	फ्लैश बल्ब निर्माण में
ताँबा (Cu)	• तार, बर्तन व पत्नी निर्माण में	आयरन	इस्पात उद्योग में
एल्युमीनियम	• तार, बर्तन व अंतरिक्ष उद्योग में	कैडमियम	मन्दक के रूप में
सोना व चांदी	• आभूषणों में	बेरियम	आतिशबाजी में - हरा रंग
पारा (Hg)	• थर्मामीटर व ट्यूबलाइट में	स्ट्रांशियम	आतिशबाजी में लाल रंग

ज्वाला का रंग

धातु	रंग
सोडियम	सुनहरा पीला
पोटैशियम	बैंगनी
रूबीडियम	लाल बैंगनी
लीथियम	किरमिची लाल
बैरियम	सेब जैसा हरा

सिल्वर (Ag), गोल्ड (Au), लेड (Pb) प्लैटिनम (Pb), मर्करी (Hg)
↳ ऑक्सीजन व जल से अभिक्रिया नहीं

कुछ प्रमुख धातुओं के अयस्क

तत्व	संघटन
ऐलुमिनियम (Al)	बॉक्साइट ($Al_2O_3 \cdot 2H_2O$), क्रायोलाइट (Na_3AlF_6), कोरण्डम (Al_2O_3), फेल्सपार ($KAlSi_3O_8$), डायस्पॉर ($Al_2O_3 \cdot H_2O$)
पोटैशियम (K)	नाइटर या पोटैशियम नाइट्रेट (KNO_3), पोटैशियम क्लोराइड (KCl), कार्नेलाइट ($KCl \cdot MgCl_2 \cdot 6H_2O$), पोटैशियम कार्बोनेट ($K_2CO_3$)
मैग्नीशियम (Mg)	मैग्नेसाइट ($MgCO_3$), डोलोमाइट ($MgCO_3 \cdot CaCO_3$), एप्सोमाइट ($MgSO_4 \cdot 7H_2O$)
कैल्सियम (Ca)	कैल्साइट ($CaCO_3$), फ्लुओरस्पार (CaF_2)
कॉपर (Cu)	क्यूप्राइट (Cu_2O), कॉपर ग्लांस (Cu_2S), कॉपर पाइराइट्स या चाल्कोपाइराइट ($CuFeS_2$), मैलेकाइट [$Cu(OH)_2 \cdot CuCO_3$], ऐजुराइट [$Cu(OH)_2 \cdot 2\ CuCO_3$]
सिल्वर (Ag)	रुबी सिल्वर ($3Ag_2S \cdot Sb_2S_3$), हॉर्न सिल्वर (AgCl), अर्जेन्टाइट (Ag_2S)
जिंक (Zn)	जिंक ब्लैण्ड (ZnS), कैलेमाइन ($ZnCO_3$), जिंकाइट (ZnO), विलेमाइट (Zn_2SiO_4)
लेड (Pb)	गैलेना (PbS), सीरूसाइट ($PbCO_3$)
आयरन (Fe)	हैमेटाइट (Fe_2O_3), मैग्नेटाइट (Fe_3O_4), सिडराइट ($FeCO_3$), लिमोनाइट ($2Fe_2O_3 \cdot 3H_2O$), आयरन पाइराइट (FeS_2), कॉपर पायराइट ($CuFeS_2$)
कैडमियम (Cd)	ग्रीनोकाइट (Cds)
मैंगनीज (Mn)	सीलोमीलिन (मैंगनाइट) ($Mn_2O_3 \cdot 2H_2O$), पाइरोल्युसाइट (MnO_3)

अधातु (Non metals) → तत्व जो e^- ग्रहण कर ऋणायन बनाते हैं
↳ विद्युत ऋणात्मक (अपवाद - H)

- ऊष्मा - विद्युत की कुचालक
- ब्रोमीन - सामान्य ताप पर द्रव अवस्था में
- २२ अधात्विक तत्व - गैस(11), द्रव(1), ठोस(10)
- अधिकांश अधातुओं का गलनांक व क्वथनांक कम
- आघातवर्धनीयता व चमक का अभाव

- विद्युत सुचालक अधातु
  ↳ ग्रेफाइट
- सर्वाधिक कठोर अधातु
  ↳ हीरा

अधातु + ऑक्सीजन - अम्लीय ऑक्साइड

लवणों का विद्युत अपघटन - धातु (कैथोड), अधातु (एनोड)

उपधातु
- धातु व अधातु दोनों के गुण विद्यमान
- केवल P-ब्लाक में उपस्थित
- सबसे छोटा समूह, संख्या - 8
- उभयधर्मी ऑक्साइड (अम्ल व क्षार दोनों से अभिक्रिया)

- बुलेट प्रूफ जैकेट, वायुयान के हल्के सघन पदार्थ - बोरॉन तन्तु

मिश्र धातु → • दो या दो से अधिक धातु (या एक धातु व अधातु) → गलित अवस्था
मिश्र धातु ← समांगी मिश्रण ←

कुछ महत्वपूर्ण मिश्र धातुएँ एवं उनके उपयोग

मिश्र धातु	संघटन %	उपयोग
पीतल (ब्रांस)	कापर 70% जिंक 30%	बर्तन, तार, पाइप व पुर्जे बनाने में
काँसा (ब्रॉन्ज)	कापर 88% टिन 12%	बर्तन तथा मूर्तियाँ बनाने में
जर्मन सिल्वर	कापर 60% जिंक 20% निकल 20%	जेवर, बर्तन व मूर्तियाँ बनाने में
टाँका (Solder)	टिन 67%, सीसा 33%	धातुओं में टाँका लगाने में
स्टेनलेस स्टील	लोहा 70% क्रोमियम - 11% निकल - 8% कार्बन 12%	ब्लेड, वाल्व व सर्जिकल हथियार बनाने में

अमलगम → • पारा (मर्करी) के साथ धातुओं का मिश्रण
Fe (आयरन), Pt (प्लैटिनम) आदि धातुएँ अमलगम नहीं बनाती

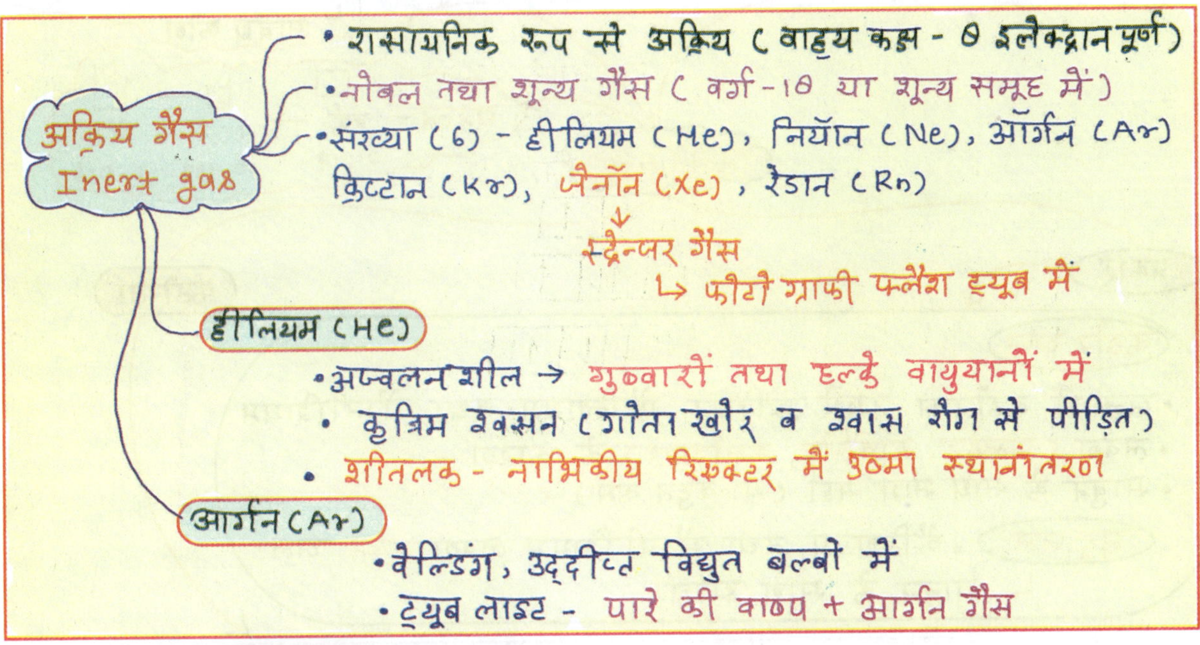

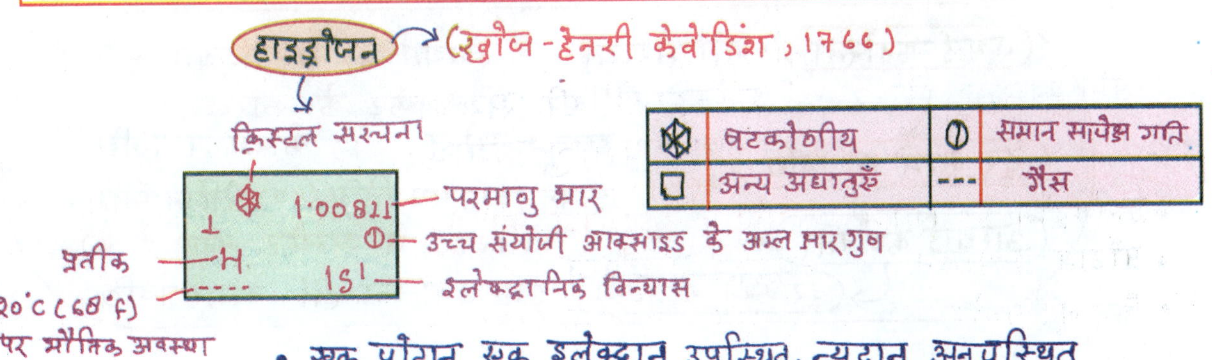

• एक प्रोटान एक इलेक्ट्रान उपस्थित, न्यूट्रान अनुपस्थित
• तत्व रूप में - द्विपरमाणुक अणु (H_2)

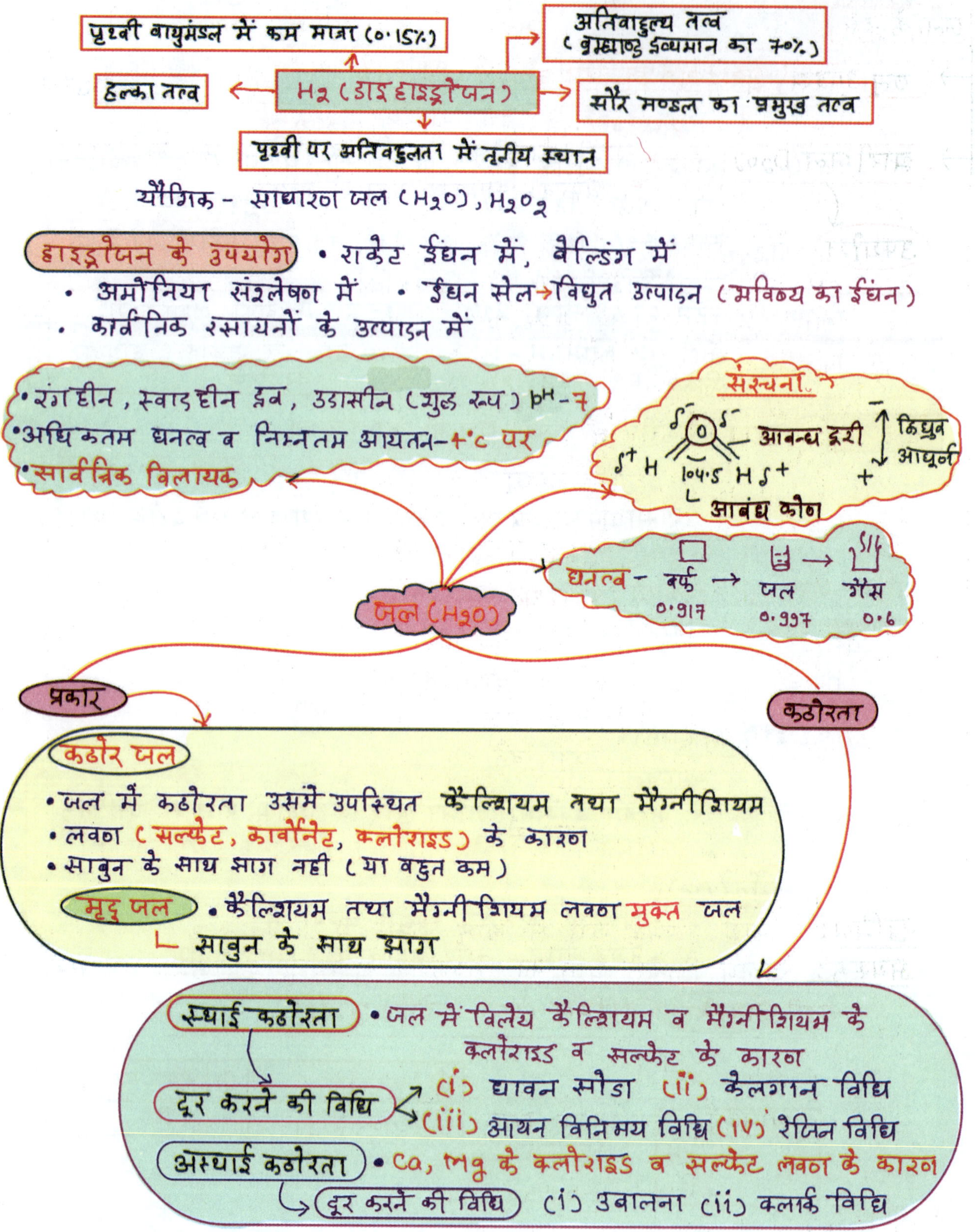

पृथ्वी वायुमंडल में कम मात्रा (0.15%)
अतिबाहुल्य तत्व (ब्रह्माण्ड द्रव्यमान का 70%)
हल्का तत्व
H_2 (डाइहाइड्रोजन)
सौर मण्डल का प्रमुख तत्व
पृथ्वी पर अतिबहुलता में तृतीय स्थान
यौगिक - साधारण जल (H_2O), H_2O_2
हाइड्रोजन के उपयोग • रॉकेट ईंधन में, वेल्डिंग में
• अमोनिया संश्लेषण में • ईंधन सेल → विद्युत उत्पादन (भविष्य का ईंधन)
• कार्बनिक रसायनों के उत्पादन में
• रंगहीन, स्वादहीन द्रव, उदासीन (शुद्ध रूप) pH-7
• अधिकतम घनत्व व निम्नतम आयतन - 4°C पर
• सार्वत्रिक विलायक
संरचना
δ^- O δ^-
आबन्ध दूरी
द्विध्रुव आघूर्ण
δ^+ H 104.5 H δ^+
आबंध कोण
घनत्व - बर्फ → जल → गैस
0.917 0.997 0.6
जल (H_2O)
प्रकार
कठोरता
कठोर जल
• जल में कठोरता उसमें उपस्थित कैल्शियम तथा मैग्नीशियम
• लवण (सल्फेट, कार्बोनेट, क्लोराइड) के कारण
• साबुन के साथ झाग नहीं (या बहुत कम)
मृदु जल • कैल्शियम तथा मैग्नीशियम लवण मुक्त जल
└ साबुन के साथ झाग
स्थाई कठोरता • जल में विलेय कैल्शियम व मैग्नीशियम के क्लोराइड व सल्फेट के कारण
दूर करने की विधि
(i) धावन सोडा (ii) कैलगान विधि
(iii) आयन विनिमय विधि (iv) रेजिन विधि
अस्थाई कठोरता • Ca, Mg के क्लोराइड व सल्फेट लवण के कारण
दूर करने की विधि (i) उबालना (ii) क्लार्क विधि

जल के रूप

→ ब्लू आइस- बर्फ का शुद्धतम वायरस मुक्त रूप, व्हिस्की बनाने में प्रयुक्त

→ भारी जल (D_2O)
- खोज - यूरे तथा वाशबर्न, 1932
- भारी हाइड्रोजन अर्थात ड्यूटीरियम का ऑक्साइड
- घनत्व - सामान्य जल से अधिक

उपयोग
(i) नाभिकीय रिएक्टर में मंदक के रूप में
(ii) विनिमय अभिक्रिया की क्रियाविधि के अध्ययन में
(iii) ड्यूटीरियम के अनेक यौगिकों (CD_4, D_2SO_4 आदि) बनाने में

हाइड्रोजन परॉक्साइड (H_2O_2)
- खोज - थैनार्ड - 1818
- ऑक्सीजन युक्त जल

- शुद्ध अवस्था - लगभग रंगहीन व गंधहीन द्रव
- ऑक्सीकारक व अपचायक दोनों रूप में कार्य
- H-आबंधन के कारण सामान्यतः द्रव रूप में उपस्थित

उपयोग
(i) दूध व वाइन परीक्षण में
(ii) कीटनाशी व बालों के विरंजन में
(iii) पूर्तिरोधी के रूप में
(iv) तैलीय चित्रों को चमकाने में
(v) हाइड्रोक्विनान, टार्टरिक अम्ल बनाने में
(vi) राकेट ईंधन में

खनिज: पदार्थ, जिनके रूप में धातु प्रकृति में उपस्थित है।
अयस्क: खनिज जिनसे धातु का निष्कर्षण सुविधापूर्वक किया जा सके
सभी अयस्क → खनिज (✓) सभी खनिज → अयस्क (✗)

धातुकर्म - अयस्क से धातु के निष्कर्षण का प्रक्रम

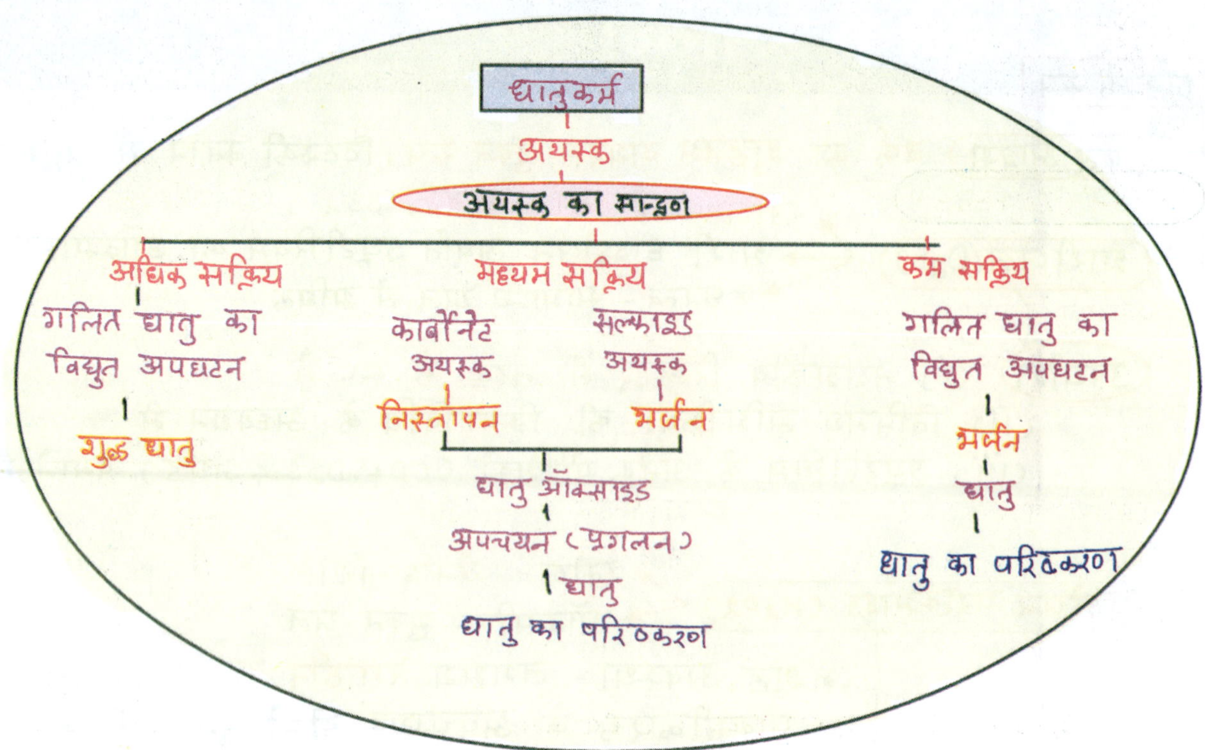

निष्कर्षण विधि	धातु
(i) विद्युत अपघटन	पोटैशियम (K), सोडियम (Na), कैल्शियम (Ca) मैग्नीशियम (Mg), एल्युमीनियम (Al)
(ii) अपचयन (कार्बन द्वारा)	जिंक (Zn), आयरन (Fe), लेड (Pb), कापर (Cu)
(iii) प्राकृतिक अवस्था में उपस्थित	सिल्वर (Ag), सोना (Au)

- **गालक**: अगलनीय अशुद्धियों को गलनीय पदार्थ (धातुमल) में परिवर्तित करने वाला पदार्थ
- **निस्तापन**: सान्द्रित अयस्क → प्रक्रम → निस्तापन
  (गलनांक से कम ताप, वायु की अनुपस्थिति या सीमित वायु में गर्म) (वाष्पशील अशुद्धियाँ हटाने में)
- **भर्जन**: सान्द्रित अयस्क को वायु की अधिकता में गर्म करने का प्रक्रम
  उपयोग - • सल्फाइड अयस्क के लिए (परावर्तनी भट्टी में)
  • अशुद्धि आक्सीकृत करने में
- **धातुमल** (Slag): गालक + अशुद्धियाँ (SiO_2, Al_2O_3)
- **आसवन**: निम्न क्वथन धातु (Zn, Cd, Hg) का शोधन
- **द्रवगलन परिष्करण**: निम्न गलनांक धातु (Sn, Hg, Pb) का शोधन

08 कार्बनिक रसायन

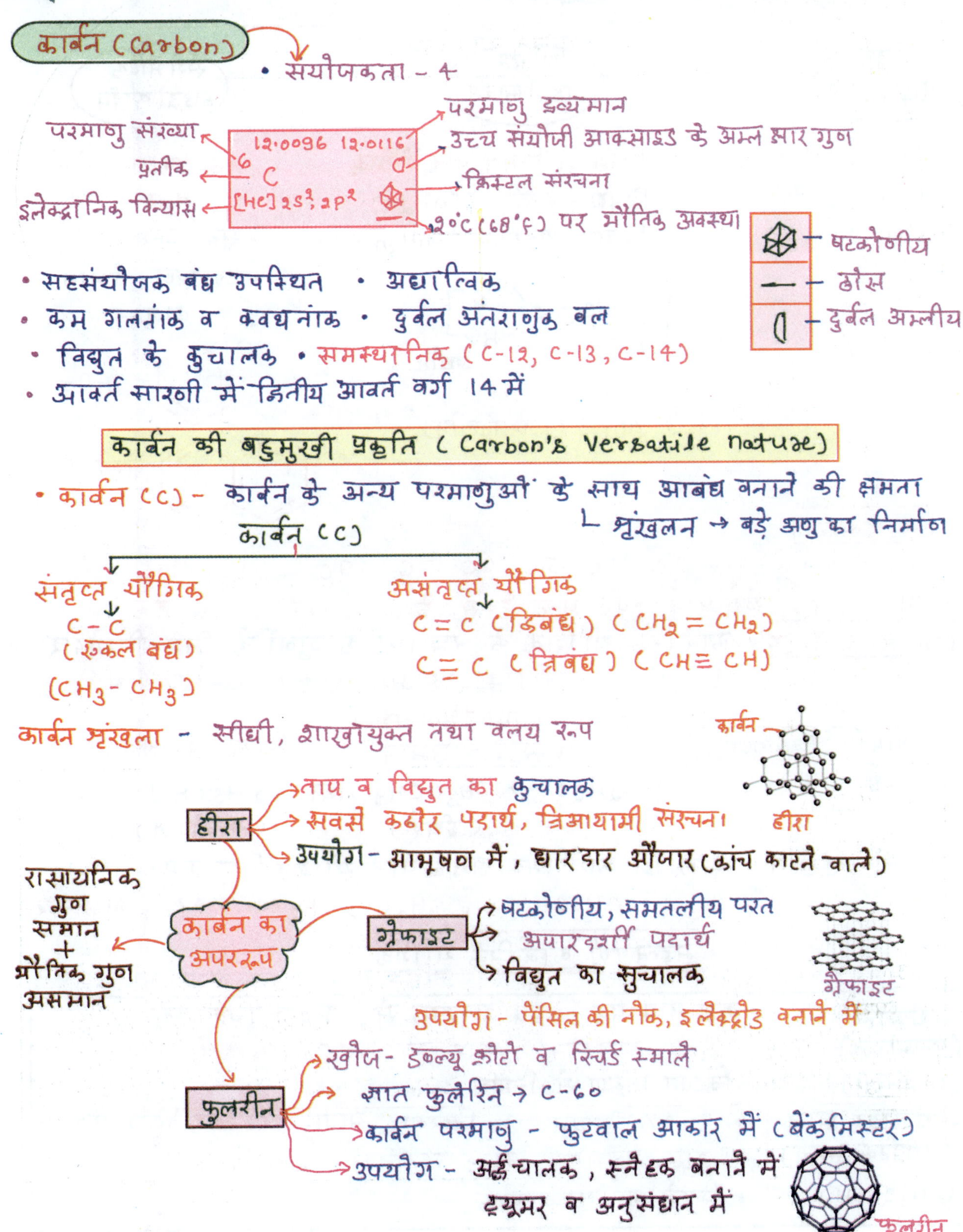

कार्बनिक यौगिक (Organic Compounds)

हाइड्रोकार्बन – कार्बन व हाइड्रोजन से निर्मित

संतृप्त हाइड्रोकार्बन	असंतृप्त हाइड्रोकार्बन	ऐरोमैटिक हाइड्रोकार्बन
• एकल बंध वाले यौगिक सूत्र- C_nH_{2n+2} उदाहरण- CH_4 H–C(H)(H)–H (CH_4)	• द्विबंध या त्रिबंध वाले यौगिक • द्विबंध - एल्कीन (C_nH_{2n}) • त्रिबंध - एल्काइन (C_nH_{2n-2}) $[H_2C=CH_2]$ एथीन $(H-C\equiv C-H)$ एथाइन (एसिटिलीन)	• अधिकांशतः बेंजीन वलय • सूत्र- C_nH_{2n-6} • उदाहरण - बेंजीन टालुईन

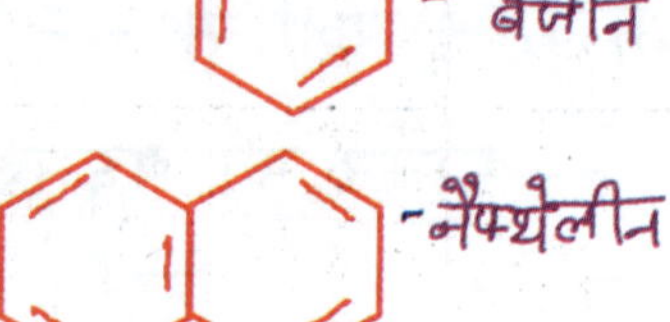

नामकरण

C संख्या- 1C 2C 3C 4C 5C 6C 7C 8C 9C 10C

नाम - मेथ एथ प्रोप ब्यूट पेन्ट हेक्स हेप्ट ऑक्ट नॉन डेक

कार्यात्मक समूह → कार्बनिक यौगिक के रासायनिक गुणों के लिए जिम्मेदार
[–COOH (कार्बोक्सिलिक अम्ल) –OH (एल्कोहल) आदि

समावयवी (Isomers)
→ गुण व विन्यास भिन्न-भिन्न
→ आण्विक सूत्र - समान   द्रव्यमान सूत्र- असमान
→ $[C_2H_6O \rightarrow CH_3OCH_3$ तथा $C_2H_5OH]$
(ईथर) (एल्कोहल)

सजातीय श्रृंखला - एक ही कार्यात्मक समूह वाले यौगिकों का क्रम
$(CH_3OH, CH_3CH_2OH, CH_3CH_2CH_2OH) \rightarrow CH_2$ का अन्तर

महत्वपूर्ण कार्बनिक यौगिक

एथेनॉल (एल्कोहल) (C_2H_5OH)	• कक्ष ताप पर - द्रव अवस्था में, अच्छा विलायक • टिंचर आयोडीन, कफ सीरप आदि औषधियों में • किण्वन प्रक्रिया से निर्माण
एथेनाइक अम्ल (एसीटिक अम्ल) (CH_3COOH)	• 3-4% विलयन → सिरका (आचार परिरक्षक के रूप में) • शुद्ध एथेनाइक अम्ल गलनांक - 290 K • सिरके का मुख्य घटक

साबुन $C_{15}H_{31}.COOK$ $C_{17}H_{35}COONa$	• वसीय अम्लों के सोडियम पोटैशियम लवण • वसा व तेलों के क्षारीय जल-अपघटन द्वारा प्राप्त • जलीय विलयन - क्षारीय • कठोर जल से झाग नहीं • जैव अपघटनीय
अपमार्जक	• लम्बी श्रृंखला वाले सल्फोनिक तथा अमोनियम लवण ($-SO_3Na$ समूह) • साबुन रहित साबुन • जलीय विलयन - उदासीन • कठोर जल के साथ झाग बनाता है।
मिथाइल एल्कोहल (CH_3OH)	• काष्ठ स्प्रिट (Wood spirit), कार्बीनाल • रंगहीन, विषैला वाइन जैसी गंध वाला द्रव • अत्यधिक सेवन से अंधापन या मृत्यु

ईंधन (fuel)

- जलने पर ऊष्मा व प्रकाश देते हैं
- जीवाश्म ईंधन - जीवाश्मों से प्राप्त
  - ↳ कोयला, पेट्रोलियम

ईंधन

- ठोस ईंधन (लकड़ी, कोक, कोयला चारकोल)
- द्रव ईंधन (पैट्रोल, डीजल, कैरोसीन एल्कोहॉल आदि)
- गैसीय ईंधन (गोबर, गैस, कोल व प्राकृतिक गैस (LPG, CNG)

09 दैनिक जीवन में रसायन

औषधियाँ (Drugs)

उपयोग → रोगों के निदान, निवारण तथा उपचार में

वर्गीकरण

प्रतिअम्ल	• आमाशय में HCl के कारण उत्पन्न अम्लता को नियंत्रित करना उदाहरण - $Mg(OH)_2$, सीमैटिडिन आदि
प्रतिज्वरकारी	शरीर के ताप को नियंत्रित करना उदाहरण - पैरासिटामाल, ऐस्प्रिन, ब्रूफेन आदि ऐस्प्रिन (O=C-OCH$_3$, COOH) पैरासिटामाल (OH, NHCOCH$_3$)
प्रति हिस्टैमिन	• एलर्जी को दूर करना (अस्थमा, सूजन, खुजली) उदाहरण - ब्रोमफेनिरामिन (डाईमेटेप), टरफेनडीन आदि
प्रशान्तक	• तनाव, मानसिक रोग, चिन्ता, उत्तेजना आदि के लिए (पोटैशियम ब्रोमाइड) • निद्रा प्रशांतक - वैरोनल • अनिद्रा प्रशांतक - इक्वैनिल, वैलियम • शान्तिकारक प्रशांतक - बार्बिट्यूरेट्स, डाइऐजीपाम, वैलियम • प्रति अवसादकारक प्रशांतक - कोडीन, आइप्रोनाइजिड • मानसिक रोग प्रशांतक - LSD, मैस्केलिन आदि
पीड़ाहारी	• दर्द निवारण • स्वापक पीड़ाहारी - निद्रालु उदाहरण - मार्फीन, हेरोईन, कोडीन आदि • अस्वापक - अनिद्रा उदाहरण - पैरासिटामाल, डाइक्लोरोफिनैक आदि
प्रतिसूक्ष्म जैविक	• सूक्ष्मजीवों से उत्पन्न संक्रमण दूर करना (i) जीवाणुनाशक - पैनिसिलिन (कवक से प्राप्त) (ii) जीवाणु रोधक - ट्रेटासाइक्लिन, ऐरिथ्रोमाइसिन आदि (iii) प्रतिरोधकता वर्धक - सल्फोनैमाइड
प्रतिजैविक	• सूक्ष्मजीवों के उपापचय को प्रभावित करके वृद्धि रोकना (i) विस्तृत स्पैक्ट्रम प्रतिजैविक : सूक्ष्म जीवों को नष्ट करना उदाहरण - क्लोरैम्फेनिकाल (टाइफाइड, तीव्र ज्वर), टेट्रासाइक्लिन (ii) संकीर्ण स्पैक्ट्रम प्रतिजैविक - केवल एक प्रकार के सूक्ष्म जीव नष्ट करना उदाहरण - पैनिसिलीन (आविष्कार - एलेक्जेंडर फ्लेमिंग)

पूर्तिरोधी / विसंक्रामी	• जीवाणुओं को नष्ट करके खुली चोट में उनकी वृद्धि रोकना उदाहरण - डेटॉल, आयोडीन (आयोडोफॉर्म), मेथिलीन ब्लू आदि
जनन क्षमता नियंत्रण	• माला - D, ओवरल - G, नोवीलोन, फेमिलोन आदि
सल्फा औषध	• सल्फर + नाइट्रोजन - बैक्टीरिया संक्रमण रोकना उदाहरण - सल्फैनिल एमाइड (प्रथम सल्फा औषधि, 1908)
निश्चेतक	• संवेदी अंगों को बंद करना उपयोग - शल्य चिकित्सा (सर्जरी) के दौरान उदाहरण - डाइएथिल ईथर, क्लोरोफार्म आदि
क्यूनाइन	• प्रतिमलेरिया औषधि • सिनकोना की छाल से प्राप्त

रंजक → रेशों व खाद्य पदार्थों को रंगने में प्रयुक्त

क्रोमोफोर समूह (नाइट्रो, एजो आदि) - रंग के लिए उत्तरदायी

रंजको का वर्गीकरण

रंजक

अनुप्रयोग के आधार पर

(i) अम्लीय रंजक - सोडियम लवण

जल में विलेय, ऊन, सिल्क, नायलान को रंगने में प्रयुक्त

उदाहरण - मेथिल आरेंज, कांगो रेड

(ii) क्षारीय रंजक - नायलान, पालिस्टिर रंगने में प्रयुक्त

उदाहरण - एनीलीन पीला, मैलेकाइट हरा

(iii) प्रत्यक्ष रंजक - मार्शियस, पीला कांगो रेड

iv) परिक्षिप्त रंजक - सेलिटान फास्ट, पिंक बी

v) क्रियाशील रंजक - प्रोसियान, सिबा क्रान

vi) वेट रंजक - सूती कपड़े रंगने में प्रयुक्त

(vii) बंधक रंजक - एलिजरिन (Al के साथ चमकीला लाल व Ba के साथ नीला रंग)

रासायनिक संघटन के आधार पर

(i) एजो रंजक - मेथिल ऑरेंज

(ii) थैलीन रंजक - फीनाल्फथैलीन, मरक्यूरोक्रम

(iii) इण्डिगोइड रंजक - इण्डिगो (नील) टायरिकन बैंगनी

(iv) एन्थ्रोक्विनान रंजक - एलिजेरिन (प्राकृतिक रंजक)

(v) ट्राईफेनिल मेथेन रंजक - मैलेकाइट हरा

रेशे (fibre) → लम्बी, धागेनुमा संरचना

(i) <u>प्राकृतिक रेशे (Natural fibre):</u> जन्तु व पौधों से प्राप्त

उदाहरण - कपास, जूट, सन, ऊन, रेशम आदि

(ii) अर्द्ध-संश्लेषित रेशे - मानव निर्मित उदाहरण - पालिस्टर, धात्विक रेशे

संश्लेषित रेशे तथा उनके उपयोग

रेशे	उपयोग
नायलान	• टूथ ब्रशों के शूकों, रस्सियाँ, पैराशूट, मछली पकड़ने के जाल तथा कपड़ों आदि के निर्माण में
पॉलिएस्टर	• कपड़े तथा अग्निशमन में प्रयुक्त होज पाइप आदि बनाने में
कार्बन	• अंतरिक्ष यानों के पुर्जे और खेलकूद के सामान बनाने में
एक्रिलोनाइट्राइल	• ऊन के स्थान (Substitute) पर संश्लेषित कंबल बनाने में

कांच (Glass) → समांगी मिश्रण → क्षारीय धातुओं के सिलिकेटों का अक्रिस्टलीय या आंशिक पारदर्शक

→ साधारण कांच - $Na_2O \cdot CaO \cdot 6SiO_2$

कांच के प्रकार, गुण, उपयोग

काँच	संघटन	उपयोग
सोडा काँच	सोडियम कार्बोनेट, कैल्सियम कार्बोनेट व सिलिका	ट्यूबलाइट, बोतलें, प्रयोगशाला के उपकरण, व दैनिक प्रयोग के बर्तन बनाने में
फोटोक्रोमेटिक काँच	सामान्य अवयवों के अतिरिक्त सिल्वर क्लोराइड भी उपस्थित होता है।	धूप के काले चश्मे बनाने में
जेना काँच (सर्वोत्तम काँच)	जिंक तथा बेरियम बोरी सिलिकेट का मिश्रण	रासायनिक पात्र व अन्य वैज्ञानिक उपकरणों के निर्माण में
फिलण्ट काँच	पोटैशियम कार्बोनेट, लेड ऑक्साइड व सिलिका	विद्युत बल्ब, कैमरा व दूरबीन, सूक्ष्मदर्शी के लेन्स एवं प्रिज्म निर्माण में
क्रुक्स काँच	सीरियम ऑक्साइड व सिलिका	धूप–चश्मों के लेन्स में
सीसा क्रिस्टल काँच	पोटैशियम कार्बोनेट, लेड ऑक्साइड व सिलिका	महँगें काँच पात्र बनाने में
पाइरेक्स काँच	बेरियम सिलिकेट व सोडियम सिलिकेट	प्रयोगशाला उपकरण एवं फॉर्मास्यूटिकल पात्र बनाने में
क्राऊन काँच	पोटैशियम ऑक्साइड, बेरियम ऑक्साइड व सिलिका	चश्में के लेन्स में
क्वार्ट्ज या सिलिका काँच	सिलिका को पिघलाकर प्राप्त किया जाता है।	पराबैंगनी लैम्पों के निर्माण में व रासायनिक अभिकर्मकों को रखने के पात्र बनाने में

रंगीन कांच :

रंग देने वाले पदार्थ	रंग
कार्बन	भूरा काला
कैडमियम सल्फाइड	नींबू पीला
कोबाल्ट आक्साइड	गहरा नीला
क्यूप्रस आक्साइड	फिल्टर लाल
क्यूप्रिक आक्साइड	पीकाक नीला
गोल्ड क्लोराइड	रूबी लाल
मैंगनीज डाई आक्साइड	गुलाबी
फैरिक आक्साइड	भूरा
पोटैशियम डाईक्रोमेट	हरा / हरा पीला

जल कांच (Water glass)

- जल में विलेय
- सोडियम कार्बोनेट + सिलिका $\xrightarrow{\Delta}$ जल कांच
- आप्टिकल फाइबर - दूर संचार व एण्डोस्कॉपी में
- धूप के चश्में (रंगीन) - लैन्थेनॉइड ऑक्साइड
- कॉच प्रबलित प्लास्टिक - फाइबर ग्लास

सीमेन्ट (Cement)

→ घटक - CaO (60-70%) + SiO_2 (20-25%) + Al_2O_3 + Fe_2O_3 (2-3%)

→ पोर्टलैंड सीमेन्ट सर्वप्रथम प्रयोग - जोसेफ एस्पिडन, 1824 (ब्रिटेन)

उर्वरक (fertilisers) → पौधों के पोषक तत्व

उर्वरकों के प्रकार (Types of fertilisers)

यूरिया - नाइट्रोजन युक्त कार्बनिक यौगिक, जल में घुलनशील

उर्वरक	उदाहरण
(i) नाइट्रोजनी उर्वरक	• अमोनिया व उसके व्युत्पन्न, अमोनियम सल्फेट यूरिया (NH_2CONH_2), कैल्शियम अमोनियम नाइट्रेट
(ii) फास्फेटिक उर्वरक	• फास्फेटिक धातुमल, उच्च विलेयता (पौधों द्वारा आसानी से स्वांगीकृत
(iii) पोटाश उर्वरक	• पोटैशियम नाइट्रेट तथा सल्फेट
(iv) NP तथा NPK उर्वरक	• NP - नाइट्रोजन फास्फोरस आपूर्ति NPK - नाइट्रोजन, फास्फोरस, पोटैशियम

बहुलक (Polymer)

→ उच्च अणुभार वाले यौगिक

→ छोटे-छोटे अणुओं के परस्पर संयुक्त होने या पुनरावृत्ति से निर्मित

$$n\,CH_2 = CH_2 \xrightarrow{\text{बहुलकीकरण}} [CH_2 - CH_2]_n \text{ पॉलिथीन}$$

प्रकार
- प्राकृतिक बहुलक - स्टार्च, सेलुलोस आदि
- संश्लेषित - बैकेलाइट, प्लास्टिक आदि
- अर्द्ध-संश्लेषित - रेयॉन, वल्नीकृत रबड़

उदाहरण
- **प्लास्टिक**
  - विद्युत का कुचालक
  - एथिलीन, प्रोपिलीन के बहुलीकरण से निर्मित
  - पुनः चक्रण संभव
- **रबर**

प्लास्टिक
- थर्मोप्लास्टिक - ताप देने पर मुलायम उदाहरण - पॉलीथीन, PVC
- थर्मोसेटिंग - ताप देने पर मुलायम नहीं

उदाहरण - बैकेलाइट,
↓
ऊष्मा व विद्युत - कुचालक
बिजली स्विच में प्रयुक्त

मैलेमाइन
↓
आग का प्रतिरोधक
↓
अग्निशमन कर्मचारियों की पोशाक में प्रयुक्त

महत्वपूर्ण बहुलक व उनके एकलक

बहुलक	एकलक
पॉलिथीन	एथिलीन
पॉलिस्टाइरीन	स्टाइरीन
पालिविनाइल क्लोराइड	विनाइल क्लोराइड
बैकेलाइट	फार्मेल्डिहाइड + फीनॉल
यूरिया फार्मेल्डिहाइड रेजिन	यूरिया + फार्मेल्डिहाइड
मैलमेक	मैलेमाइन + फार्मेल्डिहाइड

रबर

- **प्राकृतिक रबर** - • वनस्पति दूध (लैटेक्स) से प्राप्त
  - प्रत्यास्थ बहुलक
  - आइसोप्रीन → एकलक ईकाई
    - └ बहुलक → रबर
- **संश्लेषित रबर** - • निओप्रीन (क्लोरोप्रीन का बहुलक)
  - ब्यूना - N • (विकास - मैथ्यूस व हैरिस द्वारा)
- **वल्कनीकरण** - संश्लेषित रबर को ZnO की उपस्थिति में 313 K ताप पर सल्फर यौगिक के साथ गर्म (गुणवत्ता ↑)

टायर निर्माण - 5% सल्फर के साथ वल्कनीकरण से प्राप्त रबर
बैटरी केस - 30% सल्फर के साथ वल्कनीकरण से प्राप्त रबर

विस्फोटक (Explosives)

दहन पर अत्यधिक ऊष्मा व ध्वनि का उत्सर्जन

- साइक्लोट्राइ मेथिलीन (खोज - हैनिंग, जर्मनी 1899), साइक्लोट्राई मिथायलीन (RDX)
- TNT (ट्राई नाइट्रोटॉलुईन) - नोबल का तेल
- डायनामाइट बनाने में प्रयुक्त (अल्फ्रेड नोबल, 1863)

खाद्य परिरक्षक (Food preservative)

- खाद्य पदार्थों को खराब होने से बचाने के लिए

उदाहरण - सोडियम बेन्जोएट, नमक, चीनी, तेल, सर्बिक व प्रोपेनोइक अम्ल के लवण आदि

प्रति आक्सीकारक (Antioxident) - आक्सीकरण रोकने में सहायक

कुछ प्रतिआक्सीकारक के स्रोत

प्रतिआक्सीकारक	प्रतिआक्सीकारक युक्त खाद्य पदार्थ
विटामिन - C (एस्कार्बिक अम्ल)	फल तथा सब्जियाँ
विटामिन - E (टेकोफेराल)	वनस्पति तेल
कैरोटिनॉयड	फल तथा सब्जियाँ
पाली, फिनॉलिक प्रतिआक्सीकारक	चाय, काफी, सोयाबीन, चाकलेट आदि

→ BHT [ब्यूटाइलेटेड हाइड्रॉक्सी टॉलुईन] - चिप्स, तेल, बेकरी उत्पाद

कृत्रिम मधुरक (Artificial sweetner)

- मधुमेह रोगियो के लिए प्रयुक्त

सैकरीन : आर्थोसल्फो बेन्जी माइट

- सुक्रोस से 550 गुना मीठी
- हानिकारक नहीं

ऐस्पार्टम : (सफल व व्यापक रूप में प्रयुक्त)
सुक्रोस से 100 गुना मीठी

एलिटेम : (प्रबल कृत्रिम मधुरक)
सुक्रोस से 2000 गुना मीठी

सुक्रालोस : सुक्रोस का ट्राइक्लोरो व्युत्पन्न
रंग स्वाद - शर्करा जैसा
सुक्रोस से 600 गुना मीठी

10 पर्यावरण रसायन

पर्यावरण प्रदूषण (Environmental pollution)

पर्यावरण में अवांछनीय परिवर्तन
↳ हानिकारक प्रभाव (पौधों व जन्तुओं पर)

प्रदूषक - प्रदूषण उत्पन्न करने वाले पदार्थ

उदाहरण - DDT (डाई क्लोरो डाई फिनाइल ट्राई क्लोरो एथेन), प्लास्टिक, भारी धातुएँ आदि

प्रकार

- वायु प्रदूषण
- जल प्रदूषण
- मृदा प्रदूषण
- ध्वनि प्रदूषण
- विकिरण या रेडियोधर्मी प्रदूषण

प्रभाव

भूमंडलीय ताप वृद्धि

- हरित गृह प्रभाव - पृथ्वी के तापमान में वृद्धि
- हरित गृह गैसें - CO_2, CH_4, N_2O, CFC, SO_2 आदि

धूम कोहरा

(i) सामान्य धूम कोहरा - अपचायक मिश्रण (धूम, कोहरा, SO_2)

(ii) प्रकाश रासायनिक धूम - आक्सीकारक प्रकृति

उत्पन्न होने के कारण - नाइट्रोजन के आक्साइड, हाइड्रोकार्बन

घटक - ओजोन, नाइट्रिक आक्साइड, PAN (पराक्सी एसिटिल नाइट्रेट)

अम्ल वर्षा

- वर्षा जल → pH 5.6 ↓ - अम्ल वर्षा
- उत्तरदायी - SO_2, NO_2
- ऐतिहासिक इमारतों की क्षति

ओजोन परत क्षय

- समताप मण्डलीय प्रदूषण
- मुख्य कारक → CFC (क्लोरो फ्लोरो कार्बन), हैलोजन
  - → Cl, F तथा C का यौगिक
  - → फ्रिऑन
  - → रेफ्रीजरेटर व AC में प्रयोग

$O_3 + CFC \rightarrow O_2 + O$

(पृथ्वी पर पराबैंगनी किरणों का प्रभाव)
↳ त्वचा रोग, मौतियाबिन्द

भोपाल गैस त्रासदी (Bhopal gas tragedy): (3 दिसम्बर 1984)
└ यूनियन कार्बाइड लिमिटेड (भोपाल)

गैस - ($CH_3-N=C=O$) मिथाइल आइसो सायनेट (कीटनाशक उत्पाद)

01 जीव विज्ञान का परिचय एवं सजीव जगत

जीव विज्ञान का परिचय

→ शब्द 'Biology' का प्रतिपादन – लैमार्क एवं ट्रेविरैनस
→ जनक-अरस्तू (Aristotle)
→ सजीवों का अध्ययन
↳ उदाहरण – कवक, शैवाल, जीवाणु, पौधे, जन्तु, मानव आदि

प्रमुख शाखाएँ

पादप/वनस्पति विज्ञान (Botany)
- जनक – थियोफ्रेस्टस
- पादपों का अध्ययन
- उदाहरण – शैवाल, ब्रायोफाइट, फर्न, वृक्ष, लता, झाड़ी आदि

जन्तु विज्ञान (Zoology)
- जनक – अरस्तू
- जन्तुओं का अध्ययन
- उदाहरण – केंचुआ, मछली, सर्प, पक्षी, स्तनी आदि

सूक्ष्मजीव विज्ञान (Microbiology)
- जनक – एण्टीनी वान ल्यूवेनहॉक
- सूक्ष्मजीवों का अध्ययन
- उदाहरण – नील-हरित शैवाल, जीवाणु, प्रोटोजोआ आदि

जीव विज्ञान की प्रमुख उपशाखाएँ / विवरण	
उपशाखाएँ एवं जनक	**अध्ययन**
अन्तः स्रावी विज्ञान (Endocrinology) (थॉमस एडिसन)	अन्तः स्रावी ग्रन्थियाँ तथा हॉर्मोन
प्रतिरक्षा विज्ञान (Immunology) (एडवर्ड जेनर)	रोगों के प्रति प्रतिरोधकता।
आनुवंशिकी (Genetics) (ग्रेगर जॉन मेण्डल)	आनुवंशिकता तथा विभिन्नता के कारण
कोशिका विज्ञान (Cytology) (रॉबर्ट हुक)	कोशिकाओं की संरचना।
सुजननिकी (Eugenics) (फ्रांसिस गाल्टन)	मानव जाति की पीढ़ियों को प्रभावित करने वाले कारक
वर्गिकी (Taxonomy) (कैरोलस लिनियस)	जीवों की पहचान, नामकरण तथा वर्गीकरण
जीवाश्मिकी (Palaeontology) (लिओनार्डो दा विन्सी)	जीवाश्म
भ्रूण विज्ञान (Embryology) (भारतीय जनक – पंचानन माहेश्वरी)	युग्मकों के निर्माण, निषेचन व भ्रूण विकास
शस्य विज्ञान (Agronomy) (पिएत्रो डी क्रेसेन्जी)	खेतों में उगाए जाने वाले पौधों
एग्रोस्टोलॉजी (Agrostology)	घास
एन्थोलॉजी (Anthology)	पुष्प
सर्पेन्टोलॉजी (Serpentology)	सर्प
आदि जन्तु विज्ञान (Protozoology)	प्रोटोजोआ

☆ वर्गीकरण एवं वर्गिकी

→ शब्द 'टैक्सोनॉमी' (Taxonomy) का प्रतिपादन – ए. पी. डी. कैण्डोले
→ जनक – कैरोलस लिनियस
→ सजीवों की पहचान करने, वर्गीकरण करने एवं नामकरण करने का अध्ययन

• वर्गीकीय समूहों या वर्गकों का अवरोही पदानुक्रम

1 – जगत   2 – संघ (जन्तुओं में) / प्रभाग (पादपों में)

3 – वर्ग   4 – गण

5 – कुल   6 – वंश   7 – जाति

द्विनाम पद्धति

• प्रतिपादक कैरोलस लिनियस (सिस्टेमा नेचुरी पुस्तक में)

• वंश + जाति का उपयोग कर विशिष्ट नाम देना

उदाहरण →

- मोर – पैवो क्रिस्टेसस
- मेंढक – राना टिग्रिना
- बिल्ली – फेलिस कैटस
- कुत्ता – कैनिस ल्यूपस फैमिलिरिस
- गाय – बॉस इंडिकस
- भैंस – बुबैलस बुबैलिस
- बकरी – कैप्रा एगेग्रस हिरकस
- बाघ – पैंथरा टाइग्रिस
- शेर – पैंथरा लियो
- तेंदुआ – पैंथरा पार्डस
- भालू – उर्सस थिबेटेनस
- खरगोश – ऑरिक्टोलैगस क्यूनिकुलस
- हाथी – एफिलास मैक्सिमस इंडिकस
- डॉल्फिन – प्लाटेनिस्टा गैंकेटिका
- गाजर घास – पार्थेनियम हिस्टेरोफोरस
- मटर – पाइसम सेटाइवम
- सरसों – ब्रेसिका कम्पेस्ट्रिस
- अंजीर – फिकस कैरिका
- टमाटर – सोलेनम लाइकोपार्सिकम
- धान – ऑरिजा सैटिवा
- बरगद – फिकस बेंघालेंसिस
- गन्ना – सैकेरम ऑफिसीनेरम
- प्याज – एलियम सेपा
- हींग – फेरूला एसफोइटिडा
- कपास – गोसिपियम
- कॉफी – कॉफिया अरेबिका
- चाय – कैमेलिया साइनेन्सिस
- हल्दी – कुरकुमा लोंगा

वर्गिकी संवर्ग सहित कुछ जीव						
सामान्य नाम	जैविक नाम	वंश	कुल	गण	वर्ग	संघ / प्रभाग
मानव	होमो सेपियंस	होमो	होमोनिडी	प्राइमेटा	मैमेलिया	कॉर्डेटा
घरेलू मक्खी	मस्का डोमेस्टिका	मस्का	म्यूसीडी	डिप्टेरा	इंसेक्टा	आर्थ्रोपोडा
आम	मैंजीफेरा इण्डिका	मैंजीफेरा	एनाकार्डिएसी	सेपिंडेल्स	डायकोटीलिडनी	एंजियोस्पर्मी
गेहूँ	ट्रिटिकम एस्टीवम	ट्रिटिकम	पोएसी	पोएल्स	मोनोकोटीलिडनी	एंजियोस्पर्मी
आलू	सोलेनम ट्यूबरोसम	सोलेनम	सोलेनैसी	सोलेनेल्स	डायकोटीलिडनी	एंजियोस्पर्मी

नोट – हरबेरियम में पौधों के एकत्र नमूनों को कागज की शीट पर सुखाकर व दबाकर परिरक्षित करते हैं।

☆ **पाँच जगत वर्गीकरण**

↳ आर. एच. व्हिटेकर द्वारा वर्ष 1969 में प्रस्तावित

↳ मानदण्ड –
- कोशिका संरचना
- शारीरिक संरचना
- पोषण की प्रक्रिया
- प्रजनन एवं जातिवृतीय संबंध आदि

पाँच जगत वर्गीकरण					
लक्षण	मोनेरा	प्रोटिस्टा	फंजाई	प्लाण्टी	ऐनिमेलिया
कोशिका प्रकार	प्रोकेरियोटिक	यूकेरियोटिक	यूकेरियोटिक	यूकेरियोटिक	यूकेरियोटिक
कोशिका भित्ति	पेप्टाइडोग्लाइ- -केन की	कुछ में उपस्थित	काइटिन की	सैल्यूलोज की	अनुपस्थित
केन्द्रक झिल्ली	अनुपस्थित	उपस्थित	उपस्थित	उपस्थित	उपस्थित
शारीरिक संरचना	कोशिकीय	कोशिकीय	बहुकोशिकीय सुकायी ऊतक	ऊतक/अंग/ अंग तन्त्र	ऊतक/अंग/ अंग तंत्र
पोषण की विधि	स्वपोषी तथा परपोषी	स्वपोषी तथा परपोषी	परपोषी (मृतोपजीवी एवं परजीवी)	स्वपोषी	परपोषी (प्राणी समभोजी एवं परजीवी)
प्रजनन की विधि	प्राय: अलैंगिक जनन	अलैंगिक एवं लैंगिक जनन	बीजाणुजनन एवं लैंगिक जनन	कायिक जनन व लैंगिक जनन	लैंगिक जनन

जगत - मोनेरा → वास्तविक केन्द्रक का अभाव
→ पृथ्वी पर ज्ञात सबसे पुराने सूक्ष्मजीव

जीवाणु

आर्किबैक्टीरिया (आदिम बैक्टीरिया)

- **मीथेनोजेन्स**
  (मीथेन उत्पादन बैक्टीरिया)
  उदाहरण- मीथेनोबैक्टीरियम
- **हेलोफिल्स**
  (लवणीय-समुद्री बैक्टीरिया)
  उदाहरण – हेलोकोकस
- **थर्मोएसिडोफिल्स**
  (अम्लीय – सल्फर झरनों में उपस्थित)
  उदाहरण - सल्फोलोबस

यूबैक्टीरिया (सत्य बैक्टीरिया)

- **सायनोबैक्टीरिया**
  नाइट्रोजन स्थिरीकारी, नील- हरित स्वपोषी जीवाणु
- **माइकोप्लाज्मा**
  सूक्ष्मतम, कोशिका भित्ति रहित, परजीवी / मृतोपजीवी

नोट - सायनोबैक्टीरिया जैसे नॉस्टॉक व ऐनाबीना वायुमण्डलीय नाइट्रोजन को हेटेरोसिस्ट नामक विशिष्ट कोशिकाओं द्वारा स्थिर कर सकते हैं।

☆ विशिष्ट सहजीवी सजीव

◉ सहजीवी सम्बन्ध → दोनों सहभागी जीवों को लाभ

→ लाइकेन (Lichen)

- कवक (खनिज तत्त्व एवं जल का अवशोषण)
  \+
  शैवाल (प्रकाश-संश्लेषण द्वारा भोजन का निर्माण)

कवक + शैवाल

- नग्न चट्टानों का प्राथमिक अनुक्रमक
- वायु प्रदूषण (SO_2) का सूचक
- लिटमस रंजक का स्रोत

→ कवकमूल (Mycorrhiza)

- कवक (खनिज तत्त्वों (P) का अवशोषण व मृदा रोगों से सुरक्षा)
  \+
  उच्चतर पादप की जड़ (आश्रय एवं पोषण प्रदान करना)
  उदाहरण – पाइनस व ऑर्किड में

अतिसूक्ष्मदर्शी अकोशिकीय संरचनाएँ

विषाणु

- प्रथम विषाणु की खोज
  ↳ इवानोवस्की (TMV)
- विषाणु का क्रिस्टलीकरण
  ↳ स्टैनले (TMV)
- अविकल्पी परजीवी
- सजीवों एवं निर्जीवों के मध्य की संयोजक कड़ी
- न्यूक्लियोप्रोटीन कण
  [प्रोटीन आवरण (कैप्सिड) + न्यूक्लिक अम्ल (DNA या RNA)]

वायरॉइड्स

- खोजकर्ता – T.O. डाइनर
- RNA के स्वतन्त्र, सूक्ष्म व वृत्ताकार अणु
- गुलदाउदी में स्टण्ट रोग

प्रियॉन्स

- खोजकर्ता – स्टैनले प्रुसीनर
- संक्रामक प्रोटीन के अणु
- भेड़-बकरियों में स्क्रैपी रोग
- मानव में कुरु एवं क्रुट्जफेल्ड जैकब रोग

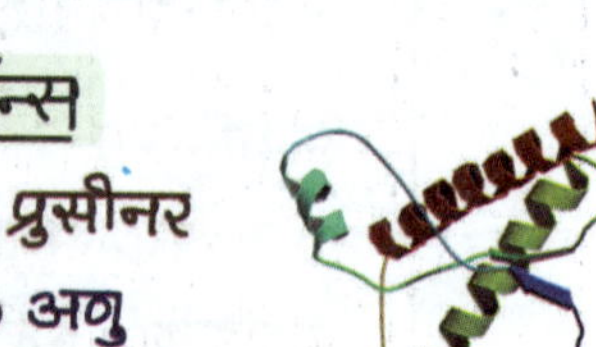

02 पादप जगत का वर्गीकरण

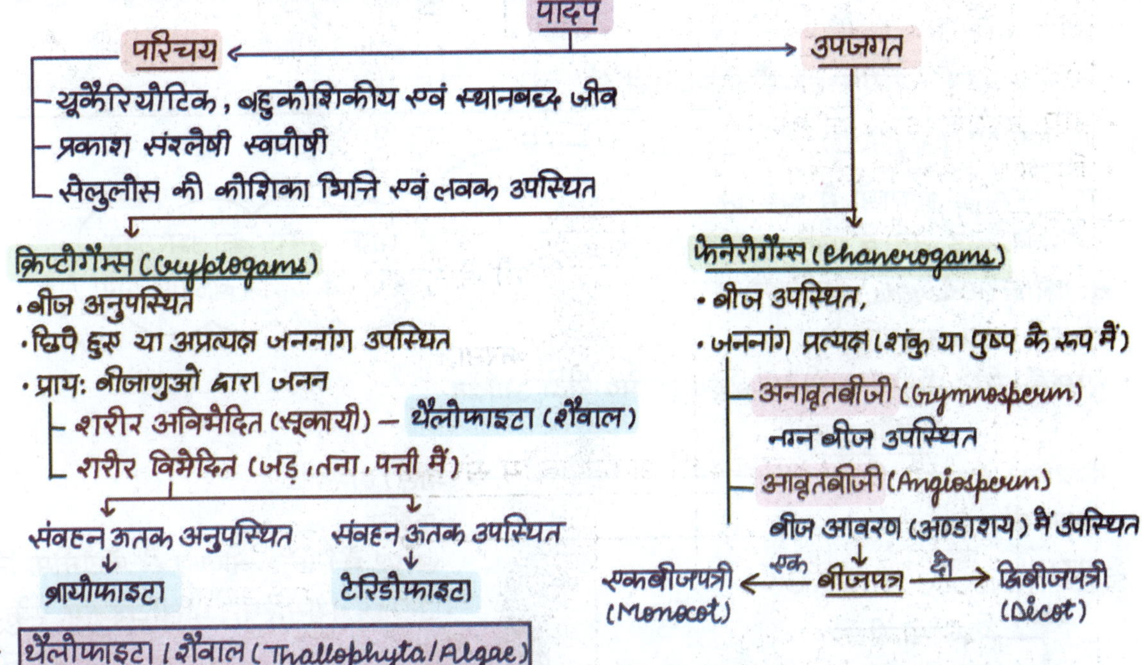

☆ **थैलोफाइटा / शैवाल (Thallophyta/Algae)**

- सूकायी शरीर एवं हरे शैवाल में मोटी कोशिका भित्ति (बाहरी – पेक्टिन + आन्तरिक – सैलुलोस)
- अधिकतर जलीय
- संवहनी एवं यांत्रिक ऊतक अनुपस्थित
- युग्मकोद्भिद पीढ़ी प्रभावी

→ **आर्थिक महत्त्व** – CO_2 स्थिरीकरण, जलीय खाद्य श्रृंखला में उत्पादक, भोजन (पोरफायरा, सारगैसम), एल्जिन (भूरा शैवाल), कैरागीन (लाल शैवाल) और अगार (जिलेडियम तथा ग्रेसिलेरिया), शैवाल प्रस्फुटन, प्रोटीन स्रोत तथा अन्तरिक्ष खाद्य (क्लोरेला तथा स्पाइरुलीना)

शैवाल (Algae)

विशेषताएँ	क्लोरोफाइसी	फियोफाइसी	रोडोफाइसी
सामान्य नाम	हरे शैवाल	भूरे शैवाल (प्रायः समुद्री)	लाल शैवाल (प्रायः समुद्री)
वर्णक	क्लोरोफिल – a, b	क्लोरोफिल – a, b फ्यूकोजेन्थिन	क्लोरोफिल – a, d फाइकोइरिथ्रिन
संचित भोजन	स्टार्च	मैनिटोल, लैमिनेरिन	फ्लोरिडिऑन स्टार्च
उदाहरण	क्लैमाइडोमोनास, वॉल्वॉक्स, स्पाइरोगाइरा (तंतुमय, स्वच्छ जलीय)	फ्यूकस, एक्टोकार्पस सारगैसम, लेमिनेरिया	पॉलीसाइफोनिया, पोरफायरा, ग्रेसिलेरिया
	रिक्तिका, कशाभ, कोशिका द्रव्य, केन्द्रक, वर्णक बिन्दु, पाइरीनॉइड, कोशिका भित्ति क्लैमाइडोमोनास	प्रपर्ण, छत्रिका वृन्त, स्थापनांग लेमिनेरिया	मुख्य अक्ष, शाखाएँ पॉलीसाइफोनिया

नोट – सायनोफाइसी या सायनोबैक्टीरिया नील-हरित शैवालों (उदा० – नॉस्टॉक, एनाबीना) का वर्ग है।

- कुछ समुद्री शैवाल : जैसे – लेमिनेरिया आधार (चट्टान) से होल्डफास्ट / स्थापनांग की सहायता से चिपके रहते हैं।
- अधिकांश हरे शैवालों में हरितलवक में एक या अधिक स्टार्च के भण्डारण निकाय पाइरीनॉइड्स पाए जाते हैं।
- एल्जिन एवं कैरागीन हाइड्रोकोलाइड्स हैं।

☆ ब्रायोफाइटा (Bryophyta)

- नम एवं आर्द्र आवासों में उपस्थित
- वास्तविक जड़, तना व पत्ती अनुपस्थित
- मूलाभास (Rhizoids) उपस्थित
- संवहनी ऊतक अनुपस्थित
- युग्मकोद्भिद पीढ़ी प्रभावी एवं बीजाणुद्भिद पीढ़ी आश्रित

- पादप जगत का उभयचर
- लैंगिक जनन बीजाणु द्वारा

ब्रायोफाइटा

लिवरवर्ट
- सूकायी
- उदा० – मार्केन्शिया, रिक्सिया

मॉस / हॉर्नवर्ट
- पर्णिल
- सम्पुट में निर्मित, बीजाणु से प्रोटोनीमा निर्मित
- उदा० – फ्यूनेरिया, पॉलीट्राइकम, स्फैगनम

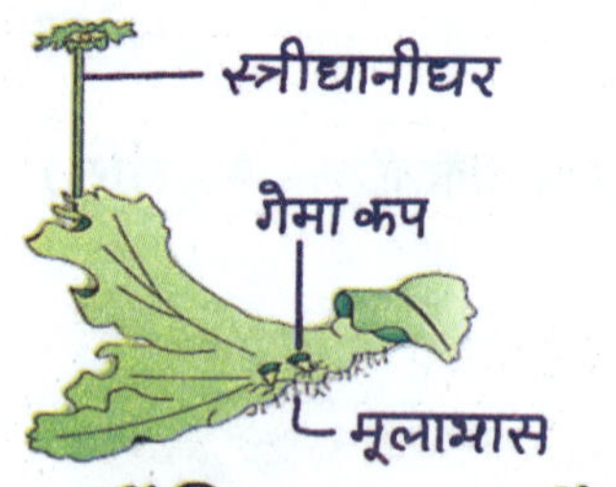

मार्केन्शिया का मादा थैलस

फ्यूनेरिया (कार्ड मॉस) स्फैगनम (बोग मॉस)

☆ टेरिडोफाइटा (Pteridophyta)

- पादप जगत के वानस्पतिक सर्प एवं पूर्ण स्थलीय
- नम एवं छायादार स्थानों पर उपस्थित
- शरीर जड़, तना व पत्ती में विभेदित
- लैंगिक जनन हेतु जल आवश्यक
- संवहन ऊतक (जाइलम व फ्लोएम) उपस्थित
- मुख्य पादप बीजाणुद्भिद, पुंधानी (Antheridium) में नर युग्मक का निर्माण
- उदा० – फर्न ; जैसे – सिलैजिनेला, टेरिस, इक्वीसीटम, साइलोटम

इक्वीसीटम

नोट – इक्वीसीटम स्फेनोप्सिडा का एकमात्र जीवित प्रतिनिधि है।

☆ अनावृतबीजी (Gymnosperms)

- नग्नबीजी पादप
- अण्डाशय, फल व वास्तविक पुष्प अनुपस्थित
- मुख्य पादप बीजाणुद्भिद
- जड़, तना व सुई जैसी पत्ती उपस्थित
- प्रजनन अंग के रूप में एकलिंगी शंकु (Cone) उपस्थित एवं भ्रूणपोष अगुणित
- संवहनी ऊतक में जाइलम वाहिका एवे फ्लोएम की सहचर कोशिका अनुपस्थित
- सदाबहार एवं काष्ठीय वृक्ष व झाड़ी
- उदा० – साइकस, पाइनस, जिंको, नीटम

साइकस

पाइनस (चीड़)

☆ आवृतबीजी (Angiosperm)

- सुविकसित पुष्पी तथा आवरण युक्त बीजीय पादप
- फल (अण्डाशय) उपस्थित, जिसमें बीज (बीजाण्ड) होते हैं।
- द्विनिषेचन एवं त्रिसंलयन उपस्थित, भ्रूणपोष त्रिगुणित

एकबीजपत्री एवं द्विबीजपत्री पादपों में अन्तर		
लक्षण	एकबीजपत्री पादप	द्विबीजपत्री पादप
जड़	अपस्थानिक या झकड़ा जड़ें	मूसला जड़ें
तना	संवहन बण्डल बिखरे हुए	संवहन बण्डल वलय में उपस्थित
पत्तियाँ	पत्तियाँ समद्विपार्श्विक होती हैं, जिसमें समानान्तर शिराविन्यास पाया जाता है	पृष्ठाधारी पत्तियाँ पाई जाती हैं, जिसमें जालिकावत शिराविन्यास पाया जाता है
पुष्प	पुष्प के विभिन्न चक्र 3 अथवा 3 के गुणक में पाए जाते हैं	ये 4 अथवा 5 के गुणांक में पाए जाते हैं
बीज	केवल एक बीजपत्र होता है	दो बीजपत्र होते हैं
उदाहरण	मक्का, गेहूँ, बाजरा	गुलाब, चना, टमाटर
	बीज में 1बीजपत्र; झकड़ा/तंतुमय जड़; समानान्तर शिराविन्यास; तने संवहन बण्डल बिखरे हुए; पुष्पीय भाग 3 या 3 के गुणक	बीज में 2 बीजपत्र; मूसला जड़; जालिकावत शिराविन्यास; तने में संवहन बण्डल वलय में उपस्थित; पुष्पीय भाग 4 या 5 के गुणक

03 प्राणी जगत

परिचय
- यूकैरियोटिक जीव
- बहुकोशिकीय, विषमपोषी
- अधिकतर गतिशील (Motile)
- कोशिका भित्ति अनुपस्थित

☆ **प्राणियों का वर्गीकरण**

A. अरज्जुकी या अपृष्ठरज्जुकी (Non-Chordata)
– पृष्ठरज्जु (Notocord) अनुपस्थित

संघ (Phylum) के अनुसार वर्गीकरण

क्र.स.	संघ	प्रमुख तथ्य
I.	पौरीफैरा (Porifera)	• असममित, अगुहीय, छिद्रयुक्त, जलीय 'स्पंज' • 'नाल तंत्र' एवं कोशिकीय पुंज स्तर का संगठन उपस्थित • पुनरुद्भवन की उच्च क्षमता • कॉलर कोशिका (कोएनोसाइट) उपस्थित • उदाहरण – स्पौंजिला (स्वच्छ जलीय स्पंज), यूस्पोंजिया (बाथ स्पंज), साइकॉन
II.	सिलैण्ट्रेटा या निडेरिया (Cnidaria)	• दंश कोशिका एवं अरीय सममिति उपस्थित • जलीय, द्विकोरकी, अगुहीय, ऊतक स्तरीय एवं बहुरूपी (पॉलिप व मैडूयूसा) जन्तु • उदाहरण – फाइसेलिया (पुर्तगाली युद्ध मानव), एडमासिया (समुद्री एनीमोन), पैनेट्युला (समुद्री पिच्छक), हाइड्रा
III.	टीनोफोरा (Ctenophora)	• द्विअरीय सममित, समुद्री अखरोट • जैव-संदीप्ति (Bioluminesence) • कॉम्ब जैली (8 कॉम्ब प्लेट्स की उपस्थिति) • उदाहरण – टीनोप्लाना
IV.	प्लेटीहैल्मिन्थीज (Platyhelminthes)	• चपटे कृमि प्राय: अन्त: परजीवी, ऊतक-अंग स्तर का संगठन, त्रिकोरकी • उत्सर्जन हेतु ज्वाला कोशिकाएँ उपस्थित, पाचन तन्त्र अपूर्ण • प्लैनेरिया में पुनरुद्भवन क्षमता उपस्थित • उदा० – टीनिया सौलियम (फीताकृमि), फैसियोला (यकृत पर्ण कृमि)

क्र.स.	संघ	प्रमुख तथ्य
V.	एस्केहैल्मिन्थीज (Aschelminthes)	• सूत्र कृमि, अन्तः परजीवी, एकलिंगी, कूटगुहीय • पूर्ण आहारनाल, उत्सर्जन प्रायः रैनेट कोशिका द्वारा • उदाहरण – एस्कैरिस (गोलकृमि), वुचेरैरिया (फाइलेरिया कृमि), एन्साइक्लोस्टोमा (अंकुश कृमि)
VI.	ऐनेलिडा (Annelida) - (Segmented Worms)	• बेलनाकार कृमि रूपी खण्डित शरीर, अंग-तन्त्र स्तर का संगठन • उत्सर्जन वृक्कक के द्वारा, हीमोग्लोबिन प्लाज्मा में विलेय, बंद परिसंचरण तन्त्र, प्रगुही • उदाहरण – नेरीस, फेरेटिमा (केंचुआ), हिरूडिनैरिया (रक्त चूषक जौंक-प्रायः 33 खण्ड)
VII.	आर्थ्रोपोडा (Arthropoda) - (Jointed Appendages)	• सबसे बड़ा संघ (प्रायः दो-तिहाई (2/3) कीट जातियाँ) • काइटिन का बाह्य कंकाल, खुला परिसंचरण तन्त्र • शरीर सिर, वक्ष एवं उदर में विभाजित • श्वसन क्लोम, पुस्त-क्लोम, पुस्त-फुफ्फुस या श्वसनिकाओं द्वारा • शरीर संतुलन के लिए सिर में स्टैटोसिस्ट (संतुलनपुटी) • उत्सर्जन प्रायः मैल्पीगी नलिका द्वारा • उदाहरण – आर्थिक व सामाजिक कीट :– मधुमक्खी (एपिस इण्डिका), रेशम कीट (बॉम्बिक्स मोरी), लाख कीट (लैसिफर लैक्का) – रोगवाहक कीट:- एनोफिलीज, क्यूलैक्स, एडीज मच्छर – जीवित जीवाश्म:- लिमूलस (राज कर्कट किंग क्रैब) – अन्य उदाहरण – झींगा, बिच्छू, टिड्डा (लोकस्टा)
VIII.	मोलस्का (Mollusca) (Soft Bodied)	• दूसरा सबसे बड़ा संघ, कोमल शरीर युक्त प्राणि • शरीर सिर, पेशीय पाद व आन्तरांग पिण्ड में विभक्त, कवच $CaCO_3$ से निर्मित • श्वसन 'टीनिडिया' द्वारा • रेतीजिव्हा (रेडुला) भोजन को चबाने का कार्य करते हैं। • उत्सर्जन प्रायः 'बोजेनस अंग' द्वारा • उदाहरण – पाइला (सेब घोंघा), पिंक्टाडा (मुक्ता शुक्ति), सीपिया (कटल फिश), ऑक्टोपस, एप्लाइसिया, डेन्टेलिया, कीटोप्ल्यूरा

क्र.स.	संघ	प्रमुख तथ्य
IX.	इकाइनोडर्मेटा (Echinodermata) (Spiny Skinned)	• त्वचा में $CaCO_3$ की कंटिकाएँ व नालपाद युक्त • पंचकोणीय अरीय सममित (लार्वा – द्विपार्श्व सममित) • पुनरूद्भवन की उच्च क्षमता • जल संवहन तन्त्र उपस्थित, मस्तिष्क अनुपस्थित • उदाहरण – एस्टेरियास (तारा मछली), इकाइनस (समुद्री अर्चिन – अरस्तु की लालटेन युक्त; कार्य- भोजन चबाना), होलोथुरिया
X	हेमीकॉर्डेटा (Hemichordata) - (Half Chordates)	• कॉर्डेटा व नॉन-कॉर्डेटा के बीच की संयोजक कडी • प्राय: कृमि समान प्राणि; खुला परिसंचरण तंत्र • उत्सर्जन शुण्ड ग्रंथि द्वारा • उदाहरण – बैलैनोग्लोसस, सैकोग्लोसस

B. कॉर्डेटा (Chordata)

• मुख्य लक्षण —

(i) पृष्ठ रज्जु (noto chord)
(ii) खोखला तंत्रिका रज्जु
(iii) ग्रसनीय क्लोम छिद्र
→ जीवन की किसी-न-किसी अवस्था में उपस्थित

• बन्द परिसंचरण तंत्र

• उपसंघ —

(i) यूरोकॉर्डेटा – उदा० – हर्डमानिया
(ii) सैफैलोकॉर्डेटा – उदा० – एम्फीऑक्सस
→ प्रोटोकॉर्डेट

(iii) वर्टीब्रेटा / कशेरूकी / क्रैनिएटा

• मस्तिष्क, कशेरूक दण्ड एवं कपाल उपस्थित

• व्यस्क में पृष्ठरज्जु उपास्थिल था अस्थिल कशेरूक दण्ड में प्रतिस्थापित

• तंत्रिका रज्जु मस्तिष्क व मेरूरज्जु में विभक्त

वर्टीब्रेटा (कशेरूकी)

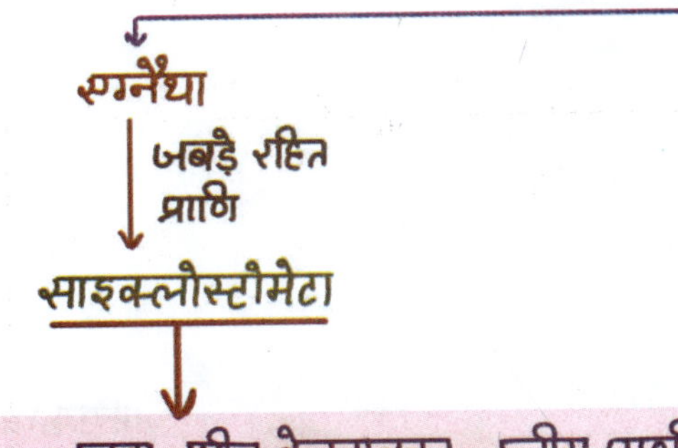

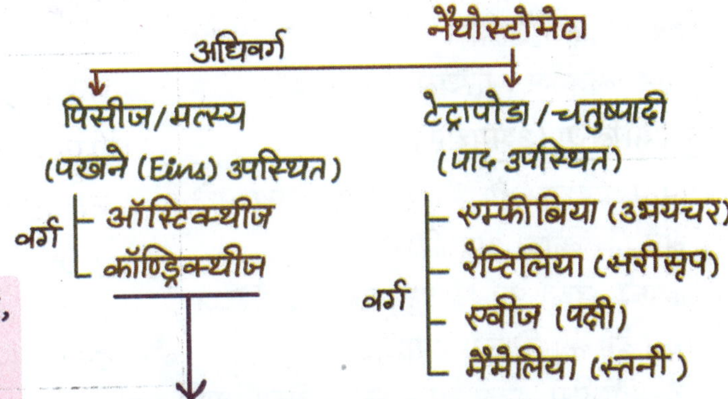

- जबड़ा रहित बेलनाकार, जलीय प्राणी, मुख प्रायः चूषक समान
- क्लोम छिद्र (gills) 6-15 जोड़ी, 2-कोष्ठीय हृदय, अनियततापी
- सिर अस्पष्ट व मस्तिष्क अल्पविकसित
- कपाल एवं कशेरुक दण्ड उपस्थित
- उदाहरण – पेट्रोमाइजॉन (लैम्प्रे), मिक्सीन (हैग फिश)

- उपास्थि का बना कंकाल उपस्थित, प्रायः समुद्री मछलियाँ
- ऑपरकुलम रहित 5-7 जोड़ी क्लोम दरारें, हृदय द्विकोष्ठीय
- वायु आशय (Air bladder) अनुपस्थित (लगातार तैरती रहती हैं)
- असमतापी, अण्डप्रजक या अण्डजरायुज (शार्क)
  - विद्युत अंग — टॉरपीडो
  - विष दंश — ट्राइगोन

उदाहरण — स्कॉलियोडॉन (कुत्ता मछली), प्रिस्टीस (आरा मछली) कार्कारोडोन (सफेद शार्क), काइमेरा

वर्ग – ऑस्टिक्थीज

- अस्थि का बना कंकाल उपस्थित
- ऑपरकुलम से ढके हुए 4-जोड़ी क्लोम दरारें उपस्थित
- द्विकोष्ठीय हृदय एवं वायु- आशय उपस्थित
- असमतापी, अण्डप्रजक, एकलिंगी
- उदाहरण – समुद्री - एक्सोसिटस (उड़न मछली), हिप्पोकैम्पस (समुद्री घोड़ा)
  स्वच्छ जलीय - लेबियो (रोहू), कतला, क्लेरियस (मांगुर),
  एक्वेरियम-बेटा स्प्लेण्डेन्स (फाइटिंग फिश)

अधिवर्ग : टेट्रापौडा

- चार (दो जोड़ी) पाद उपस्थित
- श्वसन फेफड़े द्वारा
- अंतः कंकाल अस्थिल

1. एम्फीबिया (उभयचर)

- जल व स्थल दोनों स्थानों पर पाए जाते हैं
- बाह्य कंकाल अनुपस्थित
- बाह्य त्वचा पर श्लेष्म ग्रंथियाँ उपस्थित जो देह को चिकना बनाती हैं
- 3-कोष्ठीय हृदय उपस्थित, अनियततापी
- अण्डप्रजक, लार्वा (मेंढक का टैडपोल) उपस्थित
- उदाहरण – मेंढक (राना टिग्रिना), टोड (ब्यूफो), वृक्ष मेंढक (हायला), प्रोटियस, अंध कृमि (इक्थियोफिस)

मेंढक

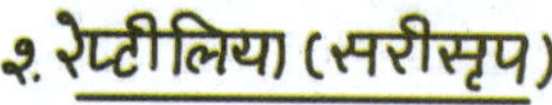

2. रेप्टीलिया (सरीसृप)

- प्रायः स्थलीय, त्वचा शुष्क व कैरोटिन के शल्क युक्त रेंगने वाले प्राणी
- 3-कोष्ठीय हृदय, अनियततापी, $CaCO_3$ के आवरण युक्त अण्डे
- अपवाद – मगरमच्छ में 4-कोष्ठीय हृदय
- उदाहरण – छिपकली, कोबरा सर्प (नाजा नाजा), अंध सर्प (टाइफ्लोप्स), गिरगिट, कछुआ, डायनासोर (विलुप्त)

नाग (साँप)

3. एवीज (पक्षी)

- 4-कोष्ठीय हृदय, नियततापी, त्वचा पर पर (Feathers) उपस्थित
- $CaCO_3$ के आवरण युक्त अण्डे
- अग्रपाद पंखों (wings) में रूपांतरित
- जबड़े दंत-विहीन चोंच में रूपांतरित
- पश्च पाद शल्क युक्त, प्रायः कूदने, दौड़ने, तैरने, पकड़ने हेतु अनुकूलित
- अस्थियाँ प्रायः खोखली, वातिल
- उदाहरण – तोता (सिटिकुला), मोर (पैवो), कबूतर या कपोत (कोलुम्बा), उड़यन रहित पक्षी – एमु, शुतुरमुर्ग, पैंग्वीन, कीवी, कैसोवरी

4. मैमेलिया (स्तनी)

- प्रायः त्वचा पर बाल व स्तन ग्रंथियाँ युक्त
- डायाफ्राम एवं बाह्य कंकाल (सींग, खुर, नाखून) उपस्थित
- 4-कोष्ठीय हृदय, नियततापी
- सजीवप्रजक (अपवाद – प्लैटीपस व एकीडना → अण्डप्रजक)
- उदाहरण – मानव (होमो सैपियंस), चमगादड़ (टैरोपस) कंगारू (मैक्रोपस), ऊँट (कैमिलस)

04 कोशिका

परिचय
- जीवन की मौलिक इकाई एवं शरीर का निर्माण खण्ड (Building Block)
- खोजकर्ता – रॉबर्ट हुक (1665)
  - कॉर्क (पादप की छाल से प्राप्त) की पतली काट में सर्वप्रथम मृत कोशिकाएँ (मधुमक्खी के छत्ते जैसी संरचना) देखी
  - Cellula ⟶ छोटा कक्ष / पिंजरा
  - Cytology ⟶ कोशिका का अध्ययन
- प्रथम जीवित कोशिका के खोजकर्ता – एण्टोनी वान ल्यूवेनहॉक (1674)

☆ **कोशिका सिद्धान्त (1838-1839)**

→ प्रतिपादक – मैथियास श्लाइडेन एवं थियोडोर श्वान
→ सभी जीव कोशिका से बने होते हैं।
→ कोशिका जीवन की संरचनात्मक व कार्यात्मक इकाई
→ रुडोल्फ विरचोव (1855) द्वारा रूपान्तरित
→ पूर्ववर्ती कोशिका से नई कोशिका की उत्पत्ति (कोशिका विभाजन द्वारा) (Ommis Cellula e Cellula)

◉ **कोशिका का आकार एवं आमाप**

→ अनियमित / अमीबीय – WBC, अमीबा
→ बेलनाकार – पेशीय कोशिका, वाहिका, चालनी नलिका
→ अण्डाकार – शुतुरमुर्ग का अण्डा (सबसे बड़ी कोशिका - 15X13 Cm एवं 1.4Kg)
→ वृक्षरूपी – तंत्रिका कोशिका (90-100 Cm लम्बी)
→ उभयावतल – लाल रुधिर कोशिका (7.5 μm)
→ सबसे छोटी – माइकोप्लाज्मा PPLO (0.1μm)
↳ Pleuropneumonia Like Organism

◉ **कोशिका के प्रकार**

	प्रोकैरियोटिक	यूकैरियोटिक
आकार	0.1 - 5.0 μm व्यास	10 - 100 μm व्यास
केन्द्रक	केन्द्रक झिल्ली व केन्द्रिका रहित [केन्द्रकाभ (Nucleoid) या जीनोफोर]	केन्द्रक झिल्ली व केन्द्रिका युक्त
झिल्लीबद्ध कोशिकांग (माइटोकॉण्ड्रिया, लवक, ER, गॉल्जीकाय, रिक्तिका)	अनुपस्थित	उपस्थित
राइबोसोम	70S	80S प्रमुख (माइटोकॉण्ड्रिया व लवक में 70S)
गुणसूत्र	एक, नग्न (हिस्टोन प्रोटीन रहित) वलयाकार DNA	अनेक, हिस्टोन प्रोटीन युक्त, रेखीय DNA
कोशिकीय श्वसन	कोशिका झिल्ली की वलित अतिवृद्धि, मीसोसोम में	माइट्रोकॉण्ड्रिया में
उदाहरण	जीवाणु, नील-हरित शैवाल, माइकोप्लाज्मा	पादप, कवक, जन्तु

नोट – • मीसोसोम DNA प्रतिकृतियन में भी सहायक होता है।
• गतिशील जीवाणु कोशिकाओं की कोशिका भित्ति में पाए जाने वाले पतले तंतुमय विस्तार (Filamentous extensions) कशाभिका कहलाते हैं।

पादपों और जन्तुओं की कोशिकाओं के मध्य अन्तर		
संरचनाएँ/अंगक	पादप कोशिका	जन्तु कोशिका
कोशिका झिल्ली	उपस्थित (स्टेरॉल युक्त)	उपस्थित (कोलेस्ट्रॉल युक्त)
कोशिका भित्ति	उपस्थित	अनुपस्थित
लवक (Plastid)	उपस्थित	अनुपस्थित
माइटोकॉण्ड्रिया	उपस्थित (संख्या में कम)	उपस्थित (संख्या में अधिक)
गॉल्जीकाय	उपस्थित (अनेक, छोटे)	उपस्थित (कम, बड़े)
रिक्तिकाएँ	बड़ी केन्द्रीय रिक्तिका के रूप में उपस्थित	या तो बहुत छोटी या अनुपस्थित
राइबोसोम	उपस्थित	उपस्थित
तारककाय	अनुपस्थित	उपस्थित

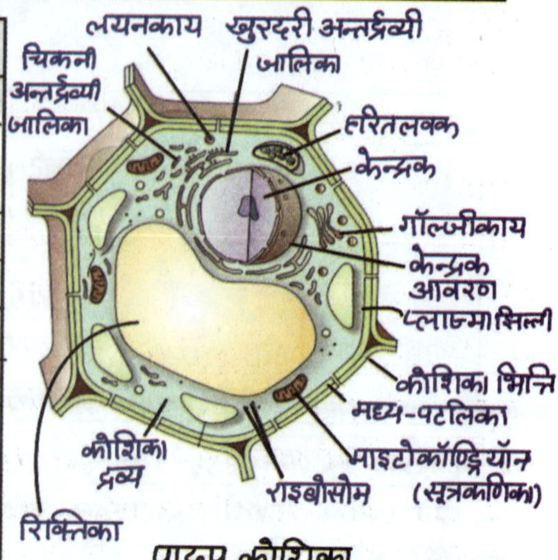

पादप कोशिका

◉ कोशिका की संरचना

1. कोशिका भित्ति (Cell Wall)
- केवल पौधों की कोशिकाओं में पाई जाती है।
- सैल्यूलोज की बनी होती है।
- मोटी तथा दृढ़ या लचीली होती है।
- यह पारगम्य होती है।

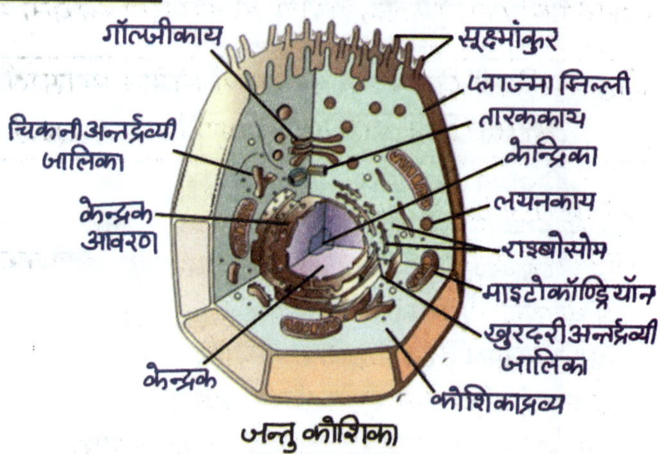

जन्तु कोशिका

2. कोशिका या प्लाज्मा झिल्ली (Cell or Plasma membrane)
- सभी कोशिकाओं में पाई जाती है।
- प्रोटीन, लिपिड व कार्बोहाइड्रेट से निर्मित होती है।
- स्वभाव में अत्यधिक पतली व लचीली होती है।
- वरणात्मक पारगम्य झिल्ली होती है।

कोशिका झिल्ली के पार निष्क्रिय परिवहन (ऊर्जा की आवश्यकता के बिना)

(i) विसरण (Diffusion)
- पदार्थ / विलेय के अणुओं का अपनी उच्च सांद्रता के क्षेत्र से निम्न सांद्रता के क्षेत्र की ओर जाना
- विसरण की दर = गैस > द्रव > ठोस
- CO_2 एवं O_2 तथा आयनों का परिवहन

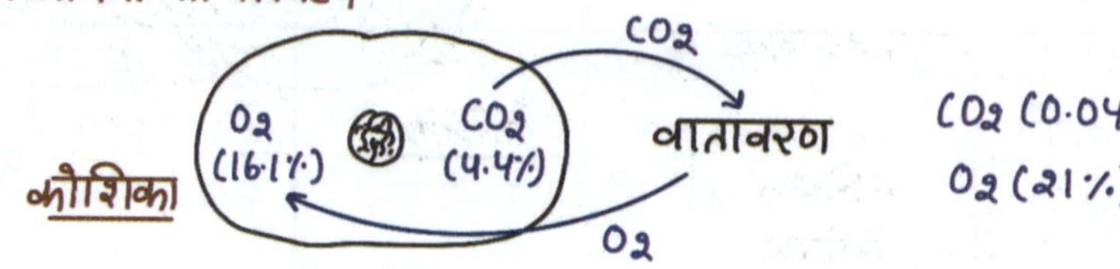

(ii) परासरण (Osmosis)

- जल के अणुओं की अर्द्धपारगम्य कोशिका झिल्ली के पार अपनी उच्च सांद्रता से निम्न सांद्रता की ओर गति
- जड़ में जल का अवशोषण

विलयन (Solution)

अल्पपरासरी (Hypotonic)	समपरासरी (Isotonic)	अतिपरासरी (Hypertonic)
विलयन की सांद्रता < कोशिका कोशिका का फूलना	विलयन की सांद्रता = कोशिका अपरिवर्तित	विलयन की सांद्रता > कोशिका कोशिका का सिकुड़ना

→ एण्डोसाइटोसिस (Endocytosis)

- अमीबा में बाहरी वातावरण से कण / पदार्थ को सक्रिय रूप से ग्रहण करना
- प्रकार – फैगोसाइटोसिस (Phagocytosis) – ठोस भोजन कण को ग्रहण करना
  पिनोसाइटोसिस (Pinocytosis) – तरल भोजन कण को ग्रहण करना

→ एक्सोसाइटोसिस (Exocytosis) – Cell Vomiting

- अपशिष्ट / हानिकारक पदार्थ को कोषनुमा संरचना में कैद कर बाहर निकालना

नोट – सक्रिय विलेय परिवहन द्वारा निर्मित परासरणी प्रवणता की प्रतिक्रिया में कोशिका झिल्ली के पार जल परिवहन एक्वापोरिन (Aquaporins) चैनल प्रोटीन का प्राथमिक कार्य है।

3. जीवद्रव्य (Protoplasm)

- नामकरण Protoplasm – पुरकिन्जे (1839), खोजकर्ता – डुजार्डिन
- जीवन का भौतिक आधार (हक्सले)
- अर्द्ध-तरल मैट्रिक्स / जीवित पदार्थ
- विभिन्न उपापचयी क्रियाओं का स्थल
- विभिन्न कोशिकांगों के मध्य पदार्थों का विनिमय

भाग

- कोशिकाद्रव्य (Cytoplasm) – केन्द्रक के अतिरिक्त कोशिका झिल्ली के अन्दर उपस्थित सम्पूर्ण जीवद्रव्य (कोशिकांग युक्त)
- केन्द्रकद्रव्य (Nucleoplasm) – केन्द्रक में उपस्थित जीवद्रव्य / आधारी पदार्थ

4. कोशिकांग (Cell Organelles)

→ A. केन्द्रक (Nucleus)

- खोजकर्ता – रॉबर्ट ब्राउन (1831)
- सबसे बड़ा कोशिकांग (पादप कोशिका में रिक्तिका को छोड़कर)
- कोशिका का नियंत्रण केन्द्र / मस्तिष्क
- कोशिका के सभी कार्यों पर नियंत्रण

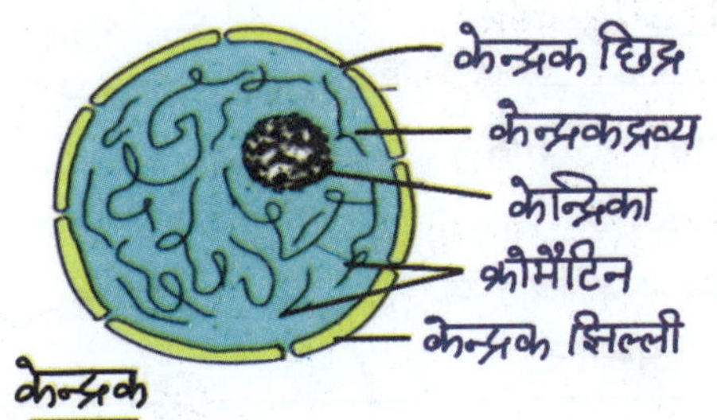

केन्द्रक

• कोशिका विभाजन एवं आनुवंशिक लक्षणों की वंशागति का नियमन

भाग

केन्द्रक झिल्ली
- दोहरी झिल्ली
- केन्द्रक छिद्र युक्त (कोशिकाद्रव्य व केन्द्रकद्रव्य के मध्य पदार्थों के आवागमन हेतु)

केन्द्रकद्रव्य

केन्द्रिका (Nucleolus)
- नामकरण – फ्रोण्टाना
- rRNA (राइबोसोम) का संश्लेषण
- एक या अधिक

क्रोमैटिन (Chromatin)
- धागेनुमा गुथी हुई जालवत् संरचना
- कोशिका विभाजन के समय संघनित होकर गुणसूत्र का निर्माण

गुणसूत्र (Chromosome)
- धागेनुमा संरचना
- आनुवंशिक पदार्थ DNA + क्षारीय हिस्टोन प्रोटीन द्वारा निर्मित
- DNA (Deoxyribonucleic acid) का कार्यात्मक खण्ड – जीन (Gene)
- जीन – आनुवंशिक सूचना के निर्धारक
- गुणसूत्र का कार्य – जीन द्वारा आनुवंशिक सूचना का एक पीढ़ी (पैतृक) से दूसरी पीढ़ी (संतति) में वहन
- मानव में गुणसूत्र – २३ जोड़ी

२२ जोड़ी
- ऑटोसोम (Autosome)
- कायिक / दैहिक लक्षणों का निर्धारण

1 जोड़ी
- एलोसोम / लिंग गुणसूत्र (Allosome / Sex-Chromosome)
- लिंग निर्धारण (XY – नर ; XX – मादा)

→ **B. अन्तर्द्रव्यी जालिका (Endoplasmic Reticulum, ER)**
- खोजकर्ता – कीथ पॉर्टर, अल्बर्ट क्लाउड व अर्नेस्ट फुलम (1945)
- दोहरी झिल्लीबद्ध नलिकाओं एवं शीटों का विस्तृत जाल
- सिस्टर्नी एवं वेसीकल्स (पुटिका) युक्त
- कोशिकाद्रव्य में फैली, कोशिकाद्रव्यी ढाँचा बनाकर यांत्रिक अवलम्बन प्रदान करना
- पदार्थों के परिवहन में सहायक चैनल का निर्माण, केन्द्रक झिल्ली व कोशिका झिल्ली का निर्माण

ER प्रकार

खुरदरी ER (RER)
- सतह पर राइबोसोम उपस्थित
- प्रोटीन (एंजाइम) का संश्लेषण

चिकनी ER (SER)
- सतह पर राइबोसोम अनुपस्थित
- लिपिड / स्टेरॉइड का संश्लेषण
- निराविषीकरण

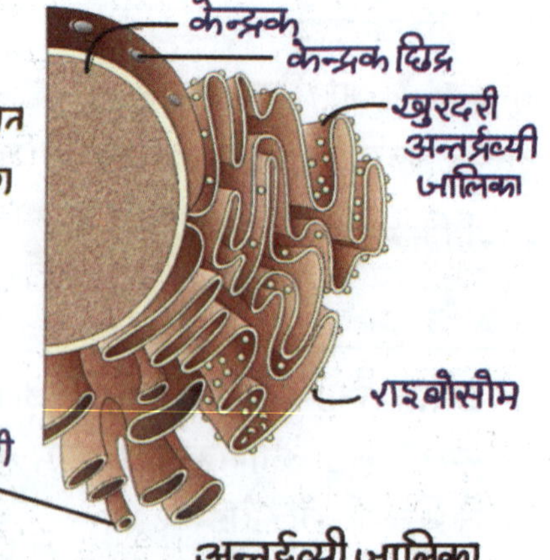

अन्तर्द्रव्यी जालिका

→ **C. राइबोसोम (Ribosome)**
- खोजकर्ता – पैलाडे
- कला विहीन
- प्रोटीन संश्लेषण स्थल

प्रकार

70S (50S + 30S)
- जीवाणु, लवक व माइटोकॉण्ड्रिया में

80S (60S + 40S)
- केन्द्रक, कोशिकाद्रव्य व RER पर

→ D. गॉल्जीकाय (Golgi body)

- खोजकर्ता – कैमिलो गॉल्जी
- पादप में डिक्टयोसोम (Dictyosome)
- समानान्तर रूप से व्यवस्थित चपटी नलिकाओं, सिस्टर्नी से निर्मित
- केन्द्रक की ओर सिस (Cis) या निर्माणकारी या उत्तल सतह
- प्लाज्मा झिल्ली की ओर ट्रान्स (Trans) या परिपक्व या अवतल सतह
- स्रावण, ER के उत्पादों का भण्डारण, पैकिंग एवं रूपान्तरण ; उदाहरण – सरल शर्करा → जटिल शर्करा
- लयनकाय का निर्माण
- शुक्राणु के एक्रोसोम का निर्माण
- पदार्थों का परिवहन (कोशिका का यातायात पुलिसकर्मी एवं डाकघर)

सिस्टर्नी
गुहिका
ट्रांस सतह
सिस सतह
नई संश्लेषित पुटिका

गॉल्जी उपकरण

→ E. लयनकाय (Lysosome)

- खोजकर्ता – क्रिस्चियन डुवे
- एकल झिल्लीबद्ध अपशिष्ट निपटान तन्त्र
- पाचक / जल-अपघटनी अम्लीय एंजाइमों युक्त थैली
- जटिल भोज्य पदार्थों को सरल घटकों में पाचित करना
- बाह्य पदार्थ, मृत या क्षतिग्रस्त कोशिकांग या कोशिका, जीवाणु, विषाणु, अपशिष्ट, आदि का पाचन
- आत्मघाती थैली (फटने पर स्वयं की कोशिका का पाचन)

→ F. माइटोकॉण्ड्रिया (Mitochondria)

- खोजकर्ता – अल्बर्ट वान कोलीकर
- दोहरी झिल्लीबद्ध
  - बाहरी झिल्ली – छिद्रित
  - आंतरिक झिल्ली – अंगुलीनुमा क्रिस्टी के रूप में वलित
- कोशिका का बिजलीघर या शक्तिगृह (Power house)
- कोशिकीय श्वसन (क्रेब्स चक्र व ETS) द्वारा ऊर्जा मुद्रा ATP (Adinosine Triphosphate) का निर्माण
- अर्द्ध-स्वायत्त कोशिकांग – स्वयं के प्रोटीन संश्लेषण के लिए वृत्ताकार DNA, RNA व 70S राइबोसोम उपस्थित

बाह्य झिल्ली
आन्तरिक झिल्ली
आधात्री
क्रिस्टी
अन्तर झिल्ली अवकाशिका

माइटोकॉण्ड्रिया

→ G. लवक (Plastids)

- खोजकर्ता – अर्नेस्ट हेकल व शिम्पर
- केवल पादप कोशिकाओं में उपस्थित
- अर्द्ध-स्वायत्त दोहरी झिल्लीबद्ध कोशिकांग

→ वर्णीलवक (Chromoplast)

- रंगीन (हरे रंग को छोड़कर)
- फलों व पुष्पों के विभिन्न रंगों का कारण

→ अवर्णीलवक (Leucoplast)

- श्वेत / रंगहीन
- स्टार्च (एमायलोप्लास्ट), तेल (इलायोप्लास्ट) व प्रोटीन (एल्युरोप्लास्ट) का संचय

हरितलवक (Chloroplast)

- हरा
- पर्णहरित वर्णक के कारण पर्ण का हरा रंग व प्रकाश संश्लेषण
- कोशिका की रसोई

बाह्य झिल्ली
आन्तरिक झिल्ली
ग्रैना
थाइलैकॉइड
पीठिका पटलिका
स्ट्रोमा

हरितलवक की संरचना

→ H. रिक्तिका/रसधानी (Vacuole)

- एकल झिल्ली (टोनोप्लास्ट) युक्त
- संचायक कोष
- भोजन, वर्णक (एन्थ्रोसायनिन), उत्सर्जी / अपशिष्ट पदार्थ का संचय
- कोशिका का भण्डारगृह एवं कचरापात्र
- जन्तु कोशिका में अनुपस्थित या छोटी, अस्थायी, अनेक
- पादप कोशिका में बड़ी (60-90% कोशिका का आयतन), स्थायी
- कोशिका रस (Cell Sap) व जल के संचय के कारण कोशिका की स्फीति व कठोरता का नियमन

☆ कोशिका विभाजन (Cell Division)

- पुरानी कोशिकाओं से नई संतति कोशिकाओं का निर्माण

⊙ कोशिका चक्र

→ अन्तरावस्था (Interphase)

(केन्द्रक की उपापचयी रूप से सक्रिय प्रावस्था)

- G_1 अपेक्षाकृत बड़ी प्रावस्था, विभाजन पश्चात् कोशिका के आकार में वृद्धि
- G_0 विभेदन के कारण अविभाजनशील अवस्था
- S DNA एवं तारककेन्द्र का द्विगुणन तथा हिस्टोन प्रोटीन का संश्लेषण
- G_2 कोशिकांगों के संश्लेषण हेतु आवश्यक कोशिकाद्रव्यी सामग्री को एकत्रित करना, विभाजन के लिए तैयार

→ विभाजन / M-प्रावस्था

केन्द्रक एवं कोशिकाद्रव्य का विभाजन (Karyokinesis and Cytokinesis)

प्रकार

समसूत्री विभाजन (Mitosis)

- कायिक कोशिकाओं में, एक चरण में
- सन्तति में गुणसूत्रों की संख्या मातृ कोशिका के समान
- दो एकसमान सन्तति कोशिकाओं की उत्पत्ति
- वृद्धि एवं पुरानी कोशिकाओं की क्षतिपूर्ति (मरम्मत) में
- अनियंत्रित समसूत्री विभाजन - कैंसर
- चरण
  - (a) पूर्वावस्था (Prophase)
  - (b) मध्यावस्था (Metaphase)
  - (c) पश्चावस्था (Anaphase)
  - (d) अंत्यावस्था (Telophase)

अर्द्धसूत्री विभाजन (Meiosis)

- जनन कोशिकाओं में, दो चरण में
- सन्तति में गुणसूत्रों की संख्या मातृ कोशिका की आधी (न्यूनकारी विभाजन)
- चार अगुणित सन्तति कोशिकाओं की उत्पत्ति
- लैंगिक जनन हेतु जनन कोशिकाओं (युग्मकों) के निर्माण में
- नई विभिन्नताओं के निर्माण में
- अनियमितता के कारण डाउन सिंड्रोम, क्लाइनफेल्टर सिंड्रोम और टर्नर सिंड्रोम

कुछ महत्त्वपूर्ण तथ्यों के अध्ययन के लिए QR कोड स्कैन करें

05 ऊतक

कोशिकाओं का वह समूह, जिसमें सभी कोशिकाएँ उत्पत्ति एवं मूल संरचना में एक-दूसरे से समान होती हैं एवं एकसाथ मिलकर एक विशिष्ट कार्य करती हैं, ऊतक (Tissue) कहलाता है।

बहुकोशिकीय जीवों में श्रम विभाजन एवं संगठन का स्तर

कोशिका → ऊतक → अंग → अंग-तंत्र → जीव

↓

पादप ऊतक

ये ऊतक पादपों के स्थिर आवास, वृद्धि एवं यान्त्रिक अवलम्बन के आधार पर मुख्यतया दो प्रकार के होते हैं

1. विभज्योतक ऊतक

- जीवन पर्यन्त विभाजनशील अपरिपक्व ऊतक
- पादप के वृद्धिशील भागों में उपस्थित
- कोशिका - गोलाकार / अण्डाकार
- अन्तरकोशिकीय अवकाश (Intercellular Space) एवं रिक्तिका अनुपस्थित
- केन्द्रक प्रमुख एवं घना कोशिकाद्रव्य
- सेलुलोस की पतली कोशिका भित्ति

→ **विभज्योतक ऊतकों के प्रकार**

(i) शीर्षस्थ विभज्योतक
- तने एवं जड़ के वृद्धिशील सिरों पर उपस्थित
- तने एवं जड़ की लम्बाई बढ़ाना

(ii) अन्तर्वेशी विभज्योतक
- पत्तियों के आधार एवं टहनियों की पर्वसन्धियों पर उपस्थित
- पत्तियों एवं पर्वों की लम्बाई बढ़ाना

(iii) पार्श्व विभज्योतक
- तने एवं जड़ के पार्श्व भागों में उपस्थित
- तने एवं जड़ की मोटाई बढ़ाना

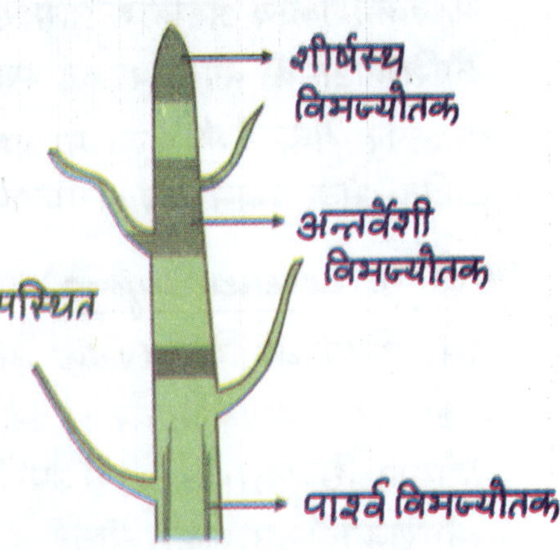

2. स्थायी ऊतक

- परिपक्व एवं विभाजन क्षमता रहित जीवित या मृत ऊतक
- पादप के आधारभूत एवं संरचनात्मक ऊतक
- विशिष्ट कार्यों हेतु विभज्योतक ऊतकों से विभेदन (Differentiation) द्वारा निर्मित
- कोशिका स्थायी आकार एवं आकृति युक्त
- कोशिकाद्रव्य पतला एवं बड़ी केन्द्रीय रिक्तिका युक्त
- अन्तरकोशिकीय अवकाश उपस्थित या अनुपस्थित
- कोशिका भित्ति मोटी या पतली

→ स्थायी ऊतक के प्रकार

(i) सरल स्थायी ऊतक

- एक ही प्रकार की कोशिकाओं के बने

1. मृदूतक (Parenchyma)

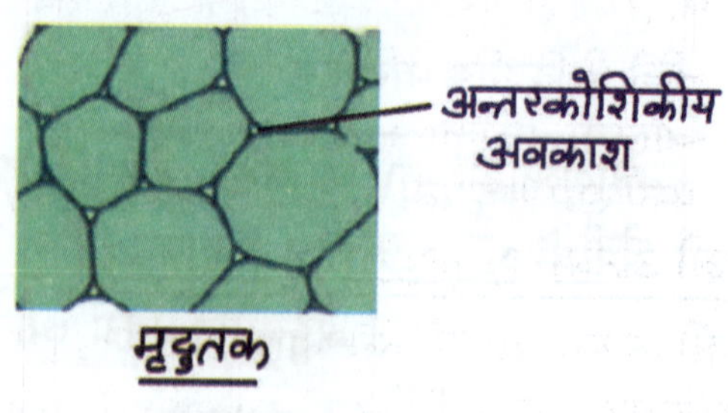

मृदूतक

- सरलतम स्थायी ऊतक, तने व मूल के वल्कुट व मज्जा तथा पर्णमध्योतक में
- जीवित, पतली भित्ति एवं अन्तरकोशिकीय स्थान युक्त समव्यासीय कोशिकाएँ
- भोजन व जल का संचय

रूपान्तरण
- हरित ऊतक (Chlorenchyma)
  - हरितलवक युक्त प्रकाश-संश्लेषी ऊतक
  - पत्ती व शाकीय तने में उपस्थित
- वायोतक (Aerenchyma)
  - वायु युक्त बड़े अन्तरकोशिकीय अवकाश वाले ऊतक
  - जलीय पादपों को तैरने में उत्प्लवन (Buoyancy) प्रदान करना

2. स्थूलकोणोतक (Collenchyma)

- मुख्यतया एपिडर्मिस के नीचे पर्णवृत (Petiole) में एवं द्विबीजपत्री तनों की अधस्त्वचा (Hypordermis) में उपस्थित
- कोशिकाएँ लंबी और जीवित
- अंतरकोशिकीय अवकाश प्राय: अनुपस्थित
- कोशिकाओं के कोनों पर दृढ़ एवं मोटी कोशिका भित्ति के ऊपर पेक्टिन की परत का जमाव
- यांत्रिक अवलम्बन एवं लचीलापन प्रदान करना।

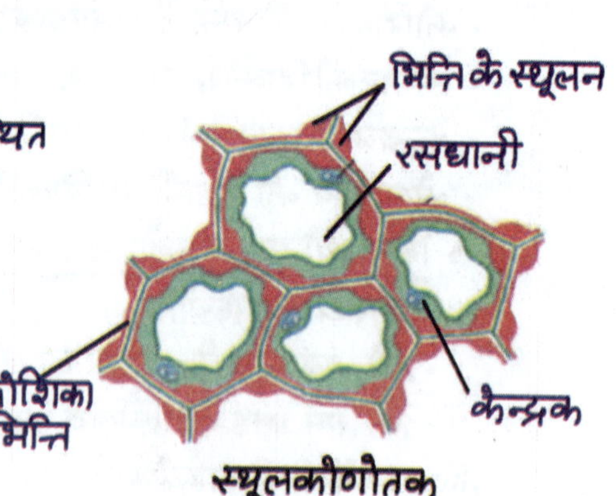

स्थूलकोणोतक

3. दृढ़ोतक (Sclerenchyma)

- तने, पत्तियों की शिरा (Vein), फलों तथा बीजों के कठोर आवरण (बीजावरण) और नारियल के बाहरी रेशेदार छिलके (Husk) में उपस्थित
- कोशिकाएँ मृत, लंबी, संकरी एवं दोनों सिरों पर नुकीली
- सेलुलोस और लिग्निन की बनी मोटी भित्ति उपस्थित
- अन्तरकोशिकीय अवकाश अनुपस्थित
- सुरक्षा, दृढ़ता व यांत्रिक सहारा प्रदान करना।

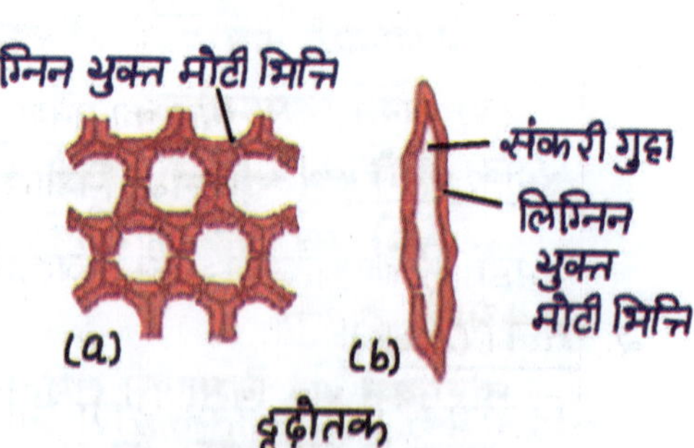

दृढ़ोतक
(a) अनुप्रस्थ काट
(b) अनुलम्ब काट

(ii) जटिल स्थायी ऊतक

- एक से अधिक प्रकार की कोशिकाओं से मिलकर बने

– जाइलम / दारु जल संवाहक ऊतक

- मूल से अवशोषित जल व घुलित खनिजों का ऊपर की ओर एकदिशीय परिवहन

- वाहिनिका + वाहिका + जाइलम मृदुतक (जीवित) + जाइलम तन्तु

– फ्लोयम । पोषवाह भोजन संवाहक ऊतक
- पत्तियों में निर्मित भोजन का ऊपर एवं नीचे द्विदिशीय परिवहन
- चालनी नलिका + सह कोशिका + फ्लोयम मृदुतक + फ्लोयम तन्तु (मृत)

वाहिका के सिरे की छिद्रित भित्ति
कोशिकाद्रव्य
गर्त
केन्द्रक
(a) वाहिनिका
(b) वाहिका
(c) जाइलम तन्तु
(d) जाइलम मृदुतक

जाइलम के विभिन्न घटक

रक्षी ऊतक (Protective Tissue)

रक्षी ऊतक पादपों को बाह्य आघात, संक्रमण एवं अतिरिक्त जल हानि के विरुद्ध सुरक्षा प्रदान करते हैं। पादपों में दो प्रकार के रक्षी ऊतक पाए जाते हैं –

चालनी प्लेट
चालनी नलिका
फ्लोयम मृदुतक
सह कोशिका
चालनी छिद्र

फ्लोयम की काट

1. बाह्यत्वचा या अधिचर्म (Epidermis)

- पादप के सभी भागों की सबसे बाहरी, सतत, प्राय: एकस्तरीय सुरक्षात्मक परत
- प्राय: बाह्यत्वचा पर मोमीय (Waxy) जलरोधी परत उपस्थित
- जल की क्षति, यांत्रिक आघात एवं परजीवी कवक, आदि के संक्रमण से सुरक्षा
- मरुस्थलीय पादपों में मोटी बाह्यत्वचा एवं क्यूटिन की जलरोधक बाहरी परत (क्यूटिकल) उपस्थित
- पत्ती की बाह्यत्वचा पर छोटे-छोटे छिद्र ; रन्ध्र (Stomata) उपस्थित
- सेम के बीज के आकार की एक जोड़ी द्वार / रक्षक (Guard) कोशिकाओं द्वारा रन्ध्रों का खुलना या बन्द होना
- रन्ध्रों के खुलने व बंद होने से वाष्पोत्सर्जन एवं गैसीय विनिमय का नियमन

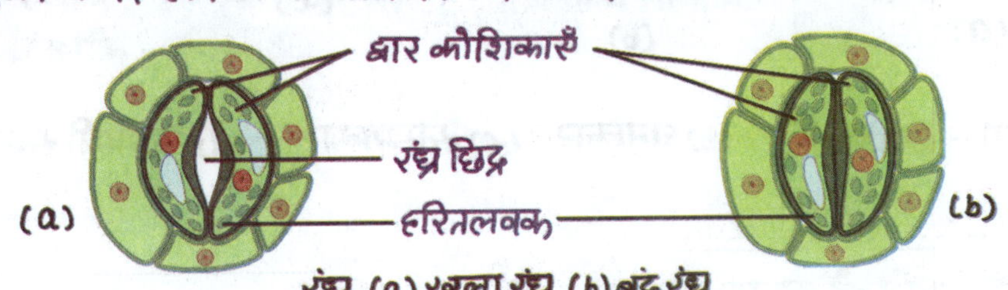

रंध्र (a) खुला रंध्र (b) बंद रंध्र

- रक्षक कोशिका — जल का प्रवेश → स्फीत ⟶ रंध्र खुला
- रक्षक कोशिका — जल का निकास → श्लथ ⟶ रंध्र बन्द
- जड़ों की बाह्यत्वचा जल अवशोषण का सतही क्षेत्रफल बढ़ाने हेतु मूल रोम में रूपान्तरित

2. छाल (Cork)

- द्वितीयक विभज्योतक द्वारा निर्मित बहुस्तरीय मोटी, मृत काग कोशिकाएँ जो तने की बाह्यत्वचा का स्थान ले लेती हैं।
- अन्तरकोशिकीय स्थान अनुपस्थित, सघन रूप से व्यवस्थित
- भित्ति पर सुबेरिन का जमाव

> नोट – अधित्वक (Protoderm) जड़ों में पाए जाने वाले शीर्षस्थ विभज्योतक का भाग है।

जन्तु ऊतक (प्राय: जीवित)

1. उपकला ऊतक (Epithelial Tissue)

- सुरक्षात्मक ऊतक
- शरीर, अंगों एवं अंग-तन्त्रों की गुहाओं के आस्तर का निर्माण
- सतत् एवं सघन कोशिकीय स्तर

प्रकार

- शल्की (Squamous)
  - सरल - पतली, चपटी एवं एक कोशिका स्तर मोटी
    - रुधिर वाहिका, वायु कूपिका, मुँह व आहारनाल में
  - स्तरित (Stratified) - बहुस्तरीय - त्वचा में
- घनाकार (Cuboidal) - वृक्क, स्वेद, लार व थायरॉइड ग्रंथियों की नलिका में
- स्तम्भाकार (Columnar) - आमाशय, आँत, पित्ताशय व पित्त वाहिनी में
- पक्ष्माभी स्तम्भाकार (Ciliated Columnar) - मुक्त सतह पर अनेक रोमनुमा प्रवर्ध उपस्थित
  - श्वासनली, अण्डवाहिनी, शुक्रवाहिनी व वृक्क नलिका में
- ग्रन्थिल (Glandular)
  - एककोशिकीय - चषक (Goblet) कोशिका
  - बहुकोशिकीय - लार व थायरॉइड ग्रंथियाँ

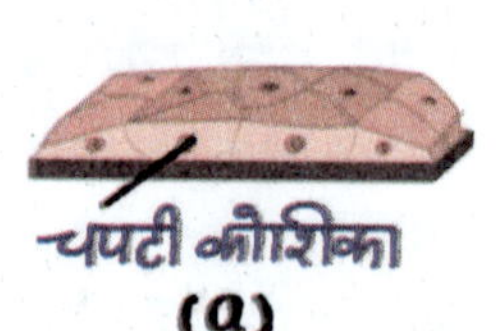

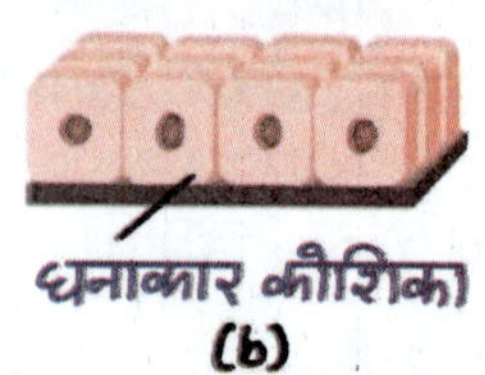

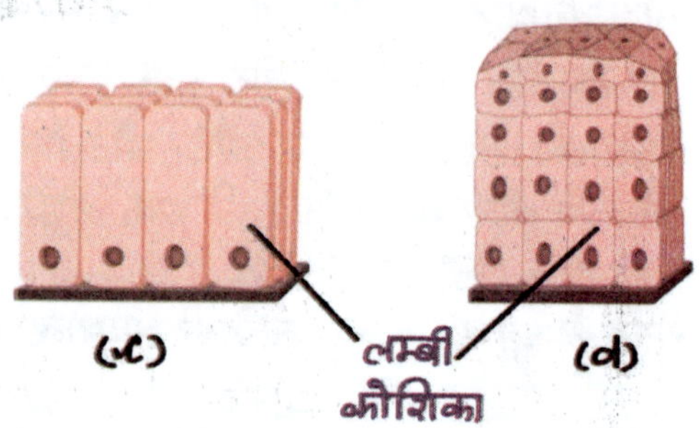

सरल उपकला - (a) शल्की (b) घनाकार (c) स्तम्भाकार (d) पक्ष्माभी स्तम्भाकार

2. संयोजी ऊतक (Connective Tissue)

- शरीर के विभिन्न अंगों को परस्पर जोड़ना
- कोशिकाएँ अन्तरकोशिकीय मैट्रिक्स में अन्तर्निहित

प्रकार

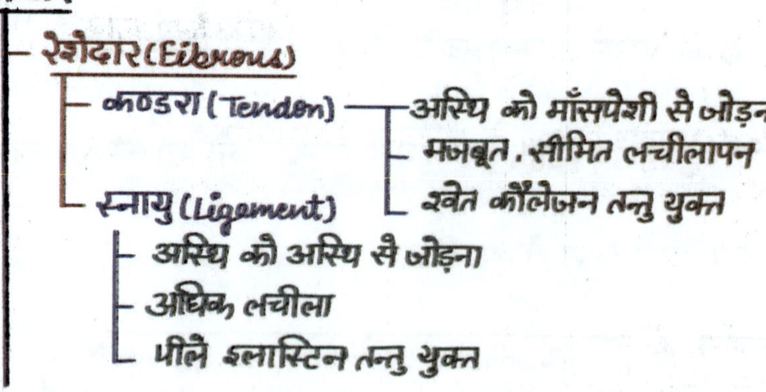

- रेशेदार (Fibrous)
  - कण्डरा (Tendon)
    - अस्थि को माँसपेशी से जोड़ना
    - मजबूत, सीमित लचीलापन
    - श्वेत कॉलेजन तन्तु युक्त
  - स्नायु (Ligament)
    - अस्थि को अस्थि से जोड़ना
    - अधिक लचीला
    - पीले इलास्टिन तन्तु युक्त

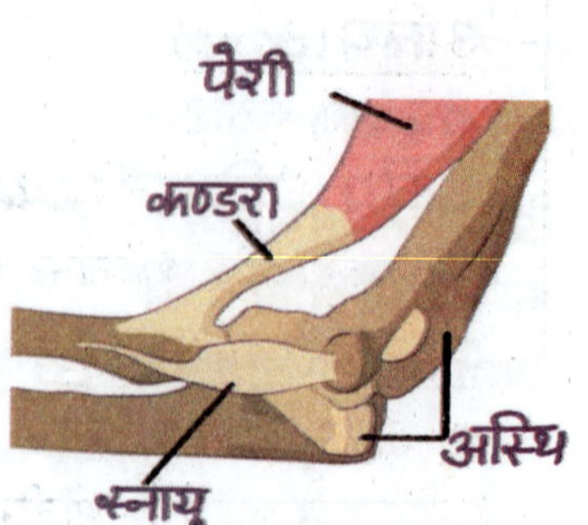

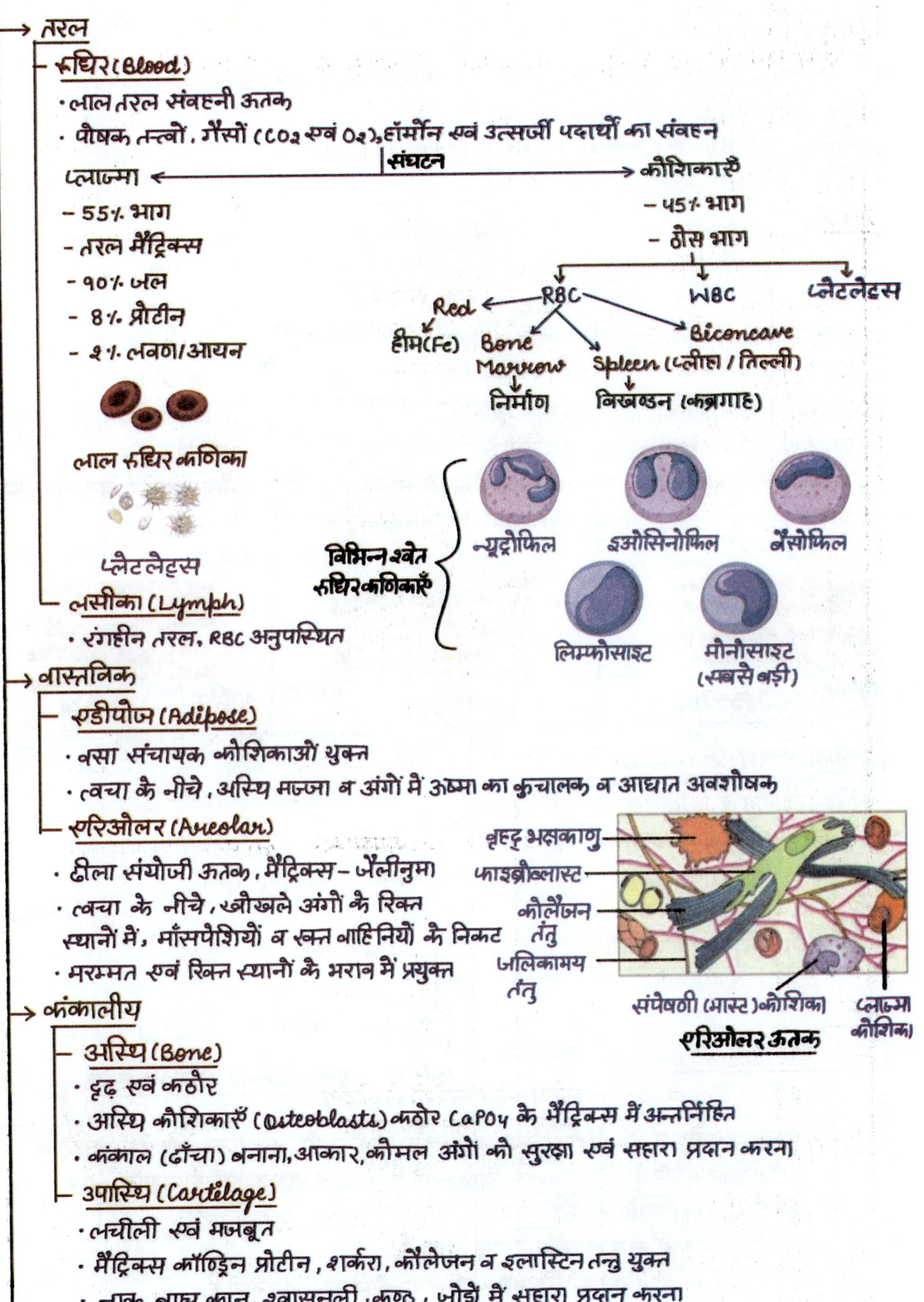

→ तरल

- रुधिर (Blood)
  - लाल तरल संवहनी ऊतक
  - पोषक तत्त्वों, गैसों (CO_2 एवं O_2), हॉर्मोन एवं उत्सर्जी पदार्थों का संवहन

संघटन

प्लाज़्मा ← → कोशिकाएँ

प्लाज़्मा
- 55% भाग
- तरल मैट्रिक्स
- 90% जल
- 8% प्रोटीन
- 2% लवण/आयन

कोशिकाएँ
- 45% भाग
- ठोस भाग

RBC, WBC, प्लेटलेट्स

RBC → Red → हीम (Fe)

RBC → Bone Marrow → निर्माण

RBC → Spleen (प्लीहा / तिल्ली) → विखण्डन (कब्रगाह)

RBC → Biconcave

लाल रुधिर कणिका

प्लेटलेट्स

विभिन्न श्वेत रुधिर कणिकाएँ: न्यूट्रोफिल, इओसिनोफिल, बेसोफिल, लिम्फोसाइट, मोनोसाइट (सबसे बड़ी)

- लसीका (Lymph)
  - रंगहीन तरल, RBC अनुपस्थित

→ वास्तविक

- एडीपोज (Adipose)
  - वसा संचायक कोशिकाओं युक्त
  - त्वचा के नीचे, अस्थि मज्जा व अंगों में ऊष्मा का कुचालक व आघात अवशोषक
- एरिओलर (Areolar)
  - ढीला संयोजी ऊतक, मैट्रिक्स – जैलीनुमा
  - त्वचा के नीचे, खोखले अंगों के रिक्त स्थानों में, माँसपेशियों व रक्त वाहिनियों के निकट
  - मरम्मत एवं रिक्त स्थानों के भराव में प्रयुक्त

एरिओलर ऊतक

→ कंकालीय

- अस्थि (Bone)
  - दृढ़ एवं कठोर
  - अस्थि कोशिकाएँ (Osteoblasts) कठोर $CaPO_4$ के मैट्रिक्स में अन्तर्निहित
  - कंकाल (ढाँचा) बनाना, आकार, कोमल अंगों को सुरक्षा एवं सहारा प्रदान करना
- उपास्थि (Cartilage)
  - लचीली एवं मजबूत
  - मैट्रिक्स कॉण्ड्रिन प्रोटीन, शर्करा, कोलेजन व इलास्टिन तन्तु युक्त
  - नाक, बाह्य कान, श्वासनली, कण्ठ, जोड़ों में सहारा प्रदान करना

3. पेशीय ऊतक (Muscular Tissue)

- गति एवं गमन में सहायक संकुचनशील प्रोटीन (मायोसीन व एक्टिन) युक्त
- लम्बे व संकुचनशील पेशीय तन्तु युक्त
- संकुचन व शिथिलन के गुण के कारण गति

प्रकार

रेखित (Straited)

- ऐच्छिक / कंकाली / दैहिक पेशी
- अशाखित पेशी
- लम्बी, बेलनाकार, बहुकेन्द्रीय
- धारियाँ (Bands) उपस्थित
- तीव्र व जल्दी थकने वाली
- कंकाल से जुड़ी गति (गमन) संबंधी पेशियाँ (बाइसैप्स व ट्राइसैप्स)

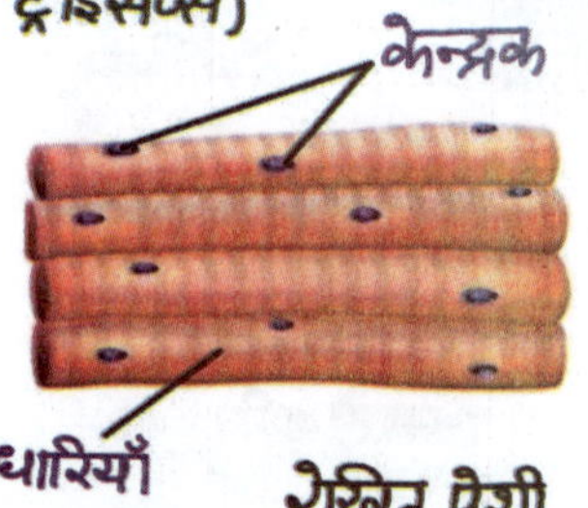

रेखित पेशी

चिकनी (Smooth)

- अनैच्छिक / अरेखित / आंतरांगी (Visceral) पेशी
- अशाखित पेशी
- लम्बी, तर्कुरूपी (किनारे संकरे), एककेन्द्रकीय
- धारियाँ अनुपस्थित
- धीमी एवं जल्दी न थकने वाली
- आन्तरांगों की भित्ति से जुड़ी

तर्कुरूपी पेशीय कोशिका

केन्द्रक

चिकनी पेशी

हृद् (Cardiac)

- हृदय पेशी
- शाखित पेशी
- लम्बी, बेलनाकार, जालवत, एककेन्द्रीय
- धारियाँ उपस्थित, किंतु कार्य अनैच्छिक
- जीवन पर्यन्त बिना थके हृदय का स्पन्दन

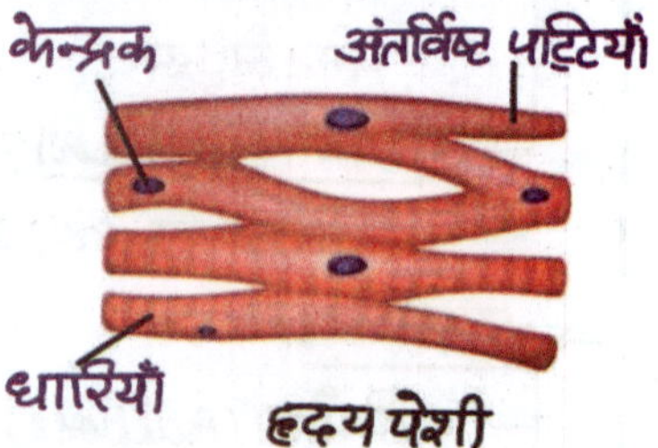

हृदय पेशी

4. तंत्रिका ऊतक (Nervous Tissue)

- संवेदनशीलता व उत्तेजनशीलता हेतु उत्तरदायी
- विभिन्न अंग-तन्त्रों में समन्वय बनना
- तंत्रिका कोशिका (Neuron) – संरचनात्मक व कार्यात्मक इकाई (1m लम्बी)
- विभाजन क्षमता अनुपस्थित
- मस्तिष्क, मेरूरज्जु व तंत्रिका में

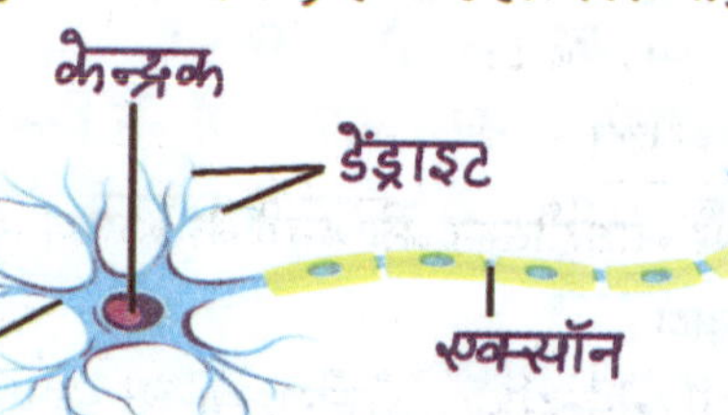

न्यूरॉन–तंत्रिका ऊतक की इकाई

> **नोट** – • ऊतकीय परीक्षण में कोशिकाद्रव्य, लाल रक्त कणिकाओं, कॉलेजन और पेशी तंतुओं को अभिरंजित करने के लिए उपयोग किया जाने वाला उत्क्रमणीय, प्रतिदीप्तशील, लाल, अम्लीय रंजक इओसिन है।
> • अस्थि मज्जा में स्टेम कोशिकाएँ पाई जाती हैं।
> • तंत्रिका ऊतक की श्वान कोशिकाएँ, न्यूरिलेमा कोशिकाएँ कहलाती हैं।

06 जैव प्रक्रम

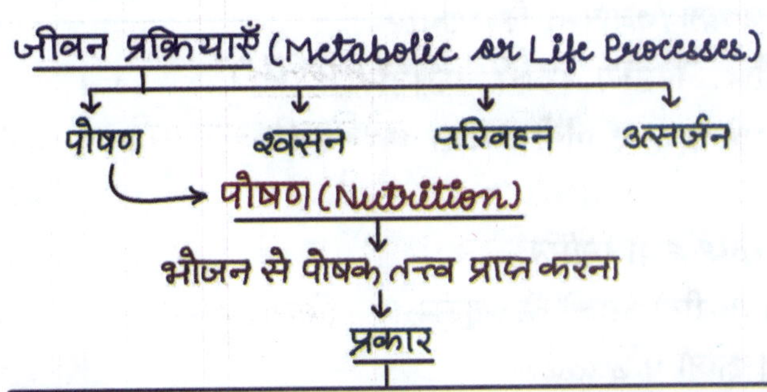

स्वपोषी पोषण

पादपों में पोषण

- सरल अकार्बनिक तत्त्वों एवं यौगिकों से भोजन (कार्बनिक पदार्थ) का निर्माण
- प्रकाश संश्लेषण की प्रक्रिया द्वारा भोजन (कार्बोहाइड्रेट) बनाना
  - (पर्णहरित/क्लोरोफिल की उपस्थिति में)

$$6CO_2 + 12H_2O + \text{सूर्य का प्रकाश} \xrightarrow{\text{पर्णहरित}} C_6H_{12}O_6 + 6O_2 + 6H_2O$$

- पोषक तत्त्व —— स्रोत
  - H, O → जल (H_2O)
  - C, O → वायु (CO_2)
  - अन्य खनिज तत्त्व → मृदा
  - • वृहत् पोषक तत्त्व: C, H, O, N, P, K, Ca, Mg, S
  - • सूक्ष्म पोषक तत्त्व: Fe, B, Zn, Mn, Cu, Mo, Cl

कुछ विशेष पादपों में पोषण

- कीटभक्षी – मृदा में नाइट्रोजन की कमी के कारण कीटों का भक्षण
  उदाहरण – घटपर्णी (नेपेन्थीज), ड्रोसेरा, वीनस फ्लाई ट्रेप
- परजीवी – जल एवं भोजन हेतु अन्य पादपों पर निर्भर
  - चूषक जड़ों की उपस्थिति
  उदाहरण – अमरबेल या कस्कुटा (पूर्ण स्तम्भ परजीवी)
- सहजीवी – दोनों घटक जीवों को लाभ
  उदाहरण – दलहनी पादप की मूल ग्रन्थिकाएँ एवं सहजीवी नाइट्रोजन स्थिरीकारी जीवाणु (राइजोबियम)

विषमपोषी पोषण

- स्वयं भोजन बनाने में असमर्थ, अतः दूसरे जीवों से पोषण/भोजन की प्राप्ति –

प्राणीसमभोजी

- भोजन (जटिल कार्बनिक पदार्थ) को अन्तर्ग्रहित कर पचाना एवं पोषक तत्त्वों को अवशोषित करना
- उदा० – मानव, अमीबा, बकरी, शेर, गाय आदि

मृतोपजीवी

- मृत एवं सड़े हुए कार्बनिक पदार्थों के बाह्य कोशिकीय पाचन से पोषण की प्राप्ति
- उदा० – राइजोपस, यीस्ट, पैनीसिलियम कवक एवं ई. कोलाई जीवाणु

परजीवी

- पोषद/परपोषी जीव के शरीर के अन्दर या बाहर रहकर पोषण प्राप्त करना
- उदा० – टिक, जूँ, जोंक, फीताकृमि, गोलकृमि, रोगकारी जीवाणु

☆ मानव में पोषण

⊙ पोषक तत्त्व

कार्बोहाइड्रेट

- C, H एवं O के 1 : 2 : 1 द्वारा निर्मित कार्बनिक यौगिक
- 1 gm से प्राप्त ऊर्जा 4.1 kcal
- प्रमुख ऊर्जा प्रदाता / श्वसनी क्रियाधार
  उदा०- ग्लूकोस, लैक्टोस, स्टार्च, फ्रक्टोस
- स्रोत- शहद, आलू, गेहूँ जैसे अनाज, फल आदि

प्रोटीन

- C+H+O+N+S/P द्वारा निर्मित
- 20 प्रकार के अमीनो अम्लों के बहुलक
- 1 gm से प्राप्त ऊर्जा 4.3 Kcal
- शरीर का बिल्डिंग ब्लॉक
  उदा० – किरेटिन, कोलैजन, एल्ब्युमिन, हीमोग्लोबीन, दुग्ध में केसीन, इंसुलिन, मायोसीन, अनाज (गेहूँ) की ग्लूटेन प्रोटीन
- स्रोत- दालें, माँस, अण्डे, क्लोरैला शैवाल
- कमी से रोग- मैरैस्मस (सूखा रोग) व क्वाशिओरकॉर

वसा

- वसीय अम्ल + ग्लिसरॉल के एस्टर
- C, H एवं O (कभी-कभी S) द्वारा निर्मित
- 1 gm से प्राप्त ऊर्जा 9.3 Kcal
  उदा०- फॉस्फोलिपिड, कोलेस्ट्रॉल
- स्रोत- नारियल, तिल, सरसों का तेल, घी, मक्खन, माँस, आदि

विटामिन

- जटिल कार्बनिक सूक्ष्मपोषक तत्त्व
- विटामिन (Vitamin) शब्द का प्रतिपादन - कैसिमिर फन्क

प्रमुख विटामिन एवं उनसे सम्बन्धित तथ्य	
वसा में घुलनशील विटामिन (Fat Soluble Vitamins)	
नाम	कमी का प्रभाव
विटामिन-A (रेटिनॉल) [β- कैरोटीन]	नेत्र की कॉर्निया व त्वचा की कोशिकाओं का शल्कीकरण, रतौंधी, कुण्ठित वृद्धि, जीरोफ्थैल्मिया।
विटामिन-D (कैल्सीफेरॉल)	दाँत, अस्थियों एवं माँसपेशियों का कमजोर होना, बच्चों में रिकेट्स एवं वयस्कों में ऑस्टियोपोरोसिस (Osteoporosis) रोग।
विटामिन-E (टोकोफेरॉल)	जनन क्षमता की कमी (बंध्यता), जननांग तथा पेशियाँ कमजोर।
विटामिन-K (नैफ्थोक्विनोन या फिलोक्विनोन)	चोट पर रुधिर का थक्का न जमने से अधिक रुधिर स्राव।

जल में घुलनशील विटामिन (Water Soluble Vitamins)	
नाम	कमी का प्रभाव
विटामिन- B_1 (थायमिन)	बेरी-बेरी (पॉलिश किए चावलों के सेवन से)। कार्बोहाइड्रेट उपापचय व ऊर्जा उत्पादन प्रभावित।
विटामिन- B_2 (राइबोफ्लेविन)	कीलोसिस
विटामिन- B_3 (निकोटिनिक अम्ल या नियासिन)	पैलेग्रा (3D-Dermatitis, Diarrhea and Dementia)
विटामिन- B_5 (पैंटोथीनिक अम्ल)	चर्म रोग, वृद्धि कम होना, बाल सफेद होना, जनन क्षमता कम होना।
विटामिन- B_6 (पाइरीडॉक्सिन)	रुधिरक्षीणता, चर्म रोग, पेशीय ऐंठन, मानसिक व्याधि।
विटामिन- B_7 (बायोटिन)	चर्म रोग, बालों का झड़ना।
विटामिन- B_9 (फॉलिक अम्ल)	रुधिरक्षीणता, कुण्ठित वृद्धि, नवजात में तंत्रिका नाल में दोष।
विटामिन- B_{12} (सायोकोबालामीन)	प्रणाशी अरक्तता, तन्त्रिका तन्त्र की गड़बड़ियाँ, RBC निर्माण व DNA संश्लेषण प्रभावित।
विटामिन- C (एस्कॉर्बिक अम्ल)	स्कर्वी रोग, Fe अवशोषण प्रभावित।

खनिज तत्त्व (Minerals Elements)

- सरल अकार्बनिक पौषक तत्त्व
- प्रकार – लौह (Iron-Fe), जिंक (Zinc-Zn), मैग्नीशियम (Magnesium-Mg), क्लोरीन (Chlorine-Cl), कैल्शियम (Calcium-Ca), फॉस्फोरस (Phosphorus-P), गन्धक (Sulphur-S), पोटैशियम (Potassium-K), फ्लोरीन (Fluorine-F), सोडियम (Sodium-Na), ताँबा (Copper-Cu), आयोडीन (Iodine-I), मौलिब्डेनम (Molybdenum-Mo), क्रोमियम (Chromium-Cr), मैंगनीज (Manganese-Mn), कोबाल्ट (Cobalt-Co), सैलीनियम (Selenium-Se)

जल – शरीर का 65-70% भाग एवं अकार्बनिक विलायक

☆ पाचन तन्त्र

भोजन → अंतर्ग्रहण → पाचन ↘
बहि:क्षेपण ← स्वांगीकरण ← अवशोषण

◉ आहारनाल (Alimentary Canal) →

लम्बाई – 8-10 m

मुख से शुरू होकर गुदा पर समाप्त

मुख एवं मुखगुहा

- दाँत वयस्क में काटने के लिए – 4 कृन्तक, चीरने-फाड़ने के लिए – 2 रदनक, चबाने व पीसने के लिए – 4 अग्रचर्वणक एवं 6 चर्वणक × 2 = 32
- जीभ = अग्र भाग – मीठा, अग्र-पार्श्व भाग – नमकीन, पार्श्व भाग – खट्टा व पश्च भाग – कड़वा स्वाद।

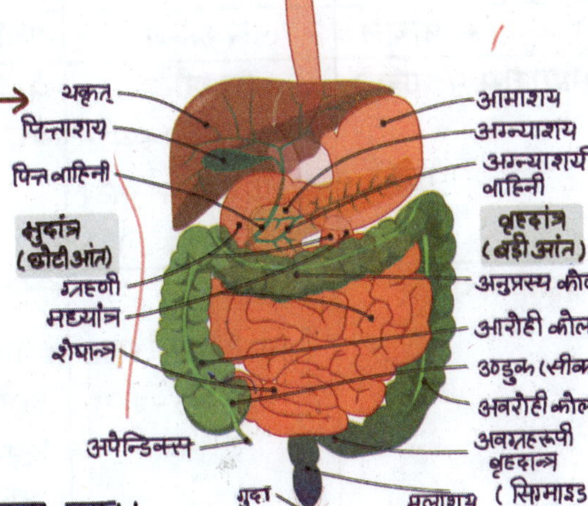

- दन्तसूत्र = $\frac{ICPmM}{ICPmM} \times 2 = \frac{2,1,2,3}{2,1,2,3} \times 2 = 32$
- ग्रसनी – 12 cm लम्बी नली
- ग्रसिका – 22-24 cm लम्बी नली (क्रमाकुंचन गति)
- आमाशय – 25 cm लम्बा J-आकार का थैलीनुमा अंग
  - प्रोटीन का पाचन
  - काइम का निर्माण
- छोटी आँत
  - ग्रहणी (25 cm) + मध्यान्त्र (2.4 m) + शेषान्त्र (3.5 m)
  - भोजन का पूर्ण पाचन व रसांकुर व सूक्ष्मांकुर द्वारा अवशोषण
- बड़ी आँत
  - उण्डुक (6 cm) + कोलन (1.3 m) + मलाशय (20 cm)
  - जल का अवशोषण व मलाशय में मल का निर्माण, संचय व त्याग।

- बच्चों का दन्त सूत्र = $\frac{2,1,0,2}{2,1,0,2}$
- दाँत दो स्तर का बना होता है
  - (i) इनैमल – बाहरी कठोरतम पदार्थ
  - (ii) डेन्टीन – आंतरिक पदार्थ
- अक्ल दाढ़ (Wisdom tooth) → तीसरा चवर्णक
- हाथी दाँत – कृन्तक

◉ पाचक ग्रंथियाँ (Digestive Glands)

- पाचक रसों का स्रावण
- यकृत
  - सबसे बड़ी ग्रंथि (1500 gm)
  - भक्षी कुप्फर कोशिकाओं युक्त
  - वसा के पाचन (इमल्सीकरण) में सहायक पित्त रस (pH = 7.4 – 8.5) का स्रावण (पित्ताशय में संचित)
  - ग्लाइकोजिनेसिस
  - विषहरन
  - यूरिया संश्लेषण
  - विटामिन – A, D, E एवं K का संचय
- अग्न्याशय
  - दूसरी सबसे बड़ी ग्रंथि
  - मिश्रित ग्रंथि
  - अग्न्याशयी रस का स्रावण
- लार ग्रंथि
  - 3 जोड़ी व लार का स्रावण
- जठर ग्रंथियाँ
  - आमाशय की आंतरिक भित्ति में स्थित
  - जठर रस का स्रावण
- आँत्रीय ग्रंथियाँ
  - छोटी आँत की आंतरिक भित्ति में स्थित
  - आँत्रीय रस का स्रावण

मनुष्य में उपस्थित पाचक एन्जाइम्स			
आहारनाल का भाग	ग्रन्थियाँ	एन्जाइम	क्रियाकार जिन पर क्रिया होती है
मुखगुहा में पाचन	लार ग्रन्थि	टायलिन या एमाइलेज	स्टार्च
आमाशय में पाचन	जठर ग्रन्थि (HCl, श्लेष्म एवं एंजाइम युक्त जठर रस, pH-2.0)	पैप्सिन, रैनिन, जठरीय लाइपेज	प्रोटीन, दुग्ध का प्रोटीन, वसा
ग्रहणी में पाचन	अग्न्याशय (अग्न्याशयी रस, pH = 7.5 – 8.2)	ट्रिप्सिन व काइमोट्रिप्सिन एमाइलोप्सिन (एमाइलेज) कार्बोक्सीपेप्टिडेज स्टिएप्सिन या अग्न्याशयी लाइपेज	प्रोटीन मण्ड एवं जटिल शर्करा अणु, प्रोटीन के पॉलीपैप्टाइड, वसा

आहारनाल का भाग	ग्रन्थियां	एन्जाइम	क्रियाकार जिन पर क्रिया होती है
क्षुदान्त्र में पाचन	आँत्रीय ग्रंथियाँ	एण्टीरोकाइनेज, इरैप्सिन, माल्टेज, सुक्रोज, लैक्टेज, लाइपेज, न्यूक्लिएज	ट्रिप्सिनोजन, पॉली व ट्राइपेप्टाइड्स, माल्टोस, डाइसैकेराइड सुक्रोस, लैक्टोस शर्करा, वसा, न्यूक्लियोटाइड्स

अन्य महत्त्वपूर्ण तथ्य

→ पित्त रस में बिलिरूबिन एवं बिलिवर्डिन वर्णक पाए जाते हैं, जिस कारण यह हरा-पीला होता है।

→ घास में सैलूलोज़ (पचाने में अधिक समय लगता है) होता है, इसलिए इसे पचाने के लिए शाकाहारी जीवों में लंबी-छोटी आंत की आवश्यकता होती है।

→ लाइसिन एक आवश्यक अमीनो अम्ल है, जिसे मांस, मछली, डेयरी और अंडे जैसे खाद्य स्रोतों से प्राप्त किया जाना चाहिए। यह कोलेजन निर्माण एवं कैल्शियम अवशोषण में सहायक है।

→ हिस्टिडीन, आइसोल्यूसीन, ल्यूसीन, लाइसिन, मेथियोनीन, फेनिलएलनिन, थ्रेओनीन, ट्रिप्टोफैन और वेलिन को आवश्यक अमीनो अम्ल के रूप में वर्गीकृत किया जाता है, क्योंकि शरीर इनका उत्पादन नहीं कर सकता है। इसलिए, इन्हें भोजन के माध्यम से प्राप्त किया जाता है।

→ मेलाटोनिन, डोपामाइन, एड्रीनेलीन और थायरॉक्सिन सहित हमारे मस्तिष्क के रासायनिक संदेशवाहकों के उत्पादन के लिए अमीनो अम्ल फेनिलएलेनिन आवश्यक होता है।

→ स्वस्थ पाचन को बनाए रखने के लिए अपचित रेशे आवश्यक हैं।

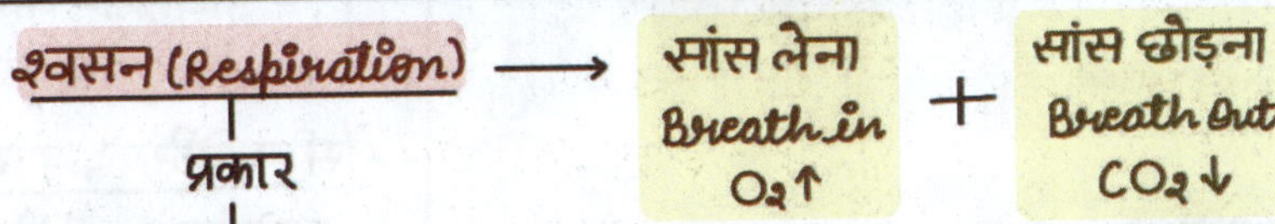

प्रकार

वायवीय / ऑक्सी

- O_2 की उपस्थिति में क्रियाधार का पूर्ण ऑक्सीकरण
- अधिक ऊर्जा का उत्पादन
- कोशिकाद्रव्य एवं माइटोकॉण्ड्रिया में
- $C_6H_{12}O_6 + 6O_2 \longrightarrow 6CO_2 + 6H_2O + 38ATP$ (673 Kcal)
- सभी स्वपोषी पादपों तथा अधिकतर जंतुओं में

अवायवीय / अनॉक्सी

- O_2 की अनुपस्थिति में क्रियाधार का आंशिक ऑक्सीकरण
- कम ऊर्जा का उत्पादन
- कोशिकाद्रव्य में
- $C_6H_{12}O_6 \longrightarrow C_2H_5OH + 2CO_2 + 2ATP$ (27 Kcal)
  ग्लूकोज — एथेनॉल
- अनेक कवक; जैसे — यीस्ट, अनेक जीवाणु तथा मनुष्य में व्यायाम करते समय पेशियों में

पादपों में गैसीय विनिमय

जड़ों में गैसीय विनिमय

मृदा के कणों में उपस्थित वायु से विसरण द्वारा

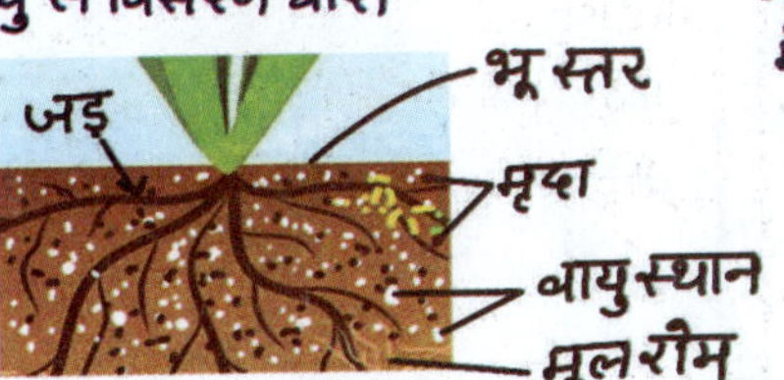

तने में गैसीय विनिमय

काष्ठीय पौधों में वातरन्ध्रों द्वारा तथा शाकीय पौधों में रन्ध्रों द्वारा

पत्तियों में गैसीय विनिमय

रन्ध्रों के माध्यम से

जन्तुओं में श्वसन

जलीय जन्तुओं में

- जल में घुलित ऑक्सीजन द्वारा
- श्वास दर अधिक
- गलफड़े / क्लोम / त्वचा द्वारा
- उदा० - मछली, मेंढक

स्थलीय जन्तुओं में

- वायुमण्डलीय ऑक्सीजन द्वारा
- श्वास दर अपेक्षाकृत कम
- फेफड़ों द्वारा
- उदा० - मानव, सर्प, पक्षी

मानव में श्वसन तन्त्र

- नासिका एवं नासामार्ग
  - वायु का एक जोड़ी नासा मार्गों द्वारा नासिका में प्रवेश।
  - वायु का श्लेष्म व रोमों द्वारा स्वच्छ व नम होना।
- ग्रसनी - घाँटी ढक्कन युक्त, श्वासनली व आहारनाल का संयुक्त पथ
- स्वर यंत्र / कण्ठ
  - ध्वनि उत्पन्न करना
  - पुरुषों में एडम एप्पल
- श्वासनली
  - 10-12 cm लम्बी
  - हायलिन उपास्थि के C- आकार के छल्लों युक्त
- श्वसनी - एक जोड़ी दोनों फेफड़ों के लिए
- फेफड़े
  - प्रमुख श्वसनांग - एक जोड़ी, हल्के गुलाबी व स्पंजी
  - आधार से पेशीय डायाफ्राम से संलग्न
  - दायाँ फेफड़ा बड़ा, चौड़ा तथा तीन पिण्डों में विभक्त
  - बायाँ फेफड़ा छोटा, पतला तथा दो पिण्डों में विभक्त
  - दाएँ फेफड़े में तीन, जबकि बाएँ फेफड़े में दो श्वसनिकाएँ
  - गुब्बारेनुमा, एकल स्तरीय वायुकोष्ठक (Alveoli) गैसीय विनिमय के स्थल

श्वसनिकाएँ
कूपिकीय वाहिनी
वायु कूपिकाएँ
नासामार्ग
नासा छिद्र
कंठ
श्वास नली
श्वसनी
फेफड़े
डायाफ्राम

मानव में श्वसन की क्रियाविधि

- श्वासोच्छ्वास
  - बाह्य श्वसन
    - अन्त: श्वसन
      - श्वास लेना ($O_2 = 21\%, CO_2 = 0.03\%$)
      - डायाफ्राम का नीचे की ओर समतल होना
    - नि: श्वसन
      - श्वास छोड़ना ($O_2 = 16\%, CO_2 = 4.4\%$)
      - डायाफ्राम का ऊपर की ओर गुम्बदनुमा होना
- गैसीय विनिमय व परिवहन
  - वायुकोष्ठक में विसरण द्वारा गैसीय विनिमय
  - O_2 का 97% परिवहन हीमोग्लोबिन द्वारा
  - CO_2 का परिवहन बाइकार्बोनेट (70%), हीमोग्लोबिन (23%) व प्लाज्मा (7%) द्वारा
- कोशिकीय श्वसन
  - भोजन (ग्लूकोस) का वायवीय ऑक्सीकरण
  - कोशिकाद्रव्य व माइटोकॉण्ड्रिया में

विभिन्न जीवों में श्वसनी सतह

अमीबा व प्लेनेरिया — कोशिका झिल्ली / सतह
केंचुआ एवं जोंक — नम त्वचा
मछली, प्रॉन (झींगा), टैडपोल (लार्वा) — गिल्स
मेंढक — नम त्वचा व फेफड़े
मच्छर व घरेलू मक्खी (कीट) — वायुनाल (ट्रैकिया) व स्पाइरेकल्स
पक्षी, छिपकली व स्थलीय प्राणी — फेफड़े

परिवहन

यह शरीर के एक भाग से दूसरे भाग तक पदार्थों को ले जाने की जैव प्रक्रिया है

मानव में परिवहन

→ बंद परिसंचरण तन्त्र
↓
रुधिर परिसंचरण तन्त्र

रुधिर (Blood)
- तरल संयोजी ऊतक
- श्यान, क्षारीय (pH = 7.3 - 7.5) व लाल
- कुल भार का 7 - 8% (5-6 लीटर)
  - प्लाज्मा (Plasma)
    - 55% तरल भाग
    - 90% जल + 8% कार्बनिक पदार्थ (प्रोटीन) + 2% अकार्बनिक पदार्थ
  - रुधिराणु (Blood Corpuscles)

पादपों में परिवहन

- जल का परिवहन
  - जाइलम द्वारा
  - एकदिशीय
  - जल के ससंजक एवं आसंजक बल तथा वाष्पोत्सर्जनाकर्षण खिंचाव के कारण जल का ऊपर चढ़ना
- भोजन का परिवहन
  - फ्लोएम द्वारा सुक्रोस शर्करा के रूप में
  - बहुदिशीय / द्विदिशीय
  - मुंच के द्रव्यमान प्रवाह के कारण
- वाष्पोत्सर्जन
  - दो द्वार कोशिकाओं द्वारा घिरे रन्ध्रों की सहायता से जल का वाष्प के रूप में वातावरण में मुक्त होना

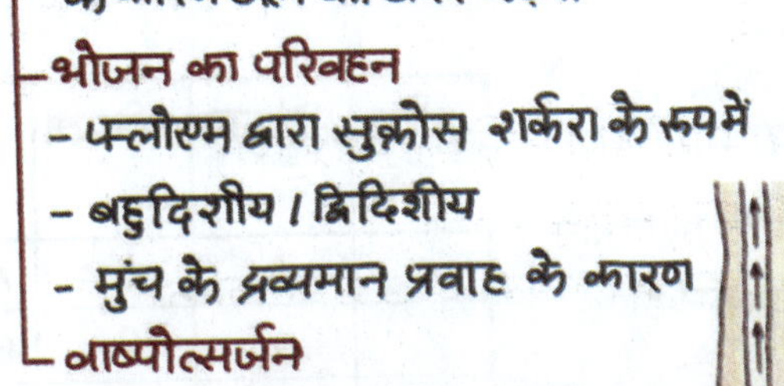

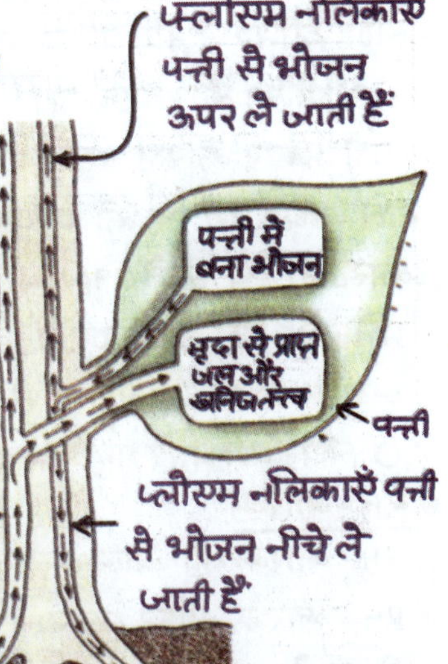

लक्षण	लाल रुधिराणु या एरिथ्रोसाइट्स	सफेद रुधिराणु या ल्यूकोसाइट्स	प्लेटलेट या थ्रोम्बोसाइट्स
संख्या	4.5 - 5 मिलियन / मिमी^{3} रुधिर	6000 - 8000 / मिमी^{3} रुधिर	1,50,000 - 3,50,000 / मिमी^{3} रुधिर
आकृति	उभयावतल तथा गोल	गोल या अनियमित	गोल या डिस्कनुमा
आकार	7 - 8 μm व्यास, 1 - 2 mm मोटी	12 - 20 μm व्यास	2 - 3 μm व्यास
रंग	लाल (हीमोग्लोबिन के कारण)	रंगहीन	रंगहीन
निर्माण	जन्म से पूर्व यकृत व प्लीहा में तथा जन्म पश्चात् अस्थि मज्जा में	अस्थि मज्जा, लसीका गाँठ, प्लीहा, थाइमस, टॉन्सिल तथा पेयर के पैचेस में	अस्थि मज्जा की मेगाकैरियोटिक नामक दीर्घ कोशिकाओं से
जीवनकाल	लगभग 120 दिन	कुछ घण्टों से कुछ दिनों तक (कणिकामय) या कुछ माह तक (कणिकाहीन)	लगभग 8-10 दिन
कार्य	O_2 व CO_2 का परिवहन	प्रतिरक्षा तन्त्र के घटक होने के कारण रोगों से सुरक्षा	चोट लगने पर रुधिर का थक्का बनाना

श्वेत रुधिराणु या ल्यूकोसाइट्स

- अकणिकामय श्वेत रुधिराणु (Agranular WBCs)
  - लिम्फोसाइट (20-25%)
  - मोनोसाइट (2-10%)
- कणिकामय श्वेत रुधिराणु (Granular WBCs)
  - इओसीनोफिल या एसिडोफिल्स या ऑक्सीफिल्स (2-3%)
  - बेसोफिल्स (0.5-1%)
  - न्यूट्रोफिल्स (60-65%)

रुधिर वर्ग (Blood Group)

- लैण्डस्टीनर ने तीन प्रकार के रुधिर वर्गों A, B और O की खोज की।
- चौथे प्रकार के एवं बहुत कम पाए जाने वाले रुधिर वर्ग AB की खोज वॉन डी कास्टैलो एवं स्टर्ले (1902) ने की
- प्रतिजन लाल रुधिराणुओं की कला पर, जबकि प्रतिरक्षी प्लाज्मा में पाए जाते हैं।

रुधिर वर्ग	प्रतिजन	प्रतिरक्षी	रुधिर ले सकता है	रुधिर दिया जा सकता है
A	A	b	A, O से	A, AB को
B	B	a	B, O से	B, AB को
AB	AB	–	A, B, AB, O से	केवल AB को
O	–	ab	केवल O से	A, B, AB, O को

- O रुधिर वर्ग वाले मनुष्य सर्वदाता, जबकि AB^+ रुधिर वर्ग वाले मनुष्य सर्वग्राही कहलाते हैं।

Rh-कारक

- Rh-कारक की खोज सर्वप्रथम रीसस बन्दर की RBC में लैण्डस्टीनर एवं वीनर ने (1940) में की थी।
- Rh-कारक सहित मनुष्य Rh^+ कहलाता है तथा Rh-कारक रहित मनुष्य Rh^- कहलाता है।
- विश्व के लगभग 85% मनुष्य Rh^+ होते हैं तथा 15% Rh^-; भारत में कुल जनसंख्या के लगभग 97% लोग Rh^+ हैं।

हृदय (Heart)

- 4 कोष्ठीय (दो अलिन्द + दो निलय)
  - अलिन्द → ऊतकों से रुधिर ग्रहण करने वाला भाग
  - निलय → ऊतकों में रुधिर पम्प करने वाला भाग
- पेशीय, संकुचनशील, स्वतः पम्पिंग अंग
- पुरुषों में हृदय का औसत वजन 280-340 ग्राम तथा महिलाओं में 230-280 ग्राम
- नवजात शिशु के हृदय का वजन लगभग 20 ग्राम
- दोहरी पेरीकार्डियम झिल्ली युक्त
- दाएँ अलिन्द व निलय के मध्य त्रिवलनी (Tricuspid) कपाट
- बाएँ अलिन्द व निलय के मध्य द्विवलनी (Bicuspid) कपाट
- निलय एवं धमनी के मध्य अर्द्धचन्द्राकार कपाट

रुधिर वाहिनियाँ → धमनी (Arteries)

- हृदय से को रुधिर दूर ले जाना
- प्रायः शुद्ध ऑक्सीकृत रुधिर का परिवहन (अपवाद - फुफ्फुसीय धमनी)
- मोटी भित्ति युक्त व कपाट रहित

◉ **शिरा (Veins)**

- हृदय तक रुधिर पहुँचाना।
- प्रायः अशुद्ध अनॉक्सीकृत रुधिर का परिवहन (अपवाद - फुफ्फुसीय शिरा)
- पतली भित्ति व कपाट युक्त

◉ **केशिकाएँ**

- पतली संकीर्ण नलिकाएँ
- धमनियों को शिराओं से जोड़ती हैं
  रुधिर और शरीर के ऊतकों के बीच पदार्थों का आदान-प्रदान सम्भव बनाती हैं।

अन्य महत्त्वपूर्ण तथ्य

- वैरिकोज़ शिरा (Varicose Veins) असामान्य रूप से फैली हुई, टेढ़ी-मेढ़ी सतही नसें हैं, जो अक्षम शिरापरक वाल्वों के कारण दिखाई देती हैं। ये लगभग हमेशा पैरों को प्रभावित करते हैं।

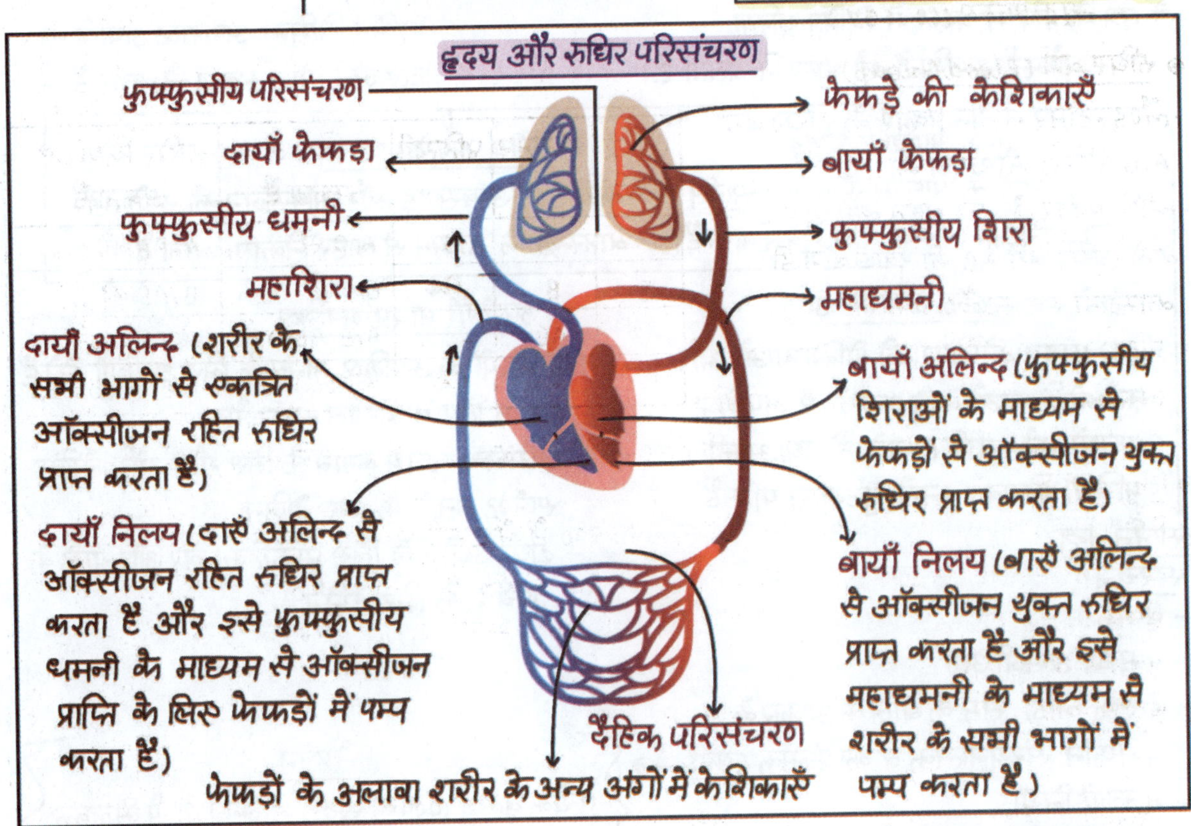

हृदय स्पन्दन

- हृदय पेशियों का क्रमिक (Rhythmic) संकुचन (Contraction) एवं शिथिलन (Relaxation) हृदय स्पन्दन या हृदय चक्र (Cardiac Cycle) कहलाता है, जो धमनी में रक्त दाब उत्पन्न करता है।
- यह दाब स्फिग्मोमैनोमीटर द्वारा मापा जाता है, जो सिस्टोलिक 120 mm Hg एवं डायस्टोलिक 80 mm Hg होता है।
- हृदयी प्रेरण (Cardiac impulse) की उत्पत्ति शिरा-अलिन्द नोड या साइनोएट्रियल नोड (Sinoatrial node or SA node) द्वारा होती है। अतः शिरा-अलिन्द नोड (SA node) हृदय का गति प्रेरक (Pacemaker) होता है।
- मानव का एक हृदय स्पन्दन 0.85 सैकण्ड का होता है एवं मानव का हृदय प्रति मिनट 72 से 75 बार धड़कता है तथा प्रति मिनट 5 लीटर रुधिर पम्प करता है, जिसे हृदयी उत्पादन (Cardiac Output) कहते हैं।

हृदय ध्वनियाँ

- पहली हृदय ध्वनि - लब (Lubb) अलिन्द-निलय कपाट के बन्द होने के कारण उत्पन्न होती है।
- द्वितीय हृदय ध्वनि - डप (dup) अर्द्धचन्द्राकार कपाटों के अचानक बन्द होने के कारण उत्पन्न होती है।

लसीका परिसंचरण तन्त्र

- लसीका, लसीका कोशिकाओं व वाहिनियों द्वारा निर्मित संवहनी तन्त्र

उत्सर्जन

(इस प्रक्रिया के द्वारा जीव शरीर से हानिकारक उपापचयी अपशिष्ट को बाहर निकालता है।)

मनुष्यों में उत्सर्जन

मनुष्यों में उत्सर्जन तन्त्र वृक्क के माध्यम से मूत्र के रूप में यकृत में निर्मित यूरिया जैसे नाइट्रोजनी अपशिष्टों को बाहर निकालता है।

पादपों में उत्सर्जन

पादप अपनी जैव-प्रक्रियाओं के दौरान निर्मित विभिन्न अपशिष्ट उत्पादों का उत्सर्जन निम्न प्रकार से करते हैं-

तरल अपशिष्ट उत्पाद

पादप रन्ध्रों के माध्यम से वाष्पोत्सर्जन द्वारा अतिरिक्त जल को बाहर मुक्त करते हैं।

गैसीय अपशिष्ट उत्पाद

कार्बन डाइऑक्साइड और ऑक्सीजन को रन्ध्रों और वातरन्ध्रों के माध्यम से बाहर निकाला जाता है।

ठोस अपशिष्ट उत्पाद

कुछ पादप कोशिका की रिक्तिकाओं और मृत कोशिकाओं वाले ऊतकों में अपशिष्ट पदार्थों को संगृहित करते हैं तथा अपनी पत्तियाँ गिराकर उनसे छुटकारा पाते हैं।

उपयोगी पादप अपशिष्ट

कुछ पादपों के अपशिष्ट मानव के लिए उपयोगी होते हैं
- इत्र के लिए वाष्पशील सगंध तेल
- आसंजक पदार्थ बनाने के लिए गोंद और ग्लेज़िंग एजेण्ट बनाने के लिए रेजिन
- टायर उद्योग के लिए प्राकृतिक रबर और चमड़े के उपचार के लिए टैनिन

उत्सर्जन तन्त्र

संरचना

- **वृक्क**
  - मुख्य उत्सर्जी अंग
  - एक जोड़ी, सेम के बीज के आकार के
  - नेफ्रॉन संरचनात्मक व कार्यात्मक इकाई →
- **मूत्रवाहिनियाँ**
  - एक जोड़ी नलिकाएँ
  - मूत्र का वृक्कों से मूत्राशय तक परिवहन
- **मूत्राशय** - एकल पेशीय मूत्र संग्राहक अंग
- **मूत्रमार्ग**
  - एकल नलिका (नर में मूत्र व वीर्य का संयुक्त मार्ग)
  - मूत्रण द्वारा मूत्र को शरीर से बाहर निकालना
  - मूत्र रंग - पीला (यूरोक्रोम या यूरोबिलिन वर्णक के कारण); यूरिया(2%), जल (95%); pH=4.0
  - पथरी - कैल्सियम ऑक्जैलेट

नेफ्रॉन

प्रत्येक वृक्क 10लाख सूक्ष्म नलिकाओं से मिलकर बना होता है, जिन्हें नेफ्रॉन (वृक्काणु) कहते हैं।

संरचना

- बोमेन सम्पुट
  - प्यालेनुमा भाग
- संवलित नलिका
  - समीपस्थ संवलित नलिका
  - हेनले लूप
  - दूरस्थ संवलित नलिका

07 नियन्त्रण, समन्वय एवं गमन

जीवों में बाह्य तथा अन्त: वातावरण के बीच संतुलन बनाए रखने की क्षमता नियन्त्रण तथा सामान्य स्थिति बनाए रखने की प्रतिक्रिया समन्वय कहलाती है।

जन्तुओं में कार्यिकीय समन्वय

तन्त्रिका तन्त्र

- विद्युत आवेगों की सहायता से शरीर के अंग-तन्त्रों में समन्वयन एवं नियन्त्रण

☆ तन्त्रिका कोशिका (Neuron) → संरचनात्मक व क्रियात्मक इकाई

☆ युग्मानुबन्धन (Synapse)

दो न्यूरॉन के मध्य का रिक्त स्थान जो एक तन्त्रिका कोशिका से दूसरी तंत्रिका कोशिका तक विद्युत आवेगों को पहुँचाते हैं।

अन्त: स्त्रावी तन्त्र

- नलिका विहीन अन्त: स्त्रावी ग्रंथियों के रासायनिक स्त्राव (हॉर्मोन) द्वारा समन्वय एवं नियंत्रण
- हॉर्मोन – पेप्टाइड या स्टेरॉइड प्रकार के रासायनिक संदेशवाहक

तन्त्रिका आवेग का संचरण (Nerve Impulse Transmission)

बाह्य वातावरण से उद्दीपन ⟶ ग्राही (जैसे-त्वचा) / संवेदी अंग —संवेदना→ संवेदी न्यूरॉन ↓ मस्तिष्क / मेरूरज्जु —प्रेरणा→ प्रेरक / चालक न्यूरॉन —आवेग→ अपवाहक अंग (जैसे-पेशी)

☆ प्रतिवर्ती क्रिया (Reflex Action)

- उद्दीपन के फलस्वरूप शीघ्रतापूर्वक होने वाली स्वचालित और अनैच्छिक क्रिया
- उदाहरण – छींकना, खाँसना आदि
- मेरूरज्जु द्वारा नियन्त्रण

मानव तन्त्रिका तन्त्र

केन्द्रीय तन्त्रिका तन्त्र (CNS)
- मेरूरज्जु
- मस्तिष्क (1300-1400 gm)
  - अग्र मस्तिष्क
  - मध्य मस्तिष्क
  - पश्च मस्तिष्क

परिधीय तन्त्रिका तन्त्र (PNS)
- कपाल तन्त्रिकाएँ (12 जोड़ी)
- मेरूरज्जु तन्त्रिकाएँ (31 जोड़ी)

स्वायत्त तन्त्रिका तन्त्र (ANS)
- अनुकम्पी तन्त्रिका तन्त्र
- परानुकम्पी तन्त्रिका तन्त्र

1. अग्र मस्तिष्क

- स्वैच्छिक कार्यों का नियन्त्रण
- घ्राण पिण्ड - गन्ध का ज्ञान
- प्रमस्तिष्क - स्मृति, चेतन, तर्क, सीखने का केन्द्र
- डाइएनसिफैलॉन
  - एपिथैलेमस (दर्द, संवेदना, ठण्ड, गर्मी का अनुभव)
  - हाइपोथैलेमस (भूख, प्यास, स्नेह, घृणा, नींद व ताप नियन्त्रण)

प्रमस्तिष्क → एम्नेशिया (स्मृति का खोना)
डीमेन्शिया (स्मृति जाना + प्रतिदिन के कार्य करने में समस्या)
↳ अल्जाइमर रोग।

2. मध्य मस्तिष्क

- दृष्टि, श्रवण में सहायक, पुतली के आकार में परिवर्तन
- अनैच्छिक क्रियाओं का नियन्त्रण

3. पश्च मस्तिष्क

- मस्तिष्क व मेरूरज्जु को जोड़ना।
- पॉन्स – श्वसन केन्द्र
- अनुमस्तिष्क (Cerebellum) – शरीर का पेशीय सन्तुलन करना और आसन (Posture) का नियन्त्रण
- मेड्यूला ऑब्लॉगेटा – श्वास की लय, हृदय स्पन्दन दर, हिचकी व अनुकम्पी तन्त्रिका तन्त्र (ANS) का नियन्त्रण

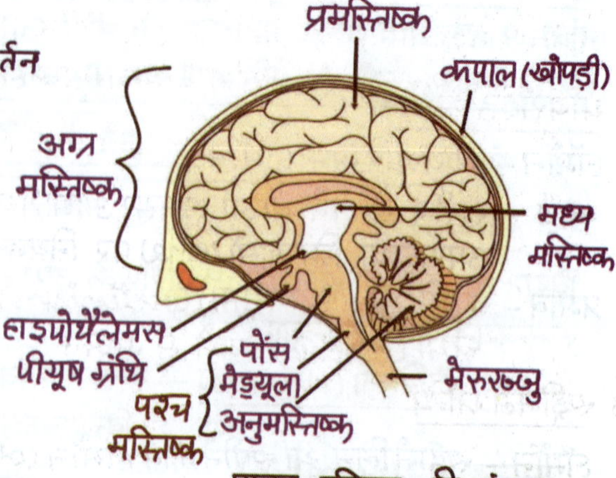

मानव मस्तिष्क की संरचना

मेरूरज्जु

- प्रतिवर्ती क्रियाओं का संचालन व नियमन

संवेदांग (Sensory Organs) (संवेदनाओं या उद्दीपनों को ग्रहण करने वाले अंग)

कर्ण	नेत्र	त्वचा	नासिका	जिव्हा
श्रवणग्राही व शरीर का सन्तुलन बनाए रखना।	दृश्यग्राही	·स्पर्श ·ताप ·दर्द की संवेदना ग्रहण करना।	गन्धग्राही	स्वादग्राही

महत्त्वपूर्ण बिन्दु

- आँख की माँसपेशी सुपीरियर रेक्टस आँख की गति का नियन्त्रण करती है।
- मानसिक विकार अल्जाइमर/शिजोफ्रेनिया व्यक्ति की भावनाओं व व्यवहार को प्रभावित करता है।
- लैक्राइमल ग्रन्थि आँखों से अश्रु मुक्त करती है।
- वर्चुअल रियलिटी डिस्प्ले नेत्र या दृष्टि के लिए लक्षित होते हैं।
- आइरिस आँख की पुतली के फैलने व सिकुड़ने को नियन्त्रित करती है।
- आँख के सामने का पारदर्शी भाग कॉर्निया होता है।
- कर्णपटल एक रबर शीट की तरह व्यवहार करता है।

जन्तु हॉर्मोन

- खोज – अर्नेस्ट एच. स्टार्लिंग
- जन्तु हॉर्मोन – नलिका विहीन अन्तःस्त्रावी ग्रन्थि द्वारा स्त्रावित एवं अल्पमात्रा में प्रभावी जटिल रासायनिक पदार्थ

स्तनधारियों में पाए जाने वाले प्रमुख हॉर्मोन व उनके प्रभाव

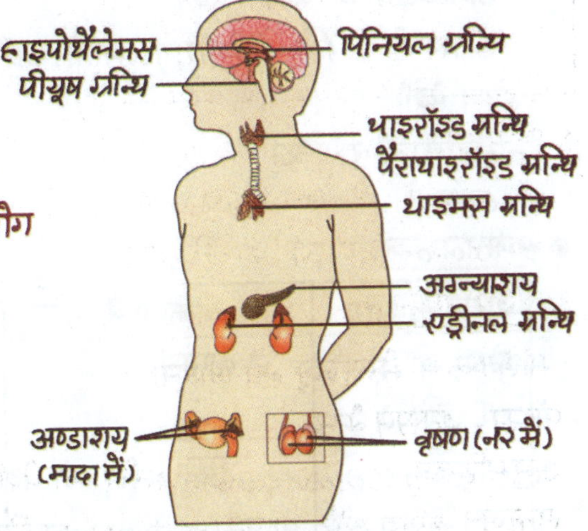

1. **पिट्यूटरी या पीयूष ग्रन्थि**

- हॉर्मोन - सोमैटोट्रॉपिक हॉर्मोन / वृद्धि हॉर्मोन
- कार्य - शरीर के वृद्धि पर नियन्त्रण
- अल्प स्त्रावण का प्रभाव - बचपन में शारीरिक वृद्धि का रुकना, बौनापन एवं साइमण्ड रोग

2. **थायरॉइड ग्रन्थि**

हॉर्मोन - थायरॉक्सिन हॉर्मोन

कार्य - शरीर में होने वाली समस्त आधारीय उपापचयी क्रियाओं (BMR) पर नियन्त्रण

प्रभाव - बच्चों में जड़वामनता (Cretinism), घेंघा (Goitre) - गले में सूजन

3. **एड्रीनल ग्रन्थि**

हॉर्मोन - एड्रीनेलिन या एपीनेफ्रीन हॉर्मोन (लड़ो या भागो हॉर्मोन) व नॉर-एड्रीनेलिन

कार्य - श्वास दर में वृद्धि, हृदय स्पन्दन में वृद्धि, रुधिर दाब में वृद्धि

अल्पस्त्रावण का प्रभाव - रुधिर दाब कम, एडीसन रोग

4. **अग्न्याशय ग्रन्थि**

हॉर्मोन - • इन्सुलिन (लैंगरहैंन्स की द्वीपिकाओं की β - कोशिकाओं द्वारा स्त्रावित)
• ग्लूकागॉन (लैंगरहैंन्स की द्वीपिकाओं की α - कोशिकाओं द्वारा स्त्रावित)

कार्य - • रुधिर शर्करा स्तर कम करना (इन्सुलिन)
• रुधिर शर्करा स्तर बढ़ाना (ग्लूकागॉन)

अल्पस्त्रावण का प्रभाव - • इन्सुलिन की कमी से मधुमेह, मूत्र में जल की मात्रा बढ़ना
• ग्लूकागॉन की कमी से हाइपोग्लाइसीमिया

5. **जनद ग्रन्थियाँ**

वृषण (पुरुषों में)

- टेस्टोस्टेरॉन (एण्ड्रोजन) हॉर्मोन
- कार्य
  - गौण (द्वितीयक) लैंगिक लक्षणों का विकास
  - शुक्राणुजनन
- अल्पस्त्रावण का प्रभाव - नपुंसकता

अण्डाशय (स्त्रियों में)

- एस्ट्रोजन एवं प्रोजेस्टेरॉन हॉर्मोन
- कार्य
  - गौण लैंगिक लक्षणों का विकास
  - अण्डाणुजनन
  - गर्भावस्था के लिए गर्भाशय को तैयार करना
- अल्पस्त्रावण का प्रभाव - बंध्यता

☆ गमन में सहायक पेशी एवं कंकाल तन्त्र

◉ **पेशी तन्त्र**

• रेखित पेशी
- ऐच्छिक व कंकाली पेशी
- एक्टिन व मायोसीन के एकान्तर बैण्ड्स युक्त
- सबसे मजबूत पेशी - निचले जबड़े की मैसेटर
- सबसे बड़ी पेशी - जाँघ की ग्लूटियस मैक्सिमस

• अरेखित पेशी

– अनैच्छिक व चिकनी पेशी

– आंतरांगों : जैसे – गर्भाशय, आँतों, आँख की पुतली व श्वासनली में

• हृदय पेशी

– अनैच्छिक व रेखित

– हृदय में

कंकाल तन्त्र

शरीर के भाग	अन्तः कंकाल के भाग	अस्थियों के नाम संख्या
सिर (खोपड़ी या करोटि)	कपाल	ऑक्सीपिटल (1), पैराइटल (2), फ्रॉण्टल (1), टेम्पोरल (2), स्फिनॉइड (1), एथमॉइड (1)
	मुख	नेजल (2), वोमर (1), टर्बिनल (2), लैक्राइमल (2), पैलेटाइन (2), जाइगोमैटिक (2), मैक्सिला (2), मैण्डिबल (1)
	कर्णास्थि	मैलियस (2), इन्कस (2), स्टैपीज (मनुष्य व अन्य स्तनियों में उपस्थित सबसे छोटी अस्थि) (2)
	हॉयड	हायऑइड (1)
रीढ़ की अस्थि (कशेरुक दण्ड)	गर्दन	ग्रीवा (7)
	वक्ष	वक्षीय (12)
	कमर	कटि (5)
	सैक्रम	त्रिकास्थि (1) (शिशुओं में 5)
	पुच्छ	अनुत्रिक (1) (शिशुओं में 4)
वक्ष	उरोस्थि	उरोस्थि (1)
	पसलियाँ (चपटी)	पसलियाँ (24)
उपांगीय कंकाल		
वक्ष (कंधा)	अंस मेखला	स्कैपुला (2), क्लेविकल (2)
उदर (कुल्हा)	श्रोणि मेखला	इन्नोमिनेट (2)
ऊपरी उपांग (बाँह व हाथ)	बाहु	ह्यूमरस (2)
	प्रबाहु	रेडियो (2), अल्ना (2)
	कलाई	कार्पल (16)
	हथेली	मैटाकार्पल (10)
	अँगुली	अँगुलास्थियाँ (28)
निचले उपांग (टाँग एवं तलुवा)	जाँघ	फीमर (सबसे बड़ी व मजबूत अस्थि) (2)
	पिण्डली	टिबियो (2), फीबुला (2)
	घुटना	पटैला (2)
	गुल्फ	टार्सल (14)
	तलुवा	मेटाटार्सल (10)
	अँगुली	अँगुलास्थि (28)
	कुल	206

संधि

- दो अस्थियों के परस्पर जुड़ने का स्थान
- अचल – करोटि की अस्थियों व दाँतों तथा जबड़ों की संधि
- अल्पचल – श्रोणि मेखला की प्यूबिस सिम्फाइसिस संधि
- चल – साइनोवियल तरल व गुहा युक्त गतिशील संधि

प्रकार

- कन्दुक खल्लिका (Ball and Socket) – कन्धे व नितम्बों में मेखला व पादों की संधि
- कब्जा (Hinge) – कोहनी, घुटने व अंगुलियों के पोरों की संधि
- धुराग्र (Pivotal) – गर्दन में एटलस व एक्सिस कशेरुकाओं की संधि
- सैंडल (Saddle) – अँगूठे की संधि
- विसर्पी (Gliding) – कलाई व टखने की संधि

पादपों में कार्यिकीय समन्वयन

पादप गतियाँ

अनुवर्तनी गतियाँ (Tropic Movement)
- वृद्धि से सम्बन्धित
- उद्दीपन की दिशा या विपरीत दिशा में गति

अनुकुंचन गतियाँ (Nastic Movement)
- वृद्धि से सम्बन्धित नही
- उद्दीपन की दिशा से अप्रभावित
- उदाहरण – छुई-मुई के पादप की पत्तियाँ

प्रकाशानुवर्तनी
- प्ररोह में प्रकाश की दिशा की ओर गति – धनात्मक
- जड़ों में प्रकाश की दिशा के विपरीत – ऋणात्मक
- उदा० – सूरजमुखी

गुरुत्वानुवर्तनी
- गुरुत्वानुकर्षण के कारण गति
- जड़ों में धनात्मक व प्ररोह में ऋणात्मक वृद्धि

जलानुवर्तनी
- जल के उद्दीपन के कारण गति
- जड़ों में धनात्मक व प्ररोह में ऋणात्मक वृद्धि

रसायनानुवर्तनी
- रसायन के उद्दीपन के कारण होने वाली गति
- उदा० – परागनली की वर्तिका में बीजाण्ड की ओर वृद्धि

पादप हॉर्मोन

पादपों की वृद्धि एवं विकास को नियन्त्रित करने वाले जटिल रासायनिक पदार्थ

वृद्धि प्रवर्धक

ऑक्सिन
कार्य:–
- शीर्ष प्रमुखता
- कोशिका दीर्घीकरण
- अनिषेकफलन

जिबरेलिन
कार्य:–
- बोल्टिंग
- दीप्तिकाल को कम करना
- बीजों का अंकुरण

साइटोकाइनिन
कार्य:–
- कोशिका विभाजन
- जीर्णता में विलम्ब
- प्रसुप्ति को तोड़ना

वृद्धि निरोधक

एब्सिसिक अम्ल
कार्य :–
- विलगन
- जीर्णता, रन्ध्रों को बन्द करना
- प्रसुप्ति

इथायलीन (गैसीय हॉर्मोन)
कार्य:–
- फलों को पकने में सहायक
- जीर्णता

08 जनन

जनन (Reproduction) – जीवों द्वारा अपने ही समान नई संतति उत्पन्न करना

अलैंगिक जनन (Asexual Reproduction)

- एकल जनक द्वारा जनन
- प्राय: सरल जीवों में
- युग्मक निर्माण एवं संलयन अनुपस्थित
- संतति जनक का क्लोन (clone) (विभिन्नताएँ अनुपस्थित)

लैंगिक जनन (Sexual Reproduction)

- दो भिन्न-भिन्न लिंग वाले जनकों (माता-पिता) या उभयलिंगी जनक द्वारा जनन
- जटिल एवं विकसित जीवों में
- युग्मक निर्माण एवं निषेचन उपस्थित
- संतति जनन से भिन्न (विभिन्नताओं की उपस्थिति के कारण)

प्रकार

1. **विखण्डन (Fission)** – एककोशिकीय जीवों में असूत्री कोशिका विभाजन द्वारा जनन

   द्विविखण्डन (Binary Fission)

   दो संततियों का निर्माण; जैसे – अमीबा, जीवाणु, लीश्मानिया, पैरामिशियम

   पैतृक कोशिका
   केंद्रक
   केंद्रक विभाजन
   कोशिकाद्रव्य विभाजन
   दो संततियाँ

   अमीबा में द्विविखंडन

   बहुविखण्डन (Multiple Fission)

   अनेक संततियों का निर्माण; जैसे – प्लाज्मोडियम

   कोशिका द्रव्य
   कोशिका
   सुरक्षात्मक भित्ति (पुटी)
   केन्द्रक
   बहुविखंडन द्वारा अनेक संतति कोशिकाओं की उत्पत्ति
   मुक्त संतति कोशिकाएँ

   प्लाज्मोडियम में बहुविखंडन

2. **खण्डन (Fragmentation)**

   - सरल बहुकोशिकीय जीव पूर्ण वृद्धि करके दो या अधिक खण्डों में टूट जाते हैं एवं प्रत्येक खण्ड वृद्धि करके पूर्ण जीव बना लेता है; उदाहरण – स्पाइरोगायरा, राइजोपस, यूलोथ्रिक्स, लाल शैवाल

3. **पुनरुद्भवन (Regeneration)**

   - किसी जंतु के किसी भी कटे हुए भाग से नए जंतु की उत्पत्ति; उदाहरण – हाइड्रा, प्लैनेरिया, आदि

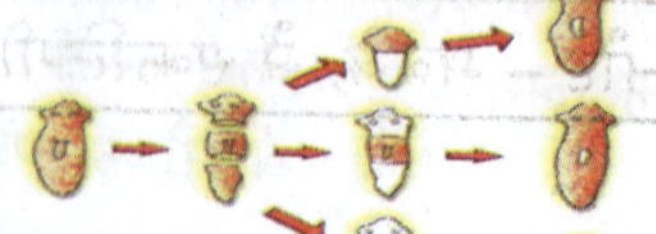

प्लैनेरिया में पुनरुद्भवन

4. मुकुलन (Budding)

- शरीर पर निर्मित उभार ; मुकुल (Bud) द्वारा नए जीव की उत्पत्ति ; जैसे – हाइड्रा , यीस्ट

हाइड्रा में मुकुलन

5. बीजाणु निर्माण (Spore Formation)

- प्रतिकूल परिस्थिति में एककोशिकीय मोटी भित्ति युक्त बीजाणुओं के निर्माण द्वारा, जो अनुकूल परिस्थिति में अंकुरित होकर नया जीव बनाते हैं ;
उदाहरण – क्लेमाइडोमोनास , राइजोपस , म्यूकर , पक्सीनिया

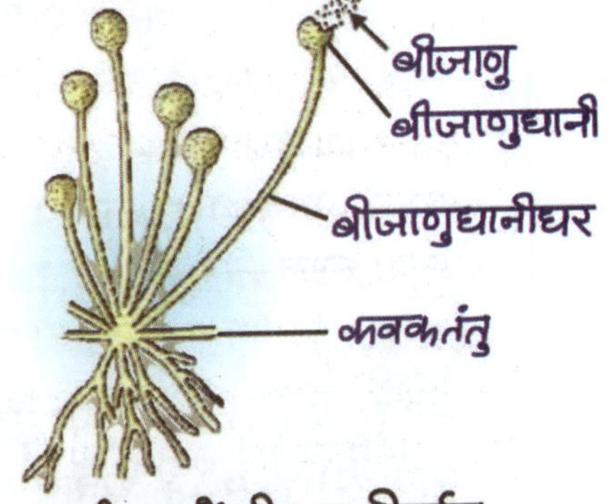

राइजोपस में बीजाणु निर्माण

6. कायिक / वर्धी जनन (Vegetative Reproduction)

- पौधों के कायिक भागों ; जैसे – जड़ , तना व पत्ती द्वारा नए संतति पादप का उत्पन्न होना (कायिक प्रवर्धन)
- प्राकृतिक
  - तने द्वारा आलू , गन्ना
  - मूल द्वारा शीशम , शकरकन्द
  - पर्ण द्वारा बिगोनिया , ब्रायोफिल्लम
- कृत्रिम
  - कलम लगाना गुलाब , गन्ना , केला (प्ररोह रोपण); नींबू एवं संतरा (मूल रोपण)
  - दाब लगाना सेब , नाशपाती , नींबू , स्ट्राबेरी

ऊतक संवर्धन (Tissue Culture)

- पादप के ऊतक या अंगों (पादप टुकड़े) द्वारा प्रयोगशाला में उचित संवर्धन माध्यम की उपस्थिति में रोगहीन पादपों का विकास करना
- इस तकनीक को अंत: पात्रे (In vitro) जनन या सूक्ष्म प्रवर्धन (Micro-Propagation) भी कहते हैं।
- कम समय में सजावटी व रोग रहित पादपों के निर्माण में प्रयुक्त

◉ पुष्पी पादप में लैंगिक जनन

- पुष्प
  - संघनित्र प्ररोह , लैंगिक अंग
  - बाह्यदलपुंज (हरे) + दलपुंज (रंगीन) + पुमंग (इकाई पुंकेसर – नर जननांग) + जायांग (इकाई स्त्रीकेसर / अण्डप – मादा जननांग)
  - एकलिंगाश्रयी या द्विलिंगी पौधे – गुड़हल , मटर , गुलाब , सूरजमुखी , टमाटर , आम , लिली , मक्का
  - एकलिंगी पौधे – पपीता , खीरा , तरबूज , खरबूजा

नोट – मक्के में एकलिंगी पुष्प पाए जाते हैं।

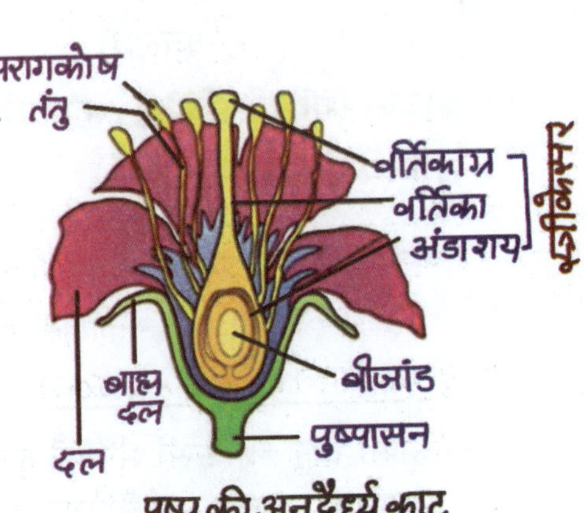

पुष्प की अनुदैर्घ्य काट

चरण

- **युग्मकजनन** अर्द्धसूत्री विभाजन द्वारा पुंकेसर के परागकोष में अगुणित पराग कणों का निर्माण होना (लघुबीजाणुजनन) तथा स्त्रीकेसर के बीजाण्ड में अगुणित भ्रूणकोष का विकसित होना (गुरुबीजाणुजनन)
- **परागण** पराग कणों का परागकोष से स्त्रीकेसर के वर्तिकाग्र पर स्थानान्तरण
  - स्व-परागण एक ही पुष्प (द्विलिंगी पुष्प) में परागण या एक ही पादप के दो भिन्न पुष्पों में परागण (सजातपुष्पी)
  - पर-परागण दो भिन्न पादपों के मध्य परागण
    - वायु परागण – जैसे – मक्का, बाँस, गन्ना आदि
    - जल परागण – जैसे – वैलिसनेरिया, कमल आदि
    - कीट परागण – जैसे – साल्विया, रात की रानी आदि
- **द्विनिषेचन**
  - नर युग्मक (n) + मादा युग्मक (n) = युग्मनज (2n) → भ्रूण
  - नर युग्मक (n) + ध्रुवीय / द्वितीयक केन्द्रक (2n) = भ्रूणपोष (3n)
  - बीजाण्ड → बीज, अण्डाशय → फल

मानव में लैंगिक जनन

नर जनन तन्त्र

- वृषण
  - एक जोड़ी, उदरगुहा के बाहर वृषणकोष में स्थित प्राथमिक जननांग
  - लीडिंग कोशिकाओं द्वारा नर लिंग हॉर्मोन टेस्टोस्टेरॉन का निर्माण
  - शुक्रजनन द्वारा अगुणित शुक्राणुओं का निर्माण
  - सर्टोली कोशिकाओं द्वारा शुक्राणुओं को पोषण
- अधिवृषण शुक्राणुओं का परिपक्वन
- शुक्रवाहिनियाँ एक जोड़ी, शुक्राणुओं का शुक्राशय तक परिवहन
- शुक्राशय
- मूत्रमार्ग
- शिश्न
- सहायक ग्रंथियाँ (प्रोस्टेट, काउपर व पेरीनियल ग्रंथियाँ)

मादा जनन तन्त्र

- अण्डाशय
  - एक जोड़ी, उदरगुहा में स्थित प्राथमिक जननांग
  - मादा लिंग हॉर्मोन्स एस्ट्रोजन एवं प्रोजेस्टेरॉन (कार्पस ल्यूटियम द्वारा) का स्रावण
  - अण्डजनन द्वारा अगुणित अण्डाणु का निर्माण
- अण्डवाहिनियाँ एक जोड़ी, अण्डाशय को गर्भाशय से जोड़ना
- गर्भाशय
- योनि
- सहायक ग्रंथियाँ (बार्थोलिन व पेरीनियल ग्रंथियाँ)

जनन तन्त्र सम्बन्धी Diagram के लिए QR कोड स्कैन करें

आनुवंशिकता एवं जैव-विकास

- वंशागति या आनुवंशिकता (Heredity) लक्षणों का जनक से संतति में संचरण / स्थानान्तरण
- आनुवंशिकी (Genetics) आनुवंशिक लक्षणों एवं इनकी वंशागति का अध्ययन
  ↳ जनक – ग्रेगर जॉन मेण्डल

प्रयोग

- उद्यान मटर (Pisum Sativum) के पौधे पर
- 7 जोड़ी विपरीत लक्षणों पर जैसे – लम्बा / बौना पादप

एक-संकर संकरण

(लम्बा पादप) TT × (बौना पादप) tt — पैतृक पीढ़ी

↓

Tt (संकर लम्बा) — F_1-पीढ़ी

Tt × Tt — स्व-परागण

T, t, T, t — युग्मक

TT, Tt, Tt, tt — F_2-पीढ़ी

(TT, Tt, Tt) लम्बा; (tt) बौना

लक्षणप्रारूप अनुपात = 3:1

जीनप्रारूप अनुपात = 1:2:1

द्विसंकर संकरण

(गोल पीले बीज) RRYY × (झुर्रीदार हरे बीज) rryy — पैतृक पीढ़ी

↓

RrYy — F_1-पीढ़ी

संकर गोल पीले बीज

↓ स्व-परागण

♀ युग्मक / ♂ युग्मक

	RY	Ry	rY	ry
RY	RRYY (गोल पीले)	RRYy (गोल पीले)	RrYY (गोल पीले)	RrYy (गोल पीले)
Ry	RRYy (गोल पीले)	RRyy (गोल हरे)	RrYy (गोल पीले)	Rryy (गोल हरे)
rY	RrYY (गोल पीले)	RrYy (गोल पीले)	rrYY (झुर्रीदार पीले)	rrYy (झुर्रीदार पीले)
ry	RrYy (गोल पीले)	Rryy (गोल हरे)	rrYy (झुर्रीदार पीले)	rryy (झुर्रीदार हरे)

F_2-पीढ़ी

लक्षणप्रारूप अनुपात = 9:3:3:1

जीनप्रारूप अनुपात = 1:2:2:4:1:2:1:2:1

सिद्धान्त

1. प्रभाविता का नियम

- प्रत्येक लक्षण एक जोड़ी कारक / जीन द्वारा नियंत्रित
- विपरीत युग्मविकल्पी जोड़े का एक लक्षण प्रभावी तथा दूसरा अप्रभावी

प्रभावी	अप्रभावी
लम्बापन	बौनापन
गोल बीज	झुर्रीदार बीज
पीले बीज	हरे बीज
बैंगनी पुष्प	श्वेत पुष्प

2. पृथक्करण या युग्मकों की शुद्धता का नियम

- युग्मकजनन के समय युग्मविकल्पी जीनों का अलग होकर अलग-अलग युग्मकों में जाना

3. स्वतन्त्र अपव्यूहन का नियम

- एक लक्षण की वंशागति से दूसरे लक्षण की वंशागति अप्रभावित

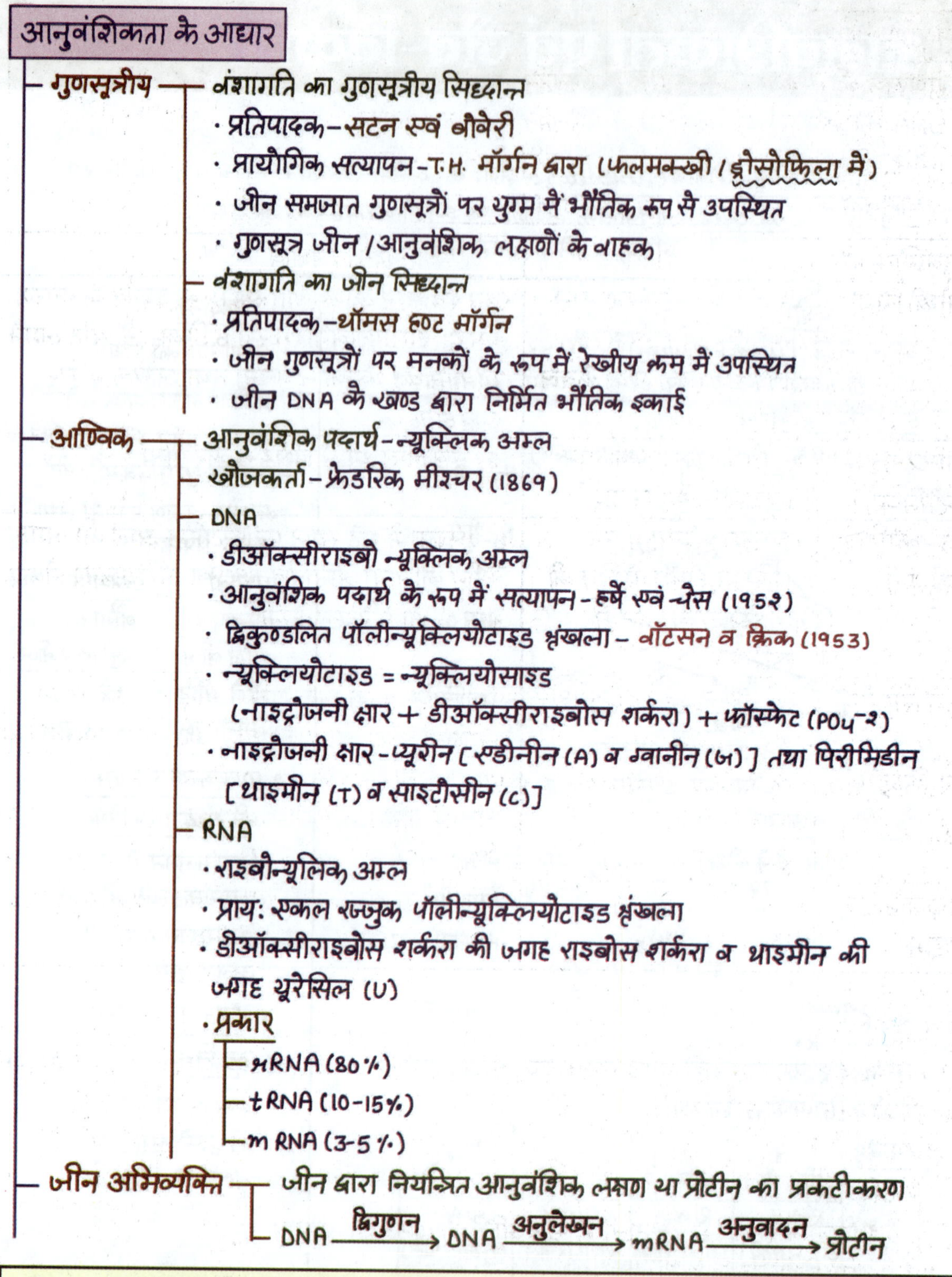

नोट – • मधुमक्खी में नर अगुणित, जबकि मादा द्विगुणित होती है।
• भूरे रंग के शरीर और लाल आँखों वाली दो विषमयुग्मजी फल मक्खियों के बीच एक द्विसंकर क्रॉस (BbEe x BbEe) में, BBEE जीनोटाइप (genotype) प्राप्त करने की संभावना 1/16 होगी।

आनुवंशिक रोग

- गुणसूत्र की संख्या या संरचना में परिवर्तन के कारण उत्पन्न
- DNA की संरचना या अनुक्रम में परिवर्तन के कारण उत्पन्न
- जीन की संरचना या अनुक्रम में परिवर्तन के कारण उत्पन्न
- आनुवंशिक रोग / प्रकार एवं उसके लक्षण / प्रभाव

आनुवंशिक रोग	प्रकार	लक्षण / प्रभाव
हीमोफीलिया	X- लिंग गुणसूत्र सहलग्न अप्रभावी जीन विकार (विषमयुग्मजी मादा केवल वाहक (X^hX)	रक्त स्कन्दन कारक VIII एवं IX के अभाव के कारण क्रमश: हीमोफीलिया-A एवं B विकार में चोट लगने पर रक्त का थक्का न बनना तथा अधिक रुधिर स्राव होना
वर्णान्धता / डाल्टोनिज्म	X- लिंग गुणसूत्र सहलग्न अप्रभावी जीन विकार	हरे एवं लाल रंग में विभेद न कर पाना
दाँत्र- कोशिका अरक्तता	गुणसूत्र संख्या 11 पर उपस्थित हीमोग्लोबिन की β- श्रृंखला के जीन में उत्परिवर्तन	β- श्रृंखला में छठे स्थान पर ग्लूटामिक अम्ल की जगह वैलीन का पाया जाना एवं RBC का हँसियाकार होकर कम O_2 का परिवहन करना
डाउन सिण्ड्रोम	21वें गुणसूत्र की ट्राइसोमी (कुल गुणसूत्र = 47)	मंगोलियन जड़ता, नर नपुंसक, चौड़ा मस्तक, गर्दन व अँगुलियाँ छोटी तथा फूली हुई, मोटी जीभ, खुरदरी त्वचा
टर्नर सिण्ड्रोम	एक X- लिंग गुणसूत्र का अभाव (44+ X0) (कुल गुणसूत्र = 45)	44+ Y मृत्यु, जबकि 44+ X में मादा में अल्पविकसित अण्डाशय, बन्ध्यता, छोटा कद, झालरदार गर्दन, स्तनों एवं मासिक चक्र का अभाव
क्लाइनफेल्टर सिण्ड्रोम	X- लिंग गुणसूत्र की ट्राइसोमी (44+XXY)	लम्बा कद, छोटे वृषण, अल्पविकसित स्तन, मन्दबुद्धि, नपुंसक, नर व मादा दोनों के लक्षणों युक्त

जैव विकास

- क्रमिक रूप से समय के साथ सरल एवं आद्य जीवों से जटिल एवं विकसित जीवों का विकास
- परिवर्तन के साथ अवतरण
- प्रमाण
  - जीवाश्म
    - भूपटल की आदिम चट्टानों में मृत जीवों के परिरक्षित अवशेष
    - आयु निर्धारण विधियाँ
      - C^{14} डेटिंग
      - U-Pb डेटिंग
      - K-Ar डेटिंग

- तुलनात्मक आकारिकी एवं शारीरिकी
  - समजात अंग समान उत्पत्ति व मूल संरचना, किन्तु भिन्न कार्य
    उदा० - कशेरूकियों के अग्रपाद
  - समवृत्ति अंग भिन्न उत्पत्ति व मूल संरचना, किन्तु समान कार्य
    उदा० - कीटों व पक्षियों के पंख
  - अवशेषी अंग शरीर में मौजूद पूर्वजों में क्रियाशील, किन्तु वर्तमान में अक्रियाशील अंग
    उदा० - मानव में वर्मीफॉर्म अपेन्डिक्स, अक्ल दाढ़
- संयोजक कड़ी
  - एक जीव में विकसित लक्षणों के साथ-साथ आदिम लक्षणों का भी मौजूद होना
  - विषाणु - सजीव व निर्जीव
  - आर्कियोप्टेरिक्स - सरीसृप व पक्षी
  - यूग्लीना - जन्तु व पादप

सिद्धान्त

- लैमार्कवाद / उपार्जित लक्षणों की वंशागति का सिद्धान्त
  - प्रतिपादक - जीन बैप्टिस्ट डी लैमार्क (1809)
  - पुस्तक - फिलॉसफी जूलौजीक
  - वातावरण के प्रभाव से उत्पन्न लक्षणों का वंशागत होना
  - आवश्यकतानुसार अंगों के अधिक या कम उपयोग के आधार पर अंगों का अधिक विकसित या लुप्त होना
  - उदाहरण - जिराफ की गर्दन का लम्बा होना व सर्पों के पादों का विलुप्त होना
- डार्विनवाद / प्राकृतिक चयन का सिद्धान्त
  - प्रतिपादक - चार्ल्स डार्विन (1859)
  - पुस्तक - ओरिजिन ऑफ स्पीशिज
  - जीवों में प्रचुर सन्तानोत्पत्ति की क्षमता होना, किन्तु जीवन संघर्ष के कारण संख्या में स्थिरता बनी रहना (योग्यतम की उत्तरजीविता)
  - प्राकृतिक वरण के कारण कालान्तर में लम्बे समय बाद नई जाति की उत्पत्ति
- उत्परिवर्तनवाद
  - प्रतिपादक - ह्यूगो डी व्रीज (सांध्य प्रिमरोज में प्रयोगों द्वारा)
  - उत्परिवर्तन किसी जीव के जीनोम में उत्पन्न आकस्मिक एवं वंशागत परिवर्तन

10 मानव रोग

- रोग – शरीर की सामान्य कार्यिकी में उत्पन्न अवरोध या विकार

प्रकार

- **जन्मजात रोग** – आनुवंशिक रोग या भ्रूणीय विकास में उत्पन्न विकृति
  - उदाहरण – सैरेबल पाल्सी, हीमोफीलिया, वर्णान्धता आदि
- **उपार्जित रोग** – जन्म के बाद उत्पन्न रोग या विकार
  - तीव्र (Acute) – कम समय के लिए प्रभावी रोग; जैसे – जुकाम, हैजा
  - दीर्घकालिक (Chronic) – लम्बे समय के लिए प्रभावी गम्भीर रोग; जैसे – TB, हाथीपाँव, गठिया
- **संक्रामक रोग** –
  - रोगी-व्यक्ति या वाहक या किसी माध्यम के द्वारा स्वस्थ व्यक्ति में संचारित रोग
  - विषाणु, जीवाणु, प्रोटोजोआ, कवक, कृमि जैसे रोगजनक सूक्ष्मजीवों द्वारा उत्पन्न रोग

संचरण

- वायु में खाँसने-छींकने से मुक्त ड्रॉपलेट्स द्वारा।
- संदूषित भोजन व जल द्वारा।
- संदूषित रक्त, शरीर के तरलों द्वारा।
- रोगवाहक – मक्खी, मच्छर द्वारा।
- अप्रत्यक्ष सम्पर्क – संदूषित वस्तुओं के सम्पर्क द्वारा।

5F

Flies (मक्खियाँ)
Fingers (अंगुलियाँ)
Fomites (फोमाइट)
Food (भोजन)
Fluid (तरल)
द्वारा संचारित

विषाणुजनित रोग

रोग का नाम	रोगाणु
चेचक या शीतला माता या स्मालपॉक्स (Small pox)	वैरीओला वायरस (Variola Virus)
छोटी माता या चिकन पॉक्स (Chicken pox)	वैरीसैला जोस्टर (Varicella Zoster)
खसरा / मीजल्स (Measles) / रुबेला (Rubella)	पैरामिक्सोवायरस (Paramyxovirus)
इन्फ्लूएन्जा (Influenza)	ऑर्थोमिक्सोवायरस (Orthomyxovirus)
स्वाइन फ्लू (Swine Flu)	Influenza A Virus Subtype H_1N_1
पीत ज्वर या येलो फीवर (Yellow Fever)	फ्लेवी वायरस (Flavi Virus)

(चेचक से स्वाइन फ्लू तक) – वायु जनित रोग

रोग का नाम	रोगाणु	
डेंगू (Dengue) या हड्डी तोड़ बुखार (Break Bone Fever)	डेंगू वायरस (Dengue Virus or DENV)	एडीज एजिप्टी मच्छर के काटने से
चिकनगुनिया (Chikungunya)	चिकनगुनिया वायरस (Chikunguniya Virus or CHIKV)	एडीज एजिप्टी मच्छर के काटने से
पोलियोमाइलिटिस (Poliomyelitis)	पोलियो RNA वायरस प्रकार – 1, 2, 3	संदूषित मृदा, जल या भोजन द्वारा
रेबीज (Rabies) या जलभीरू या हाइड्रोफोबिया (Hydrophobia)	रैब्डो कुल के लायसा वायरस प्रकार – 1 (Lyssa Virus type-1)	संक्रमित जन्तु (भेड़िया, कुत्ता, बंदर) के काटने से
एड्स (AIDS or Acquired Immuno Deficiency Syndrome) या स्लिम रोग (Slim disease)	रिट्रोवायरस HIV (Human Immuno-deficiency Virus) जाँच – ELISA	असुरक्षित यौन सम्बन्ध द्वारा संदूषित रक्ताधान संदूषित सुई, रेजर द्वारा संक्रमित माँ से गर्भस्थ शिशु को

नोट:-

* कोविड -19 एक संक्रामक पशुजन्य रोग (Zoonetic Disease) है, जो जंतुओं और मनुष्यों के बीच फैल सकता है।
* SARS-COV-2 वायरस, जो COVID-19 का कारण बनता है; माना जाता है कि यह मनुष्यों में फैलने से पहले एक पशु स्रोत से उत्पन्न हुआ था।
* पीलिया रोग में त्वचा पीली हो जाती है। यह यकृत सम्बन्धी शोथ, हिपेटाइटिस रोग का भी लक्षण है।
* पोलियो भारत में समाप्त हो चुका है एवं शीघ्र ही अगले कुछ दशकों में यह विश्वभर में उन्मूलित हो जाएगा।
* HIV-AIDS, HPV एवं हेपेटाइटिस-B यौन संचारित रोग हैं।

जीवाणु जनित रोग

रोग का नाम	रोगाणु	
तपेदिक या क्षय रोग (Tuberculosis, TB)	माइकोबैक्टीरियम ट्यूबरकुलोसिस (Mycobacterium tuberculosis)	वायु जनित रोग
रोहिणी या डिप्थीरिया (Diptheria)	कोरीनी बैक्टीरियम डिप्थीरी (Corynebacterium Diptheriae)	वायु जनित रोग
कुकुर खाँसी या काली खाँसी (Whooping Cough or pertusis)	बोर्डेटेला परट्सिस (Bordetella pertusis)	वायु जनित रोग

रोग का नाम	रोगाणु	
निमोनिया (Pneumonia)	स्ट्रेप्टोकोकस न्यूमोनी (Streptococcus pneumoniae)	
हैजा या कोलेरा (Cholera)	विब्रियो कोलेरी (Vibrio cholerae)	संदूषित खाद्य व जल द्वारा
टायफॉइड या आँत ज्वर (Typhoid)	साल्मोनेला टाइफी (Salmonella typhi) जाँच - विडाल परीक्षण	संदूषित खाद्य व जल द्वारा
अतिसार या डायरिया (Diarrhoea)	साल्मोनेला जातियाँ (Salmonella sp.) एवं इश्चेरिचिया कोलाई (Escherichia Coli) (रोटावायरस भी)	संदूषित खाद्य व जल द्वारा
प्लेग (Plague)	यर्सिनिया पेस्टिस (Yersinia pestis)	चूहे के पिस्सू द्वारा
टिटेनस (Tetanus) या धनु-स्तम्भ, या आठवें दिन का रोग या लॉक जा (Lock-jaw)	क्लोस्ट्रीडियम टिटेनी (Clostridium tetani)	घाव के संदूषित होने से
कुष्ठ या कोढ़ या लेप्रोसी (Leprosy) या हेन्सन रोग (Hansen's disease)	माइकोबैक्टीरियम लेप्री (Mycobacterium leprae)	प्रत्यक्ष सम्पर्क द्वारा

नोट — • ट्रेकोमा आँख की एक बीमारी है, जो क्लैमाइडिया ट्रेकोमैटिस जीवाणु के संक्रमण के कारण होती है। ट्रेकोमा अंधेपन का एक प्रमुख कारण है।
• हेलिकोबैक्टर पाइलोरी जीवाणु आमाशय में जठरशोथ (Gastritis) का कारण बनता है।

प्रोटोजोआ जनित रोग

रोग का नाम	रोगाणु	
अतिसार (Diarrhoea)	जिआर्डिया इण्टेस्टाइनेलिस (Giardia intestinalis)	संदूषित जल एवं भोजन द्वारा
अमीबिक पेचिश (Amoebiasis)	एण्टअमीबा हिस्टोलिटिका (Entamoeba histolytica)	संदूषित जल एवं भोजन द्वारा
पायरिया (Pyorrhea)	एण्टअमीबा जिन्जीवेलिस (Entamoeba Gingivalis)	लार या चुम्बन द्वारा
काला-अजार (Kala-azar)	लीशमानिया डोनोवानी (Leishmania donovani)	बालू मक्खी के काटने से

रोग का नाम	रोगाणु	
मलेरिया	प्लाज्मोडियम (Plasmodium)	मादा एनोफिलीज मच्छर के काटने से
अफ्रीकन निद्रा रोग (African Sleeping Sickness)	ट्रिपैनोसोमा गैम्बिएन्स (Trypanosoma gambiense) एवं टि. ब्रुसी (T. Brucei)	सी-सी मक्खी के काटने से

कवक जनित रोग

रोग का नाम	रोगाणु	
दाद (Ringworm)	माइक्रोस्पोरम एवं ट्राइकोफाइटन कवक	प्रत्यक्ष या अप्रत्यक्ष सम्पर्क द्वारा
केण्डिडिएसिस (Candidiasis)	केण्डिडा कवक	

कृमि जनित रोग

रोग का नाम	रोगाणु	
एस्कैरिएसिस (Ascariasis)	एस्कैरिस लुम्ब्रीकॉइड्स (Ascaris Lumbricoides)	संदूषित फल-सब्जी के सेवन से
हाथी पाँव रोग या फाइलेरिएसिस (Filariasis)	वुचेरेरिया बैन्क्रॉफ्टाई (Wuchereria Bancrofti)	क्यूलैक्स मच्छर के काटने से

असंक्रामक रोग

→ रोगी व्यक्ति या वाहक या किसी माध्यम के द्वारा स्वस्थ व्यक्ति में संचारित न होने वाले रोग

→ एलर्जी (Allergy) हे-ज्वर, अस्थमा आदि

→ कुपोषण सम्बन्धी (Nutritional Deficiencies) प्रोटीन, आयोडीन, विटामिन B_3, फ्लोराइड, आदि की कमी के कारण क्रमशः उत्पन्न रोग मैरेस्मस, घेंघा, पैलेग्रा, दंत क्षय आदि

→ अपहासित रोग (Degenerate Diseases) अग्न्याशय, वृक्क या हृदय जैसे – अंगों का खराब होना या सही से कार्य न करना; उदाहरण – हृदयघात, गठिया, मधुमेह, नेत्र का ग्लूकोमा एवं मोतीयाबिन्द, आदि

→ मानसिक रोग (Mental Diseases) तनाव, अवसाद, मिर्गी, एनोरेक्सिया नर्वोसा (भोजन न करना) आदि।

→ प्रदूषण सम्बन्धी (Pollution Related) आर्सेनिक (As) व कैडमियम (Cd) की विषाक्तता के कारण क्रमशः ब्लैक-फुट व इटाई-इटाई; फ्लोराइड युक्त जल से नॉक-नी (Knock-Knee) सिण्ड्रोम आदि।

→ कैंसर कोशिकाओं की अनियन्त्रित वृद्धि; उदाहरण – रक्त कैंसर (ल्यूकेमिया) कार्सीनोमा, सार्कोमा आदि।